U0628444

华立平 著

当代大学生体育休闲发展研究

中国水利水电出版社
www.waterpub.com.cn

·北京·

内 容 提 要

　　本书主要阐述与分析大学生体育休闲的相关理论与发展，并对大学生经常参与的不同类型体育休闲运动的发展及运动方法指导实践进行研究。在理论与发展研究中，主要内容有体育休闲基本知识、多元理论、体育课程建设与发展、大学生休闲体育行为分析与休闲体育体验及产业发展等。

　　本书语言简洁凝练、结构系统明了、知识点丰富，具有科学性、系统性、实用性、时效性等显著特点，对促进我国体育休闲的发展具有非常重要的现实意义，可供大学生参与体育休闲与体育休闲研究者进行研究参考使用。

图书在版编目（C I P）数据

　　当代大学生体育休闲发展研究 ／ 华立平著. -- 北京：
中国水利水电出版社，2017.8 （2025.4重印）
　　ISBN 978-7-5170-5918-9

　　Ⅰ．①当… Ⅱ．①华… Ⅲ．①大学生－休闲体育－研
究－中国 Ⅳ．①G807.4

　　中国版本图书馆CIP数据核字(2017)第239562号

书　　名	当代大学生体育休闲发展研究 DANGDAI DAXUESHENG TIYU XIUXIAN FAZHAN YANJIU
作　　者	华立平　著
出版发行	中国水利水电出版社 （北京市海淀区玉渊潭南路 1 号 D 座 100038） 网址：www. waterpub. com. cn E-mail：sales@waterpub. com. cn 电话：(010)68367658(营销中心)
经　　售	北京科水图书销售中心（零售） 电话：(010)88383994、63202643、68545874 全国各地新华书店和相关出版物销售网点
排　　版	北京亚吉飞数码科技有限公司
印　　刷	三河市天润建兴印务有限公司
规　　格	170mm×240mm　16 开本　20 印张　358 千字
版　　次	2018 年 1 月第 1 版　2025 年 4 月第 3 次印刷
印　　数	0001—2000 册
定　　价	88.00 元

前　言

进入 21 世纪,体育休闲作为一种重要的休闲形式,以它的社会化、终身化、生活化成为当今世界范围内体育发展的新潮流,这是人类社会发展、人类文明进步的必然。现在,体育休闲已在校园悄然兴起。大学生是校园文化的主体,知识文化水平较高,吸收借鉴能力及创造能力较强,是领导社会潮流的特殊群体,在一定程度上代表着未来体育文化发展的方向。因此,在高校校园文化建设中,应注重开发大学生休闲生活的新内容、新形式,不断提高大学生休闲生活质量,培养大学生终身从事体育的意识与能力,并将此作为一项重要且必要的任务。为了保证这一任务的顺利实施,对大学生参与休闲体育活动进行科学指导,丰富大学生的休闲文化生活,特撰写《当代大学生体育休闲发展研究》一书,希望能够从理论与实践两方面来为当代大学生体育休闲的发展提供科学、全面且有价值的参考与指导。

本书共有九章内容,第一章至第五章主要分析体育休闲及大学生休闲体育的相关理论与发展,第六章至第九章重点研究大学生休闲体育运动方法指导。具体来看,第一章是体育休闲概述,阐述了体育与休闲;体育休闲的概念、特点与功能;东西方体育休闲观以及我国体育休闲历史进程。第二章是体育休闲多元理论阐析,包括体育休闲的休闲论、娱乐论、游戏论、健康论、教育论。第三章是大学休闲体育课程建设与发展研究,着重研究了休闲体育课程的理论基础、内涵与目标、内容设置、具体实施以及未来发展。第四章是大学生休闲体育行为分析与休闲体育体验研究,主要内容有休闲体育行为概念界定、大学生休闲体育行为阶段特征与限制因素分析以及大学生休闲体育体验分析。第五章是休闲体育文化与休闲体育产业发展研究,主要对休闲体育文化内涵与体系构建、休闲体育教育、休闲体育经营与管理、休闲体育市场营销进行了研究。第六章至第九章从实践上分别对常见休闲球类项目(五人制足球、街头篮球、网球、羽毛球、乒乓球)、民间体育休闲项目(太极拳、养生气功、优秀民间民俗运动)、惊险刺激类体育休闲项目(陆上运动、水上运动、冰上运动、空中运动)、其他常见时尚休闲类项目(健美操与广场舞、游泳、轮滑与滑板)的运动方法指导与发展进行了研究。

整体来看,本书逻辑清晰、结构完整,理论知识研究全面、系统、严谨、层层深入,项目实践内容翔实、图文并茂、指导性强,是理论和实践有机结合的科学性著作。此外,本书在大学生休闲体育课程建设及发展的研究中提出了切实可行的参考对策与方法,不仅紧扣主题,而且具有非常重要的参考性。总之,本书对于丰富大学生体育休闲的理论研究、推动大学生体育休闲的发展、提高大学生参与休闲体育运动的能力及我国休闲体育的发展水平均具有重要的作用与意义。

本书在撰写过程中,借鉴了许多专家、学者的研究成果和观点,在此表示诚挚的谢意。另外,由于时间和精力有限,书中难免有不妥之处,敬请读者谅解并指正。

作者

2017 年 7 月

目　　录

第一章　体育休闲概述

随着我国社会的快速发展,休闲活动已经逐渐成为人们日常生活中必不可少的组成部分。而体育休闲活动逐渐成为人们休闲选择的主要方式,它在增强人们身心健康的同时,提高了人们的生活质量,其丰富多彩的活动内容吸引了越来越多的人参与其中。本章主要分析体育休闲的相关理论,包括其特点和功能等,阐述东西方的体育休闲观,并进一步说明我国的体育休闲历史进程。

第一节　体育与休闲

一、休闲概述

（一）休闲概念

休闲犹如人类的影子,一直伴随着人们的生活,原始社会时期,休闲与劳作犹如一对孪生兄弟,很难将它们完全区分开来。随着社会生产力的提高,人类出现了剩余劳动,很多人有了一定的闲余时间,于是人们开始寻找一些活动来打发这些时间,继而慢慢出现了休闲类的各种活动。

在人类社会发展到一定阶段以后,随着文艺复兴、工业革命、资产阶级革命等历史事件的发生,人类的生产力大幅度提高,为现代休闲的发展提供了一定的基础,使得休闲成为当时社会一些特定阶层人士享有的活动。

随着科学技术的进步,生产力的进一步提高,工业化的进一步深入和发展,人类创造的物质财富越来越多,速度也越来越快,为休闲进入大众生活创造了良好的物质基础和时间条件。人类社会已经进入大众休闲的时代。

因此,我们可以将休闲定义为,人们在非劳动和非工作时间内以各种"玩"的方式获得身心的调节与放松,达到生命健康、体能恢复、身心愉悦目的的一种活动。

（二）休闲的特征

随着现代社会进入大众休闲的时代，人们不再只满足于对物质生活的追求，开始追求更高层次的精神生活，因此，出现了现代休闲活动，其特征包括以下几个方面。

1. 完善的配套设施

现代休闲的发展与完善，需要完善的配套设施来支撑。这些配套设施包括快捷安全的交通工具，如航空、高铁、高速公路等，相应的基础设施，如餐饮、住宿等条件，还包括一些服务机构，如旅行社、休闲咨询机构以及保险等服务性机构，此外随着网络化的普及，必须拥有完善的移动网络条件和软件服务设施。

2. 休闲制度的法律化

随着人们对休闲生活的追求，以及对工作时间缩短的要求，现代社会人们的休闲时间和权利逐渐被法律制度规定下来。我国自1994年实行了双休制度，同样也规定了法定节假日的休假天数，目前有11天的休假天数。此外，我国还施行了职工带薪休假制度。这些制度的出台和完善，为大众进行娱乐休闲创造了良好的条件，为休闲事业的发展奠定了基础。

3. 休闲选择的个性化

随着现代社会的发展，个性化越来越成为人们追求的目标，而个性化也越来越多地体现在休闲活动中，人们不再只是追求统一的休闲活动，而是根据自己的情感需求，来设计自己的休闲活动，感受休闲所带来的心灵愉悦，审美追求等，其中具有代表性的活动包括极限运动、户外探险等体育休闲活动。

4. 体验为主的休闲

当今社会已经进入体验经济的时代，人们日渐追求一些体验式的消费环境和模式，而体验更是休闲的核心属性。人们不仅追求物质上的体验，更在追求精神上的体验，包括娱乐性体验、感官性体验、刺激性体验等，休闲活动为人们创造了很好的体验载体。

5. 休闲的娱乐化

娱乐化已经成为现代社会的重要标志，人们不断在追求各种各样的娱乐性活动，休闲活动也被裹挟其中。休闲活动本身就有娱乐性的存在，人们在参与的过程中,通过一些活动来达到使身心愉悦的目的,这个过程往往伴随着整个休闲过程。

(三)休闲的分类

人们在追求休闲的过程中,进行了多种样式活动的探索,根据相关理论,可以分为以下多个方面。

1. 参加文化教育活动

很多人在休闲的时间段内,会通过参观博物馆,欣赏音乐会,看话剧、戏剧等活动,或者亲身参加绘画、书法、摄影、烹饪等活动,进行文化上的熏陶和教育,从而达到让身心放松,陶冶情操的目的。

2. 进行旅游观光

现代人越来越喜欢外出旅游,利用节假日和带薪假期在本地或者到外地以及外国进行旅游观光、度假等,特别是随着青年人日渐成为社会工作的主力军,他们对旅游的关注更加密切,并喜欢一些新奇的旅游体验。因此,未来的一段时间内,旅游也将成为我国人民休闲的主要方式。

3. 参与娱乐活动

人们在进行一周的工作以后,往往会选择参与一些娱乐活动进行消遣和放松,比如到KTV唱歌,到酒吧喝酒等,这些活动也是都市青年热衷的休闲方式之一,通过参与娱乐活动,可以让其愉悦身心,减轻压力,获得快乐。

4. 参加体育运动

随着我国社会的发展,体育运动已经进入人们的日常生活中,通过运动来进行休闲体验的人越来越多,体育运动已经成为现代人休闲选择的必需品,运动在人们的休闲生活中所起的作用也越来越大。

(四)中西方的休闲观

1. 西方的休闲观

西方人对于休闲的认识可以追溯到古希腊时期,亚里士多德认为"休闲是一切事物环绕的中心",是哲学、艺术和科学诞生的基本条件之一;马克思认为,人们有了充足的休闲时间,才能充分发挥自己的爱好、兴趣以及特长,并在自由的天地里,充分地进行思想的驰骋,人们可以自由地干自己的事。随着西方现代社会的发展,人们对休闲的认识也发生了改变,认为,休闲是文明生活的重要力量,通过休闲,可以使个人和社会变得更好,个人可以在身心上得到健康发展,社会可以通过休闲等活动,变得更加和谐。休闲可以成为社会发展的助推器,应该大力地发展休闲教育,促进休闲的不断发展。

2. 中国的休闲观

在古代,中国的先贤哲学家们,很早就对休闲有过一定的探索。我国哲学家老子主张人要活得自然,活得自由自在,他追求一种精神自由、人格独立的思想境界,这种休闲观告诉人们追求自然的理念。中国人对于休闲的爱好,主要通过内心的宁静来达到与自然的交流与融合,人们更加追求心灵的休憩,通过休闲,可以获得精神的解脱,释放心底的压力,净化自己的心灵。中国的休闲观,更侧重于心灵上的休息。

随着西方文明进入我国,给我国也带来了一些文化上的交流与融合。我们的休闲观也发生了很大的变化,人们日渐通过休闲活动来追求身心的统一发展,休闲的方式和活动越来越多样化,同时给我国的社会发展也带来了新的动力。

二、体育概述

(一)体育概念

"体育"一词的产生时间并不长,而体育实践活动的历史则非常悠久。据历史文献记载,世界上第一次使用"体育"一词是1760年在法国的报刊上,当时"体育"一词被用来论述儿童的身体教育问题。在我国,"体育"一词的使用是在19世纪末20世纪初。在古代,我国是用养生、导引、武术等名词。到19世纪末,德国和瑞典体操开始传入我国,据史料记载,清政府批准的《奏定学堂章程》明文规定各级各类学校要开设体操科(即体育课)。直到20世纪初,基督教青年会在我国宣传"西洋体育"时,才开始出现"体育"一词,经过一个体操与体育并用时期,到1923年才在《中小学课堂纲要草案》这一官方文件中,正式把"体操科"改成"体育课"。而后,"体育"一词逐渐取代了"体操"一词,被广泛使用。

体育传入我国指的是身体的教育,是作为学校一门课程,作为教育的一部分出现的。但是,新中国成立以后,随着我国体育事业的发展,原来仅仅作为体育的手段的竞技运动有了很大发展,并形成了独立的体系,从它的社会职能和功能方面都大大超出了原来"体育"的范畴。另外随着人们生活水平的提高,为了健身和娱乐的身体锻炼和身体娱乐活动也越来越多地开展起来了,在这种情况下,仍用一个狭义体育来代表外延已经扩大了的活动,已显得很不够了。因此,实践的发展反映在客观上需要有一个代表面更广的名词术语,这个术语用广义的体育比较合适。由此可见,广义体育是一个总概念。广义体育是由竞技运动、狭义的体育(学校体育)、身体锻炼和身体娱乐(群众体育)三个部分组成的。由此可知,体育是指以身体练习为基本手段,以增强体质,促进人的全面发展,丰富社会文化生活和促进精神文明为目的的一种有意识有组织的社会活动。它是社会总文化的一部分,其发展受一定社会的政治和经济的制约,也为一定社会的政治和经济服务。

关于体育概念的学术讨论进行了很长的时间,目前我国学者对体育概念的认识基本达成了一致,其定义主要是,"体育是以身体运动为基本手段,促进身心发展的文化活动"。

(二)体育的功能

1. 促进身心健康的功能

"身体健康"是指正常的生长发育、良好的生理功能、良好的心理状态、充沛的精力及承担负荷后的适宜反应。

早在公元前 300 年,古希腊伟大思想家亚里士多德的"生命在于运动"的名言,就深刻寓意了运动对身体健康所起的重要作用。后来的医学关于"适者生存"、生理学关于"用进废退"的原理又证明:人的健康状态和工作效率,不仅取决于全身各器官、系统的功能和相互的协调,还有赖于使身体获得对自然和社会环境的适应能力。而这种能力的获得,除受制于不同的生活环境外,还在相当程度上与体育锻炼休戚相关。实践证明,科学地从事体育锻炼,由于中枢神经和内分泌系统产生的良好刺激,对促进人体新陈代谢,改善血液循环和呼吸功能,延缓有机体适应能力的降低,推迟生物体各组织器官结构、功能发生退化性变化都有明显的效果。因此,为了促进青年人的生长发育,为了使中年人保持旺盛的精力和老年人延年益寿,凡是经济发达国家,都大力提倡"为生命而跑""为健康散步"等理念。

早在 20 世纪 70 年代就有人提出生理—心理—社会医学的新模式,强调在健康诊断中,应包括和考虑由社会环境引起的心理活动因素,并把良好的心理调节能力和讲究精神卫生作为判断精神健康的基础。诚然,影响这种"基础"的因素很多,但体育锻炼所起的作用是至关重要的。因为通过各种体育锻炼,可以增强人的意志品质,催人奋发进取,培养集体观念,加强组织纪律性,协调人际关系,从而提高心理调节能力,以利于排除各种不健康的心理因素,使人体在与环境的和谐统一中变得欢乐、轻快和活泼,最终达到精神健康的目的。

2.教育功能

教育功能是体育基本的社会功能,就其作用的广泛性而言,它对人类社会产生的影响,是体育的其他社会功能无法比拟的。

(1)体育在学校中的教育作用

马克思主义关于教育的经典论述,从来都把体育视为学校教育不可缺少的组成部分,并始终重视它在这个特定领域里对培养全面发展的人才所起的重要作用。因此,利用身心共同参与体育过程的有利条件,培养学生将来担任社会角色所必备的素养,以适应未来社会生活和工作的需要,是体育在学校发挥教育作用的主要使命。为达此目的,学校通过完整的体育教育过程对受教育者进行政治思想、意志品质、道德情操和发展身体的教育,使他们获得基本的体育理论知识,掌握必要的运动技能,学会科学锻炼身体的方法,提高运动实践能力,养成锻炼身体的习惯。

(2)体育在社会中的教育作用

就社会教育意义而言,由于体育所独具的活动性、技艺性、竞争性、群聚性、国际性和礼仪性等特点,它作为一种传播体育价值观的理想载体,在激发爱国热情、振奋民族精神及培养社会公德、教育人们要与社会保持一致性等方面,具有极大的社会教育功效。大家都有这样的体会,当置身于社会群体之中,因为竞赛的礼仪形式、激烈的竞争气氛、高超的表演技巧和比赛的胜负结果等因素,在同伴与同伴之间、同伴与对手之间、观众与运动员之间产生极其复杂的感情交流,并激起人们的荣誉感、责任心、集体观念、民主意识和奋发向上的进取精神。这种通过体育实践诱发的社会教育因素,使体育的社会影响变得更加深刻,并产生不可低估的社会教育作用。比如,当我国女子排球队员在世界大赛中连续五次夺冠时,全国人民无不为她们的胜利欢欣鼓舞,国家号召"以女排精神搞四化",不少人因此决心在坎坷与逆境中奋起。又如,在我国举办第11届亚运会和争办2008年奥运会期间,几乎举国上下都以高昂的热情投身其中,人们那种为祖国荣誉做贡献的精神,不但表现了中华民族的自尊、自强和自信,而且在全国范围内树立了讲科学、求实效、快节奏、高效率等现代社会意识。

3. 经济功能

经济学家认为,劳动生产力的提高是社会经济发展的重要标志,尤其在对生产力的价值进行评价时,人的素质又是最主要的衡量标准。在人的诸多素质中,由于身体素质显得至关重要,世界各国都格外重视体育对发展劳动者体力的作用,以期减少发病率,借以达到促进社会生产力发展的目的。这表明,体育的经济功能最初是由体育本身的发展,并间接通过提高国民身体素质,再转化为劳动生产力的。

体育发展对国民经济的促进作用,还明显表现在高度发展的商品经济社会。伴随着体育社会化、娱乐化和终身化程度的不断提高,为满足体育人口不断扩大的需要,各种运动器材、体育场地设施、体育用品的生产、建设和供应,乃至体育健身、体育娱乐和体育旅游业都在迅速发展,并有可能在国民经济中逐渐形成一个庞大的体育产业。

举办一些大型运动会如奥运会、世界杯赛和世界锦标赛等,可以带动一个国家的经济发展。从1984年洛杉矶奥运会开始,举办大型运动会不再是赔钱的买卖而是可以给一个国家带来巨大的商机。举办大型运动会,除了可以从门票、电视转播权、发行邮票、纪念币、彩票、广告费、印刷宣传品等方面直接获得收入外,还可带动旅游业、商业、交通、电信和新闻出版等行业的发展,从中得到相当可观的经济效益,如1964年的东京奥运会,使日本的经济开始腾飞;1988年汉城奥运会的成功举办,加速了韩国经济的发展;2008年北京奥运会的成功举办,也使我国无论从国际形象上还是经济领域都获得了一定的收获。除综合性运动会外,一些体育运动项目的职业化和商业化也是体育经济功能的良好体现。

4. 政治功能

在国际舆论中,经常有人宣传体育超脱政治的观点,这种观点带有理想化的色彩,或者说有些天真。体育的内涵就决定了体育带有政治的色彩,体育是为政治经济服务的,并受一定的政治经济制约。因此,体育和政治的相互联系是始终客观存在的。奥运会从一开始就带有政治色彩,因为它要以国家为代表,国家是政治的代表,以此就决定了奥运会的政治性。最早体现体育影响政治的历史事件,可追溯到古希腊城邦交战的最盛时期。当时,古希腊人利用恢复奥林匹克竞技会,在伊里斯城国王依菲斯特的政治斡旋下,终于签订了奥林匹克"神圣休战"公约,由此开创了体育为政治和平服务的先河。

体育在维护国家主权和民族尊严方面,所显示的政治立场更为鲜明。

1956年,我国为抗议政治阴谋,宣布不参加第16届奥运会;为抗议种族歧视,非洲国家体育组织曾集体抵制了1976年蒙特利尔奥运会。至于为提高国际地位和达到某种政治目的,利用体育为本国外交政策服务也不乏其例。中国的"乒乓外交",用体育竞赛的和平方式促使中美关系正常化,被世界各国所称道;1980年莫斯科奥运会和1984年洛杉矶奥运会表现得尤为突出,1980年7月19日至8月3日,在苏联首都莫斯科举行的第22届夏季奥运会上,仅有81个国家和地区的5 872名运动员参赛,这是因为苏联军队入侵阿富汗的缘故。为了抗议苏联军队的侵略行径,在国际奥委会承认的140余个国家和地区奥委会中,公开抵制和拒绝参加莫斯科奥运会的约占43%,这在奥运会史上堪称绝无仅有。1984年美国洛杉矶举行的第23届奥运会也同样受到了以苏联为首的东欧国家的抵制。显而易见,体育是服从政治需求的。然而,必须指出,体育服从政治需求绝不等于可用政治替代体育。在近些年来,诸多运动组织多次强调体育与政治无关,这是一种美好的追求,因为只有在这种状态下,体育才能保持其最本真的,追求更高更快更强的运动理念。

5. 娱乐功能

"娱乐身心"是被挖掘和利用较早的体育社会功能。在体育初具雏形的原始社会,原始人在狩猎之余用以宣泄情感而进行的游戏活动,虽缺乏明确的目标和稳定的运动方式,却已通过这种潜意识行为,反映出原始人对精神生活的需求。据《帝王世纪》记载,"击壤而歌"就是原始人在休息时群聚唱歌的一种游戏活动。《太平清话》还记载了始于黄帝时代用于调节军士枯燥生活的蹴鞠活动。体育形成初期,亦即古代开展民族、民间体育阶段,许多供娱乐消遣的身体活动项目,常在节日庆典、宗教仪式和表演技艺中出现,对调节和丰富人民生活起着重要作用。在同时代的欧洲,自进入文艺复兴时期,人文主义者和新型资产者以"提高和改善人类的生活"为宗旨,大力提倡消遣娱乐活动,并利用各种体育手段开展社交。

现代社会解放了劳动生产力,随着物质产品不断丰富,余暇增多,人们为享受生活,使体育的娱乐功能有了更广泛的发挥。比如,现代都市生活使人与大自然几乎隔绝,但参加户外体育活动,可以调节生活,使人享受返回大自然境界的乐趣;随着工作紧张和生活节奏加快,体育锻炼有利于密切人际交往和享受集体聚会的乐趣;通过参与体育竞赛活动或从事一些惊险性体育项目,可以在向自然的挑战中,体验创造人生价值的乐趣;经常欣赏体育比赛和表演,可以从运动员的高超技艺中得到美的艺术享受。目前,我国为了丰富人民群众的业余文化生活,移风易俗,建立良好的社会风气,通过实施《全民健身计划纲要》来寻求适合我国国情的最健康、最理想的体育娱乐方式,以便让大家在和谐的氛围中获得精神快感,使工作和劳动中造成的精神紧张、脑力疲劳和紊乱的情绪得到调节,最终达到"净化"感情和充分享受生活乐趣的目的。

三、体育与大众休闲

随着社会的发展,特别是后工业社会以来,随着生产方式的转变,物质生活等条件的改善,人们迎来了休闲时代的到来,大众群体中,以健身娱乐为目标的体育形式——体育休闲应运而生。体育休闲对丰富人们的余暇生活、愉悦身心,提高人们生活质量发挥了非常重要的作用,体育休闲逐渐成为人们在休闲时代的重要选择。

随着人们休闲消费能力的提高,休闲时间的增加,以及人们对体育功能的不断认识,休闲体育化的趋势越来越明显。越来越多的体育休闲项目传入我国,我国的大众体育休闲取得了快速的发展。大众体育休闲具有以下休闲的价值和功能。

（一）促进人们形成良好的休闲意识

体育休闲活动能满足不同人群对"玩"的需求。但是,体育休闲活动的游戏与动物的游戏有着本质的区别,它对于社会中的人的良好心态的形成、社会适应能力的发展具有重要的促进作用。

（二）实现对优秀休闲文化的传承

马克思主义哲学认为,事物总是处于运动和变化之中,休闲文化也不例外。休闲文化通过自我深化与更新,形成一个螺旋上升的良性循环的过程,能够推动社会文化的上升发展,实现对先进文化的丰富。现代体育休闲内容丰富,一些国家和民族特色体育活动成为休闲体育及其文化中的重要内容。就我国休闲体育发展来讲,应该将民俗体育及其文化纳入休闲体育文化中来,休闲体育文化是一种对休闲文化的选择和传承。

（三）缓解老龄化带来的社会压力

随着物质生活水平的提高,以及现代医学的快速发展,人们的寿命越来越长,人口老龄化的问题在当今世界已经成为每个国家都普遍关注的话题。老龄化会加剧医疗的负担,对社会形成一种压力。而体育休闲的发展可以缓解这种社会压力。实践表明,老年人通过参与体育休闲活动可以强身健体,降低老年疾病的发生,减轻医疗负担。世界上一些发达国家都在大力发展运动健身,鼓励老人们利用余暇时间参与体育休闲活动,锻炼身体,如美国、日本和新加坡等,出台了一定的政策措施,来促进老年人的身体健康,都取得了相当不错的成效,值得我们借鉴。

(四)推动休闲文明的和谐化进程

人类社会的和谐,包含了人与人、人与社会、人与自然的全方位和谐。体育休闲活动不仅仅在于满足人们娱乐性与消遣性的需求,满足对美的需求,同时还能够满足自我发展的需求。体育休闲为人们的精神文化消费提供了丰富的内容与形式,是人们社会生活中的有机组成部分。人们在休闲时间里的活动,需要正确的引导,否则就会给社会带来一些危害。如很多青少年群体在闲暇时间里无所事事,打架斗殴,参与赌博等。因此,如何合理地进行休闲,对于社会成员正确地发泄自我和促进自我具有重要意义,对社会的稳定和文明进步也具有重要意义。体育休闲活动是一种健康的宣泄活动,人们通过参与体育休闲活动可以很好地释放自己的过剩精力,发泄自己的负面情绪,而不会去选择一些越轨等违法犯罪行为来释放自己的不满和情绪。通过参与体育休闲,人们的休闲活动可以得到正确的引导,向有利于社会进步的方向发展,同时,社会的精神文明建设也会得到不断推进,有利于人、社会、自然的和谐,从而促进休闲文明的和谐化进程。

第二节　体育休闲的概念、特点与功能

一、体育休闲的概念

(一)体育休闲的定义

关于体育休闲的定义,学者们进行了积极探索,体育休闲是休闲的一种形式,是人们在闲暇时间里,通过体育活动进入与现实剥离的一种休闲现象。

(二)体育休闲的内涵

关于体育休闲的内涵,可以从以下几个方面去理解。

1. 体育休闲是体育特殊的表现方式

体育休闲以其内容丰富、形式多样、趣味性高、参与面广的特点深受广大人民的欢迎和喜爱,人们通过参加各种各样的体育活动,可以达到增强体质、调节心理、陶冶情操以及享受人生的目的。体育休闲里不仅包含着竞技体育活动,如观看高水平体育赛事的休闲方式,还包含着大众体育活动,如参与一些健身运动等。

2. 体育休闲是一种内心体验活动

人们参与体育休闲的过程,是一种亲身体验的过程,体育休闲是一种心理体验的过程,是指人们利用闲暇时间怀着轻松愉快的心情参加身体运动,既不受限于体育教学中的各种规定,也不追求运动成绩的好坏,而是追求内心体验的一种活动形式。

3. 体育休闲的中心是休闲

正确理解体育休闲的内涵,就要明白体育休闲的中心词是"休闲",体育是修饰词,人们通过各种体育活动,来达到体验休闲的过程,能最大限度地实现参与者的精神追求。

(三)体育休闲的内容

体育休闲的内容非常丰富,分类形式有很多,下面就根据不同的分类方式对体育休闲的内容进行具体分析。

1. 根据身体状态分类

(1)观赏类休闲运动

观赏类休闲体育运动主要指的是观赏各种体育竞赛与休闲体育运动的表演。在观看这些比赛和表演的过程中,人们往往会表现出各种不同的情绪,如兴奋、激动、惊叹、沮丧、愤怒等。通过观赏他人所进行的休闲体育活动,人们心理方面的压力会获得很大程度的释放。另外,在观赏这些表演与比赛的过程中,观赏者还可以学到很多体育方面的知识,欣赏体育运动的艺术魅力。

(2)安静类休闲运动

安静类休闲体育运动主要指的是棋牌类的休闲活动。以棋牌类休闲活动为例,棋牌活动的参与者身体活动量较小,脑力支出相对较大,是智慧与心理素质的一种竞争。安静类运动既能健脑,又能健体。

2.根据项目性质分类

根据项目性质的不同,可以将休闲体育的内容具体划分为眩晕类运动、命中类运动、技巧类运动、冒险类运动、养生类运动、健身舞类运动、游戏竞赛类运动、水上、冰雪类运动、户外类运动等类型(表1-1)。不同类型的休闲体育其特点也存在一定的差别。

表1-1　根据项目性质分类的体育休闲内容及特点

分类	内容及特点	项目种类
眩晕类运动	借助于一定的运动器械及设备,使人在运动中得到在日常生活中很难体验到的空间运动感觉,感受身体与心理极限刺激的休闲体育运动	游乐场上各种产生滑动、旋转、升降、碰撞的游艺项目,如蹦极、过山车、悬崖跳水等
命中类运动	运用自身的技巧与能力,同时借助特定的器械击中目标的休闲体育运动	打靶、射击、射箭、保龄球、台球等
技巧类运动	通过运用自身的能力,同时借助特定的轻器械所表现出灵巧和技艺的休闲体育运动	花样滑板、小轮自行车、轮滑等
冒险类运动	对大自然进行挑战的、有严密的组织措施和安全保障的休闲体育运动	沙漠探险、漂流、山洞探险、滑翔、横渡海峡、跳伞等
养生类运动	节奏比较和缓,经常参加能够强身健体的休闲体育运动	瑜伽、太极拳、木兰拳、木兰扇等
健身舞类运动	通过各类歌舞的形式,有音乐伴奏的休闲体育运动	民间舞蹈、秧歌、舞龙、舞狮、肚皮舞等
游戏竞赛类运动	将竞技体育比赛项目的规则进行简化和游戏化改造后,形成的休闲比赛活动	沙滩排球、三人制篮球、室内足球等
水上、冰雪类运动	在水上或者冰雪上所开展的休闲体育运动	水上项目包括游泳、跳水、滑水、摩托艇、帆船、冲浪等;冰雪项目包括滑冰、滑雪、雪橇等
户外类运动	指探索自然的各种体育休闲方式	野营、远足、定向、登山、攀岩等

现代体育休闲的内容丰富多彩,以上的划分只是根据体育项目的部分特征进行划分的,并不能反映出体育休闲的全部内容,人们可以根据实际情况和条件,有选择地进行体育休闲活动。

二、体育休闲的特点

(一)休闲体育运动的特征

1. 时代性

休闲体育具有时代性特点,这主要表现在不同的历史发展时期,休闲体育活动受到社会背景文化的影响,从而具有相应的时代特点。这也就意味着,在不同的历史发展时期,休闲体育的内容、形式等都有一定的不同。在不同的时代,相应形式的体育活动总是会成为人们乐于接受的休闲形式。

休闲体育活动是时代文化的反映,与经济社会、科学技术的发展水平具有密切的关系。经济社会处在不断的发展过程中,人们的兴趣爱好也是变化的,在不同的时代环境下,休闲体育会表现出不同的特点。

2. 时尚性

在现代社会,参与休闲体育已经成为一种时尚行为。学者认为,时尚具有两方面特性:其一,人们参与时尚活动用来表明自身与某一阶层的平等性;其二,人们参与时尚来表明自己与某一阶层的差异性。这是时尚所具有的双重属性。对于休闲体育运动项目而言,其也具有时尚的这两种属性。

人们在参与相应的休闲体育运动时,体现了时尚的特点。人们在参与休闲体育时,一方面是为了彰显自身属于某一阶层、某一群体;另一方面则借此表明自身与另一阶层、另一群体的不同之处。

一方面,很多休闲体育项目费用较为高昂,被称为"贵族运动",如攀岩、登山、高尔夫等。某一人群参与这些运动时,与同阶层的人接触,强化自身的富裕阶层的标签。

另一方面,在参与休闲体育运动时,休闲体育运动项目有一定的规则,从而形成了相应的文化性的压力,但是很多人在参与休闲体育活动时不愿遵守这些规则与规范,力图摆脱这些束缚。

3. 流行性

流行是时尚的结果。在现代社会,人们的物质和精神文化生活得到了丰富,休闲体育得到了较快的发展。在这一过程中,一些新的休闲体育活动不断被创造出来,并快速在全世界范围内传播,这是休闲体育运动的流行性特点。

休闲体育项目的流行性在于其能够快速在世界范围内传播,但是其以后也会逐渐不再流行,这也是流行事物的基本特点。休闲体育活动具有时尚性特点,人们追求新异事物,从而使得相应的休闲体育活动能够快速流行起来,成为人们热衷的休闲体育项目。但是经过一段时间之后,这一类型的休闲体育项目的吸引力可能会下降,从而会逐渐被另一种新兴的休闲体育项目代替,虽然不至于消失,但是其影响力逐渐减弱。

现代社会,交通便利,传播媒介丰富多样,这使得人与人之间的沟通变得更加便利。在全球化发展过程中,在一个国家和地区流行的休闲体育活动可能会很快传播至世界各地,从而掀起一股流行热。

休闲体育的流行性是由人们的余暇时间和兴趣特点所决定的。当人们具有了充足的余暇时间时,才能够选择和从事自身喜好的活动。人们具有追求新异的特点,这就使得一些休闲体育运动项目逐渐流行然后逐渐褪色。人们的思想观念是不断发展变化的,可能在一个时期不再流行的休闲体育运动项目,随着人们思想观念的改变而在另一个时期又逐渐成为流行运动项目。

4. 参与性

休闲体育运动具有参与性特点,这是其作为体育运动项目最为基本的特点。我们都知道,体育运动需要人们去实践、参与,这样才能够发挥其应有的作用。而休闲体育运动项的参与性更强。只有参与其中,人们才能够获得相应的体验,体会相应的感受,从而达到休闲、娱乐的目的。如果不能参与其中,人们也就不能体会到休闲体育的乐趣。

在进行休闲体育研究时,很多人都将观看体育比赛归为休闲体育的范畴。然而,我们认为,严格意义上来讲,观看体育比赛只能算是一种文化休闲活动,并不是严格意义上的休闲体育。

休闲体育运动重在参与和体验,需要运动者进行亲身实践。而休闲体育的多方面的功能和价值的实现,都是人们在参与活动的过程中所获得的。如果只是停留在观赏的层面,并不能充分了解休闲体育的乐趣所在。

5. 自发性

休闲体育具有自发性特点。人们在参与相应的休闲体育运动时,都是自觉参与其中的。人们在参与休闲体育活动时,完全出于个体或群体的需要,在余暇时间里开展的活动,其并不是强制参与的,人们根据自身的兴趣爱好来决定参与相应的休闲体育活动,不存在非自愿参与的现象。

在参与各种形式的休闲体育活动时,由于是自发参与的,在这一过程中,人们能够获得心理的满足,更好地培养其运动的兴趣,从而在生活中形成良好的锻炼习惯。

在自发参与过程中,运动者能够更好地发挥自身的积极性,从而在运动中能够获得更好的体验。在开展休闲体育运动时,人们充分享受运动的过程,并且会不断进行思考和创新,不断进行新的尝试,而不会满足于简单的重复,从而在自主创造的空间中获得更好的体验,也实现了休闲体育的发展。

6. 层次性

休闲体育主要包括以下几个层次:第一,参与者的年龄层次;第二,运动项目的难易层次;第三,参与者的消费层次。第四,参与者的需求层次。具体如下。

(1)参与者的年龄层次

年龄层次直接影响着人们对体育休闲方式的选择。如儿童、少年对滑板、轮滑、小轮自行车等一些新奇的活动感兴趣;青年人则爱好篮球、足球、攀岩等具有一定挑战性和对抗性的活动;中老年人则可能对一些比较缓和性的休闲运动感兴趣,如气功、太极拳、广场舞等,这些都体现了年龄的层次性。

(2)运动项目的难易层次

休闲体育项目的技术要求和难度,也是人们选择休闲体育活动时的重要依据之一。这种选择主要取决于休闲体育活动参与者对自己体能以及运动能力的认识和把握,体能以及运动能力较强者,一般会选择技术含量较高的项目;个人运动能力相对较差者,则更愿意选择那些技术和难度要求都比较低的项目。

(3)参与者的消费层次

休闲体育的参与是建立在一定经济基础之上的,不同的经济水平决定了消费者参与休闲体育的项目,如参加足球、篮球等一些体育项目,可能是低收费或免费的,而参加滑雪、滑冰等一些体育运动,需要花费少部分的钱,而参加蹦极、骑马、高尔夫球等休闲项目,就需要花费很多的钱。因此,不同的经济水平,决定了参与者的消费层次。

(4)参与者的需求层次

人们参与休闲体育,都有不同的需要,有的人是为了满足健身和锻炼的需求,有的人是为了满足社交的需求,有的人是为了满足高层次的精神需求,实现自我身心的发展。

7. 符号化

从文化角度来看,所有的人类语言和行为都属于一种符号,这种符号的本质是表层结构、深层结构和意义结构三方面的统一。法国社会学家波德里亚认为:"休闲无法不成为符号消费的对象。"因此,可将休闲看作大众文化符号消费的一种。在现今大众消费社会里,休闲体育运动也已经成为文化符号和被消费的对象。当人们习惯于将各式各样的体育运动作为一种休闲消费选择的时候,休闲体育项目也成为一种特定的符号,人们在参与的过程中,也被符号化,成为一种象征。

8. 身心统一性

人们在参与体育运动时,不仅会使得身体得到锻炼,心理方面也会得到相应的提升。人们在参与休闲体育运动时,同样会实现身心的全面发展,这即为休闲体育的二元统一性。

具体而言,休闲体育运动会使得人们人体的各器官系统的生理机能得到提高,这是各种体育运动的共同特点。在促进人体的生理健康发展的同时,休闲体育运动还能够促进人们心理、情绪等方面的良好特质的培养。轻松愉悦的休闲体育活动能够促进压力的释放,促进心理健康的发展。而充满刺激的极限运动则能够促进人们心灵的释放,解放自我,实现自我的发展。

9. 游戏性与规范性的统一

休闲体育注重休闲性和娱乐性,其对各种形式的规则有一定的弱化,具有游戏的性质。很多休闲体育运动项目对技术动作的要求并不高,更加注重人们的参与性。在开展相应的休闲体育运动时,人们可以根据实际需要来制定相应的规则,充分体现了其游戏性特点。一些竞技运动也经常被作为休闲体育运动,人们在开展该项运动时,经常会弱化规则,甚至会对规则进行改进。

需要注意的是,休闲体育运动虽然具有游戏性特点,但是其同时也具有规范性,其游戏性与规范性是统一的。在开展相应的运动时,虽然游戏性较强,没有过多的规则约束,但是,其也应遵守相应的行为规范,这样才能够保证休闲体育活动的正常开展。如果不能遵守相应的规范,则整个活动就会陷入混乱。例如,人们在玩篮球游戏时,会遵守篮球运动的基本规则,走步时会失去球权,如果犯规了也会主动承认。如果不遵守基本规则,各项运动是无法开展的。

(二)体育休闲活动的特点

1. 沉浸的时间较快

休闲活动是一种身心上的体验,这种体验活动往往可以用沉浸来描述。当人们沉浸在某一项活动中时,往往会忘掉烦恼,释放压力,从中体验乐趣。跟文艺等活动相比,人们在进行体育休闲时,沉浸的时间较快,人们的沉浸体验与知识、阅历等方面的关联性不强。青少年可以从足球、篮球比赛中抛开学业的压力,中老年人也可以选择从太极、健身气功等运动中忘却生活的烦恼,获得乐趣。

2. 体育休闲项目的可重复性

一般而言,当人们选择一种体育项目进行休闲时,往往会保持这个兴趣习惯,只要有休闲的时间,就会投入其中,并且不会感到厌烦。随着年龄的增长,人们也会选择不同的体育项目进行休闲,并且乐在其中。比如,大部分人青少年时期比较喜欢对抗激烈的运动,如篮球、足球等,随着年龄增长,可能就会选择一些缓慢型的运动,比如钓鱼、门球等。体育比赛的不确定性,是吸引人们进行休闲体育运动的最大特点。

3. 体育休闲规则的可修改性

人们在进行文艺休闲时,往往不会对乐谱、文学作品的章节结构进行修改,并且只能通过自身的修养、学识等来达到休闲的目的。体育休闲则不同,人们参与休闲体育运动时,完全可以根据自身的运动水平和身体状态,以及当时所处的现实体育条件,对比赛的规则进行一定的修改,从而更好地参与。如室外篮球场打球时,可以采用三人制、四人制、五人制等形式,规则的可修改性丰富了体育休闲的形式,增加了休闲的乐趣。

4. 体育休闲的团体化明显

跟其他一些休闲类的项目相比,体育休闲的团体化现象最为明显。大部分的体育休闲项目都需要两人以上才能完成,参加体育休闲的人必须依托一定的团队才能进行,大家都有着共同的体育休闲爱好,聚集在一起进行娱乐休闲。团体化是体育休闲的重要特征。

5. 体育休闲的效果较均衡

人们参与休闲活动,是为了放松身心,对于休闲效果的评价主要可以从以下几个方面进行衡量。

(1)参与休闲活动时,是否感受到身心脱离工作和生活的羁绊。

(2)参与相关活动时,获得休闲体验的难度大小。

(3)是否能够促进身心健康的发展。

从以上方面出发来看,人们通过文艺休闲想要在身体上获得休闲体验的效果明显不足,对身体健康没有太明显的促进。体育休闲可以通过促进参与者的身心健康,达到休闲的最佳效果,因此,体育休闲的效果是最均衡的。

三、体育休闲的功能

体育休闲的功能主要是人们通过参加休闲体育运动来实现的,因此下面主要通过分析休闲体育运动的功能来进行阐述。

(一)健康功能

具体来讲,休闲体育活动的健康功能主要包括健身功能、发展功能、放松功能、娱乐身心功能等方面。

1. 健身功能

实践表明,在闲暇时间经常进行休闲体育活动是保持身体健康、强健身体的有效措施之一。随着年龄的逐渐增长,人体会出现各种老化现象,各种疾病也随之产生。研究发现,动脉硬化在脑力劳动者中发生概率为14.5%,在体力劳动者中仅为1.3%。我国传统的养生学非常注重运动对于人体的重要作用。有研究者对长期参加跑步的40名中老年人研究发现,他们的发病率一般都很低,心肺退行性变化推迟10年甚至更长时间。正是由于平时坚持参加适宜的长跑运动,才显著改善了他们的心肺功能。

随着社会的不断发展,"职业病"与"文明病"逐渐增多,人们越来越意识到身体健康的重要性,"生命在于运动"的观念逐渐被人们所普遍接受。在日常的工作生活中,人们开始逐渐重视体育运动的功能与作用,在空闲时间里参与各种休闲体育活动从而弥补或消除由于缺乏运动所造成的负面影响。通过参与形式多样的休闲体育活动,人们能够获得健康的身体与愉悦的身心,而作为一种能够保持并提高健康水平的体育运动,休闲体育活动是最积极、最有益、最愉快的休闲方式之一。

休闲体育运动之所以能够受到人们的日益重视，同其自身所具备的特点不无联系。总体来说，我国的竞技体育、学校体育、群众体育的发展或多或少都带有一定的强制性，而实践则要求过去的封闭体育向开放体育过渡、计划体育向市场体育转型。面对这种情况，"终身体育"与"健康第一"的观念逐渐被人们所认可并接受。"终身体育"的理论与观念之所以能被人们广泛地接受，与人们对于健康的需求密不可分，它作为一种理论基础，对人们的健身意识具有积极的推动作用。此外，休闲体育活动以其趣味性与娱乐性吸引着大众的目光，从而促使人们产生了强烈的休闲体育健身的需求。

休闲体育运动同样是一种丰富人们精神文化生活的运动：它能够发散人们多余的精力，消除疲劳；净化人们的情感，缓解心理的压力；回报社会，获得更多的成功感和满足感；提高人们人际交往以及社会适应能力等。除此以外，休闲体育活动的内容繁多，形式多样，并不需要有高规格的场地设施与器械，对技术动作也没有太高的要求，人们可以进行自娱自乐，也可以进行彼此的互动。在参与休闲体育运动时，人们没有身份、地位的分别，也没有职业、性别以及年龄的分别，每个人都能够从中获得休闲的乐趣，同时起到愉悦身心的作用。休闲体育运动的参与有助于人们摆脱以工作为中心的单调生活，更好地感受生命的意义与价值，享受生活的乐趣，从而为终身体育的推广和普及创造良好的基础。

2. 发展功能

休闲体育的发展功能指的是个人在业余时间里留有足够的精力投入能够发展其智力、艺术、体力的活动中去，它能够增加个人对于周围事物的兴趣，避免由于线性生活方式导致生理或者智力的衰退。因此，休闲体育运动的这一功能就是鼓励相对于正式职业而言的业余爱好。这些业余爱好不仅可以满足人们个性发展的需要，同时还能够对正式职业产生积极的影响，如完善人格、培养才艺、锻炼体魄等，这些都能够与人们在业余时间的专业体育项目训练联系起来。

休闲体育运动的放松、消遣、发展等功能与马斯洛关丁人的需要五个层次的结论是一致的，人们进行休闲体育活动的目的就在于满足自己从生理到自我实现的各种需求。休闲体育活动不仅能够避免紧张、实现放松，同时还能够获得很好的趣味，使生活变得更加有意义。有时，进行某项休闲体育活动还是满足人们其他需要的唯一途径，这些需要包括：发展、保持以及维护自我形象；保持与发展社会的认同，获得社会的尊重；展示、应用和发展技能;培养个人的各项能力;满足个人的探究与好奇心;从事创造性的自我满足,等等。

3. 放松功能

随着社会的不断发展以及生活节奏的不断加快,人际关系变得越来越复杂,工作的高度紧张也给人们的生活带来了很大的压力,这使得人类面临"文明病"的威胁。在生活压力与"文明病"的双重影响下,工作与休息之间的矛盾不断加剧,休闲体育活动就是为解决这对矛盾、缓和人们生活的压力、解除人类对"文明病"的威胁而出现的。休闲体育运动的出现有效缓解了人们工作与休息之间的矛盾,使人们紧张的身心获得了放松,这种放松不单单是指身体上得到放松,更重要的是人们心态方面的一种调整,是精神疲劳的恢复与心灵上的放松。

4. 娱乐身心功能

休闲活动是人们在闲暇时间里自愿选择与参加的活动,而娱乐则指的是有组织、有益于个人及社会的休闲活动。自我满足、即兴自发的游戏与有组织有目的的娱乐活动刚好是相对的两种休闲形式。休闲体育运动表现出内容丰富,形式多样,具有挑战性、刺激性、新颖性以及艺术表现性等特点,使人们在参与休闲体育活动中充分享受到体育的乐趣。在表现和施展自身才能的同时获得身心的愉悦与满足,这是现代休闲体育最重要的功能之一。

(二)经济功能

在 19 世纪之前,休闲一直被认为是有害于生产力发展的,休闲甚至被视作一种刺激消费的行为,是放纵与浪费的根源。在当时的社会,整个社会的经济体制更加倾向于资本积累,而既作为不生产的时间又作为不必要的消费的休闲自然而然成为人们谴责的对象。但是随着人们对于未来生活关注点的逐渐转移,这种观念已经发生了很大改变。人们逐渐意识到休闲体育产业已经成为当今极具生命力的产业部门之一。根据国家体育总局和国家统计局最新发布的公告显示,2015 年,国家体育产业总产出(总规模)为1.7 万亿元,增加值为 5 494 亿元,占同期国内生产总值的比重为 0.8%。体育产业已经逐渐成为我国经济产业中的重要部分,其中休闲体育在其中起着一定的作用。此外,2016 年,国务院办公厅印发了《加快发展健身休闲产业的指导意见》(国办发〔2016〕77 号),进一步指出要大力发展健身休闲运动产业,促进体育消费,刺激经济增长,促进休闲体育产业的发展。

当今社会,随着人们休闲时间的增多,生活水平的不断提高,人们越来越喜欢出行旅游,旅游业不断发展与兴盛,我国也出现了很多以休闲体育为特色的旅游城市和特色小镇,这就为城市开发提供了源源不断的经济动力与支持,吸引更多的体育爱好者前来观光休闲。体育旅游是旅游产业和体育产业深度融合的新兴产业形态,是以体育运动为核心,以现场观赛、参与体验及参观游览为主要形式,以满足健康娱乐、旅游休闲为目的,向大众提供相关产品和服务的一系列经济活动,涉及健身休闲、竞赛表演、装备制造、设施建设等业态。国家旅游局和国家体育总局出台了大力发展体育旅游的意见,指出以冰雪运动、山地户外、水上运动、汽车摩托车运动、航空运动等户外运动为重点,发展体育旅游产业。这也是休闲体育经济功能的一个重要体现。

此外,休闲体育运动的经济影响力在房地产领域也有所体现。在如今的社会,人们购房的选择已经不再仅仅以房价、房屋面积、楼层等硬性指标为固定标准,而是将关注的目光更多地投向了社区的舒适性、方便性以及合理性等方面。在"科学运动,健康生活"这种现代生活新主张的引领之下,对休闲体育设施配套状况的关注也在全民健身运动的热潮中再次兴起,成为住户购房时比较权衡的一项重要因素。由于进行休闲体育运动变得更加方便可行,居民的身体健康状况得到了很大程度的提升,而位于国民消费三大开支之列的医疗费用也随之有明显下降。休闲体育运动已经逐渐成为深入我国大众生活最为普遍的一种社会现象和经济现象,并且发挥的作用也越来越大。

（三）社会功能

依据社会学的相关标准,西方发达国家早已经步入后工业化社会,而中国则正处于前工业化社会时期。前工业化时期,人们的生活方式主要表现为忘我工作,紧张学习,闲暇时间被无情地抛弃;而到了后工业化社会,人们就会将更多的注意力用于自我实现,是一个充分欣赏生活的社会阶段。

作为从前工业化社会向后工业社会过渡阶段的产物,休闲体育在前工业化时期中叶发芽并不断成长,继而在后工业化时期实现蓬勃发展,它给社会在物质高度发展的阶段带来了精神上的同步发展。休闲体育运动所代表的是一种积极向上的生活方式,其社会功能在于一定程度地减少了年轻人的暴力行为、吸毒等现象,同时增强了老年人的体力与智力,帮助老人克服孤独感等。目前,我国正处在经济高速发展的时期,经济发展的不平衡性必然会导致一部分城市在较短的时间内完成向后工业社会的过渡。在这样一个过渡时期,休闲体育运动发展的水平应该作为社会发展程度的衡量标准之一,尽可能地将休闲体育纳入社会主义精神建设的轨道上来,并尽量在和谐社会的发展进程中得到体现。

（四）文化功能

文化的概念包括广义与狭义两层含义。广义的文化是指人类所从事的各种各样的社会活动以及在这些社会活动中所创造出的一切成果，它包括人类社会生活的各个层面，不仅包括物质产品与精神产品，另外还包括各种社会现象与社会事物等。狭义的文化指的是与精神生产直接有关的精神生活、现象以及过程，它是相对于物质文化来说的一种精神文化，仅指人的精神生活领域。狭义的文化主要包括三方面内容，即价值观、社会意识和思想道德。文化是人类特有活动的一种积淀，具有社会属性的概念，而休闲体育运动是人类社会发展到一定阶段的产物，是一种特殊的社会文化现象。

人们的休闲时间可以说是一种资源或者财富。人们所从事的休闲体育活动是人类创造性的发展，是人本质力量的证明以及人本质的一种充实。从经济学的角度来分析，只有不断提高人的素质这一生产力中最为重要的因素才能够从根本上促进生产效益的提高。

社会文化生活的内容是丰富多彩的，而休闲体育作为社会文化的一种形式，更具有文化的韵味。休闲体育运动不仅仅在于满足人们娱乐性与消遣性的需求，满足对美的需求，同时还能够满足自我发展的需求。休闲体育运动为人们的精神文化消费提供了更为丰富的内容与形式，是人们社会生活中的有机组成部分。人们越是有更多的休闲时间，就越需要理智，需要正确的引导，否则就会给社会带来一些不必要的负担。例如，社会上发生的一些由于休闲所导致的孤独、自杀与犯罪，由休闲而产生的失落感与愧疚感，进而导致心理状态的失衡等情况，这些都是因为休闲生活的内容不充实、简单无聊所造成的。因此，休闲体育运动的不断普及与发展，对于社会良好风气的形成具有重要的推动作用。休闲体育运动非常注重休闲内容的丰富性与趣味性，强调迎合大众的口味，而其运动本身又是人类健康身体的自然需要，在活动过程中又能够让氛围更加轻松和睦，充满了和谐。因此，休闲体育运动不仅有助于提升人的整体素质，同时还对精神文明的建设具有非常积极的推动作用。这时，休闲体育运动就表现出非常强烈的文化功能。休闲体育具有以下文化价值。

1. 体现人类对精神自由的追求

人类社会发展到今天，人类在改造物质世界的过程中不断地提升自己对精神方面的追求。早期人类社会，由于认知的局限性，人们对于自然充满敬畏，这一时期，人们更多的是依赖自然的力量进行生产生活，很少对精神方面进行关注。随着社会的不断发展,生产力不断提高,科学技术的发展为人类社会创造了巨大的物质财富,人们在享受物质财富的同时,开始关注自己的精神领域,不断创造各种活动来探索自己的精神领域,在这一过程中,体育进入了人类的视野,而其中的休闲体育活动及其文化充实了人们对精神的追求,人们在这个过程中不断探索自己的未知世界,希望找到最终的答案。

2. 体现以人为本的核心

随着现代社会的不断发展,"以人为本"几乎成了所有事物的核心。体育作为一种文化活动,也离不开"以人文本"的价值核心。从体育的诞生和发展历程来看,其本身就体现着以人文本的价值,人们参加体育活动,目的就是为了促进自己身心健康的发展,而休闲体育活动更是很好地体现了这一点。休闲体育的活动内容,往往是轻松易行的,不存在对体育成绩的要求,以及对体育内容的严格规范,一切以参与者为导向,这种价值体现充分表达了对人自身的关注,体现了"以人为本"的核心价值。

3. 体现人的主观能动性

休闲体育活动具有一定的新奇性,需要不断地进行创新,因此,必须充分发挥人的主观能动性。人们通过休闲运动的方式,来阐释人与自然、人与自身、人与社会的关系,不断追求人的更高层次的发展。

(五)教育功能

休闲体育运动的教育功能主要是指它对人的思想和行为的引导具有非常积极的作用。现代休闲体育运动包含的内容多种多样,它不只是一种单纯的娱乐性活动,同时还是一个个体进行自我学习与完善的教育过程。

个体在进行休闲体育运动的过程中不仅能够学到休闲体育运动的相关技术,同时还能够发展体能、培养人际交往能力、增强自信心、培养协作精神与竞争意识。此外,在参与休闲体育运动的过程中,人们还能够汲取到相关学科的知识,有助于身心得到充分自由的均衡发展,从而实现自我的完善与发展。

在未来一段时期内,休闲体育运动的教育功能还将继续影响不同年龄阶段的参与者。随着我国体育事业的快速发展,我国普及休闲体育活动的条件已经初步形成。一方面,中老年人对掌握一门健身娱乐的运动方法来充实自身闲暇时间的需求逐渐增大;另一方面,中青年人更为迫切地需要通过休闲体育运动这种方式来缓解日常工作生活中的紧张与烦恼。休闲体育运动以其特有的身心复原功能与经济学价值在其中发挥着很大的作用。总而言之,休闲体育运动将以培养人类健康身体的方式来提供更多的快乐与享受,它是人们未来享受生命的重要方式之一。

第三节 东西方体育休闲观

一、东方的体育休闲观

（一）东方体育休闲观形成的原因

中华民族长期以农耕为主,自给自足的自然经济特征产生了小富即安的传统观念,并形成了中华民族温顺平和、内向含蓄、宁静淡泊的民族性格。由于受传统小农经济和封建专制的统治,中国人一般主要通过静态方式进行休闲,休闲体育的形式主要包括蹴鞠、投壶、秋千、导引养生、五禽戏、气功、太极拳等,中国人的体育休闲具有浓厚的悠闲养生的目的,主要是为了达到人与自然和谐的境界。因此,由于历史、文化、民族特点等因素的影响,形成了中国特有的体育休闲观。

（二）东方体育休闲的项目

由于受传统民族观念的影响,中国人往往以个体、娱乐、技艺、表演的健身和养生为主体的休闲体育方式。在运动形式上呈现出上下相随、左右相依、内外结合的整体性;在运动负荷方面强调动作的节制性,主张不破坏或激化人体的内部平衡。在具体项目选择方面,喜欢以静态为主,喜欢平和、悠闲、修身养性的项目,而且这些项目具有简便易行、经济投入少的特点,如打拳、练气功、种花、钓鱼、听戏、打麻将、打牌等。这些项目逐渐成为中国人休闲生活中的重要部分。

（三）东方体育休闲的功能

中国传统的体育休闲文化重在对自身的内省,注重发掘心灵世界,追求修身养性,追求心灵平静,追求内心世界丰富多彩并与大自然融为一体。中国人认为自然界与人本来就是一体的,人的内心世界应该与大自然相融合,因为大自然是人类共呼吸的载体。所以,中国人一直认为休闲体育的最高境界在于投身于自然,认同于自然,并在自然中调适自己的心灵世界。中国人将其独特的智慧和审美情趣投入休闲体育世界,他们善于把无限时空汇于方寸心中,实现天人合一的境界。因此,在中国休闲体育文化中诞生了独特的心性塑造功能。这些都是东方体育休闲观的独特功能。

二、西方的体育休闲观

(一)西方体育休闲观形成的历史进程

西方的体育休闲观,在形成的历史进程中,呈现出两头高中间低的"U"曲线。哲学家亚里士多德曾指出幸福存在于闲暇之中,休闲是一切事物的中心,是科学和哲学诞生的基本条件之一。瑞典哲学家皮普尔指出休闲是人的一种思想和精神态度,它不是外部因素的结果,也不是由空闲时间所决定的。戈比认为休闲是从文化环境和物质环境中解脱出来的一种相对自由的生活,它使个体能够以自己所喜爱的、本能地感到有价值的方式,在内心之爱的驱动下行动,并为信仰提供一个基础。近代启蒙思想家斯宾塞认为各种趣味的陶冶和喜悦(指消闲)不但是重要的,而且在我们即将到来的时代里,这些趣味比现在会远远地占有人生的绝大部分。西方社会的享乐休闲之流发展到近代工业革命后终于形成巨大洪流,著名的学者和政府机构对休闲体育给予了合法合理的地位,联合国《消遣宪章》正式界定道:消遣和娱乐,通过身体放松、竞技、欣赏艺术、科学和大自然为丰富生活提供了可能性,无论在城市和农村,消遣都是重要的,消遣为人提供了激发基本才能的变化条件,消遣时间是一种自由时间,但在这个时间里人们能掌握作为人和作为社会有意义成员的价值。西方的体育休闲观秉承了分析和归纳的思维,一直试图将体育休闲进行整理和归类,形成了独特的体育休闲方式。

(二)西方体育休闲的项目

随着西方社会的不断发展,特别是工业革命以后,人们的闲暇时间不断增多,催生了人们对体育休闲的极大需求。西方人主要以冒险勇进、外向探求的性格为主,其内容多为快速激烈的运动。在 20 世纪 30 年代,欧洲每年就有 400 人由于登山而遇难,而一个美国运动员却说,"这是一种危险的尊严",人们通过登山的过程中,可以体验向上发现未知世界的乐趣,可以向大自然进行不断地挑战。正是因为这些原因,西方体育休闲的项目出现了很多诸如拳击、击剑、摔跤、足球、篮球、排球、手球、橄榄球、曲棍球、冰球、水球等,以及如斗牛、跳伞、登山、蹦极、滑翔、赛车、高空走索、飞车特技、超长距离游泳、沙漠和极地探险、滑雪、攀岩等对抗性、冒险性和刺激性较强的运动项目。而这些项目也逐渐成为世界上流行的体育项目,并成立了各国际单项体育组织,进一步促进了这些项目在世界上的传播和发展。

（三）西方体育休闲的功能

西方体育休闲在形成过程中,具有独特的功能。西方传统的休闲体育重在外向的个性张扬,喜欢活动筋骨,追求感官刺激。愿意不顾生命危险从事漂流、极地探险、极限运动等形式与大自然抗争,以此来张扬人的个性。此外,西方人在传统体育休闲活动中重视追求享受的过程,他们在球场、沙滩、森林、雪山等地都进行享受,他们挣钱享受,甚至会进行超前消费享受,这些都形成了西方体育休闲独特的功能。

（四）西方体育休闲的独特特征

西方体育休闲在形成过程中,形成了一些特征,如形成了一群休闲体育迷,主要包括球迷、车迷、极限运动和探险迷等,他们往往会在这些项目上投入很大的时间和精力,并将其作为生活中不可或缺的一部分,为之而疯狂。此外,在西方体育休闲发展过程中,形成了独特的休闲教育体系。在美国、英国、法国等西方国家,"休闲教育"几乎是所有人的必修课,通过学习获得休闲的技能和本领。休闲教育的目标主要包括:闲暇行为价值判断的能力;选择和评估闲暇活动的能力;对合理运用闲暇时间重要性的意识和理解。休闲教育的课程及其达成目标的途径包括智力的、审美的、心理的和社会的经验;社会参加和表达友谊、归属和协作;野外生活经验;促进健康生活的身体娱乐;培养一种达到小憩休息和松弛的平衡方法的经验和过程。休闲教育的范围非常广泛,既有提高智力、玩的能力、对美的欣赏能力,也有提高价值观的判断能力、心理承受能力、社会交往能力等内容。这些都是西方体育休闲的独特特征,随着全球化的推进,这些特征也逐渐出现在我国大地。

三、东西方体育休闲观的比较

（一）东西方体育休闲观的相同点

东西方体育休闲观,虽然在内容和形式上存在着一些差异,但其追求休闲的快乐,实现休闲的目的是相同的。不管是东方体育休闲,还是西方的体育休闲,都是人们打发余暇时光的最好方式。随着社会的发展,东西方体育休闲的方式将进行一定的交流和融合,共同促进大众体育休闲的发展,促进世界人民健康幸福的生活。

（二）东西方体育休闲观的差异

从某种程度上讲，由于东西方的体育休闲观，造成了不同的东西方休闲体育活动，进而形成了不同的休闲体育文化。下面主要从东西方休闲体育文化角度出发，进行差异比较。

1. 东西方休闲体育文化在物质层面上的差异

休闲体育文化的物质层面的文化发展与社会生产的发展变化是密切相关的。当社会生产发生变化时，休闲体育的物质文化层面也会发生变化。在原始社会，由于生产力的极端低下，人们的基本生产活动只能满足基本的生存需求，其生产活动包括狩猎、采摘等。这一时期并没有现代意义上的休闲体育活动。当时的人们在生产生活之余，会进行一些跳跃、攀爬、投掷等活动或游戏，这是休闲体育的前身。

当人类开始种植一些农作物时，农业的发展使得人们开始过定居的生活，使得人类文明以及文化开始萌芽并逐渐发展起来。在这一时期，运动性游戏是人们重要的娱乐方式。这一时期，人们开始制作一些与狩猎工具、劳动工具密切相关的游戏器物。但是，这一时期，生产力较为低下，人们的生产方式较为落后，所以东西方的休闲体育在物质文化层面并没有根本性的差异。

东西方休闲体育在物质文化层面出现较大的差异是在工业革命开始之后使得东西方的差距逐渐拉开。工业革命的开展标志着人类社会进入了近代社会，在经济社会各个方面都发生了翻天覆地的变化。在西方，受工业革命的影响，各国逐渐由手工工场向机器大工业生产迈进，资产阶级逐渐取得了统治权。而在我国，经济社会逐渐开始走向衰落，进入了清政府统治的中后期，逐渐落后于世界各国。

在工业革命的影响下，英国城市人口逐渐增多，生产和生活的节奏加快，大机械生产业会对人们产生一定的异化作用。资产积极为了缓和社会问题，开始积极推进一些户外运动和游戏，在这一时期，各种形式的现代体育运动得到了传播和发展，并且很多传到了世界其他国家。工业革命的开展使得西方国家进入了一个为了更好地利用闲暇时间进行娱乐而发明和制造专门娱乐工具的时代。

在西方发生突飞猛进的变化和发展之时，我国依然处在自给自足的封建社会，以手工业和小作坊农业为主，当时设计的一些游乐工具相对较少，并且与体育运动关系不大。在我国古代，曾出现过类似于现代足球的"蹴鞠"以及类似于现代高尔夫球的"捶丸"等形式的休闲体育运动，这些都是专门创造的用于玩耍的体育娱乐活动。到了近代，这些项目反而逐渐消失了。

通过对东西方休闲体育运动项目的发展进行分析，可发现东西方休闲体育在物质文化方面的差异，其主要表现在工业化生产方式产生的体育内容、器具等方面，大工业生产使得相应的运动器材的产生在数量和质量上有了极大的提升，这一点是手工生产所不能比拟的。

东西方休闲体育文化在物质层面上的差异使得人们进一步创造和发展一些新的休闲体育运动方式的可能性出现了较大的分化。机器化生产下，人们能够设计和创造出新的体育器材和工具，而在手工生产下，体育器械的设计、生产全面落后。

总而言之，东西方休闲体育文化在物质层面的差异在近代以来逐渐拉开差距。但是，随着我国现代化进程的不断加快，这一差距正在逐步缩小。休闲体育物质层面的差异随着经济社会发展水平的提高以及全球化的发展，不仅使得休闲体育文化物质层面的差异缩小，而且逐渐趋同。

2. 东西方休闲体育文化在价值层面上的差异

价值观念是人们对事物客观存在的反应，是人们对于事物的意义、价值等方面的评价和看法，它对于人们的行为具有重要的影响。人们所处的环境对于其价值观念具有重要的影响。随着生产力的发展，人们对于事物的认知也在逐步发展，从而对于休闲体育文化的价值观念层面也会发生一定的变化。在东西方休闲体育文化发展过程中，人们对于休闲体育的价值观念方面的差异性根植于不同的文化系统的差异。

（1）东西方历史文化背景对休闲体育价值观念形成的比较

我国传统文化中，注重人的自身修养、品格和精神等方面，而人的身体则是心理的外在表现。我国的传统思想文化由儒家、道家、佛家三大流派为主体而构成，三者相互融合，不断发展，从而形成了我国的传统文化整体。

我国道家注重无为，注重发展自身；儒家注重伦理规范，注重"君子"观；佛家思想则超脱世俗，万物皆空。在三者的影响下，我国的休闲体育观念注重通过身体活动来促进人体内在精神的升华和发展，实现养生防病。

与我国的休闲体育观念相比，西方传统的休闲价值观则明显不同。西方价值观念注重身体美和精神美的统一，注重人的全面发展，是一种注重人体本身的文化观念。

（2）不同的人生观对东西方休闲体育的影响

在我国的文化观念中，注重勤劳，对于勤奋劳作是一种称赞的态度。对于游乐、嬉戏玩耍经常是持一种批判的态度，被认为是不务正业。因此，人们认为，人生价值在于为社会所做出的贡献。君子要"修身，齐家，治国，平天下"，这是古代人们的基本人生观念。

与我国的传统人生观念相比，西方则注重追求公正、自由，注重完美的人格的塑造。因此人们对于休闲、自由有着美好的向往。

（3）生产力水平对东西方休闲体育发展的影响

在工业革命之前，我国经济社会各方面长期领先于世界各国，东西方在体育意识形态和休闲价值观念方面差别不大。在工业革命之前，休闲被认为是统治阶级才能够享受的权利。专门用于休闲娱乐的工具相对较少。

西方国家在工业革命之后，大机器生产使得人们从土地上解放了出来，人们的闲暇时间逐渐增多。其后启蒙运动和资产阶级革命使得人们的公民权利得到发展，休闲体育的发展具有了思想基础。

我国在清朝中后期，逐渐开始坚持闭关锁国政策，人们仍然进行着大量的农业生产劳动，闲暇时间较少，并且统治阶级的腐败使得百姓温饱问题尚难以解决，更别提休闲体育文化的发展。

3. 东西方休闲体育文化在制度层面上的差异

东西方休闲体育文化在制度层面的差异性主要表现在社会制度体系和活动的规范要求等方面。

（1）时间制度

在农业社会，人们的作息规律具有季节性，人们的生活节奏与作物的生长规律具有密切的关系。自然周期没有严格的限制，忙与闲具有很大的自由度。不同的地域，农作物生长特点不同，会造成作息时间的差别。在农业社会，具有相应的节日，很多休闲体育活动都在节日里举行。

随着工业革命的开展，大机器生产取代了手工劳动，人们的生活被机器所影响。工业社会，人们通过制度方式来对作息时间进行了规定和安排，使得人们有了自己的生活节奏，产生了现代意义上的自由时间。对上下班、节假日时间进行规定，使得整个城市能够正常运行，同时也使得人们生活更加具有规律性，形成了城市人的生活方式，能够对自由时间进行随意支配。西方国家通过开展工业革命较早进入了工业社会，实现了对于时间的制度化控制。这为现代休闲体育运动的发展提供了时间基础。

（2）活动制度

制度化特征也表现在活动的规范上。人们在开展相应的活动时，都会有相应的行为规范，以保证活动的顺利进行。休闲体育活动的自由度相对较大，当参与人数较多时，大家需要遵守相应的活动规范，这样才能够正常开展运动。东西方在活动规范方面也具有一定的差异性。

西方的活动方式大多产生于工业时代，制度化、规范化便是这些项目的共同特征,如球类项目就是其典型。对场地器材的一致性规定,对活动方法的统一要求就是这种规范性的表现。另外,球类项目通常是两人以上同时参加,大家的活动方式不一致会使活动无法进行下去,因此有必要对活动进行相应的规范,凡参加者均要照此规范行事。

而我国的各项体育活动方式则产生于农业社会,由于社会对生产方式没有具体的准则和标准,休闲活动一般都没有相应的活动规范,人们在开展休闲体育活动时大都较为随意,多以游戏的方式来进行。

第四节　我国体育休闲历史进程

一、体育休闲的自娱自乐阶段

从我国现有的考古文献来看,体育休闲的自娱自乐阶段主要发生在先秦西周时期,在这个阶段,只有一些贵族人士才有机会接受教育,并从事体育休闲活动。其他非贵族阶层极少有休闲的时间和权利,更没有相关的物质保障。

西周比较流行的体育休闲是"礼射",礼射按等级可分为大射、宾射、燕射、乡射,每一个等级都有其所用的独特的弓、箭、靶、音乐,在这些活动中都有不同规模、程序、制度及分工精细的工作人员来主持相关礼仪。

投壶是当时的士大夫宴饮时举办的一种投掷游戏,是把箭向壶里投,投中多的为胜,负者照规定的杯数喝酒。投壶礼来源于射礼。由于庭院不够宽阔,不足以张侯置鹄;或者由于宾客众多,不足以备弓比耦;或者有的宾客的确不会射箭,故而以投壶代替弯弓,以乐嘉宾,以习礼仪。

角力,是指古代的摔跤术,是先秦最常见的体育游戏之一,常常作为战争、娱乐、选材的重要参考标准。

春秋战国时期,出现了"翘关""扛鼎"等类似举重的活动,可以称为体育休闲的萌芽。

蹴鞠是古代一种用于习武、健身和娱乐的体育休闲项目,其活动比较剧烈,当时的蹴鞠不仅与军队有关,而且也是极少数同时流行于贵族和普通人群中的体育休闲项目之一。

在这个阶段,由于社会的生产力水平较为低下,贵族的体育休闲大多数是以自娱自乐为主。他们从事的体育休闲项目与礼仪、战争、巫术祭祀、养生、生产劳动等活动交织在一起,正在脱离它的母体独立出来,到了秦汉时期,体育休闲项目逐渐发展起来。

二、体育休闲的表演化和民间参与阶段

我国到了秦汉两晋时期,生产力开始逐步提高,逐渐出现了"百戏"业,"百戏"一词,是古代民间表演艺术的泛称,主要以杂技为主。到了三国时期,出现了女子摔跤,并正式用"相扑"之名,随着相扑的发展,逐渐出现了相应的相扑比赛。此外,汉代的"蹴鞠"发展盛况空前,在保留其原有军事作用的同时,其休闲娱乐的功效被充分挖掘出来,更是出现了专业化的表演人群,而且这种休闲娱乐方式不断上至王公贵族,而且下至普通大众,开展得非常普遍。

在秦汉魏晋时期,随着我国医学的进步,出现了导引术,并逐步体系化,得到社会的广泛认可,导引术主要是用来防止伤病,调节身体的精气神。

秦汉魏晋时期是我国体育休闲的成长期,伴随着专业表演人员的出现,体育休闲进入参与与观赏的阶段。

三、体育休闲的趋同化阶段

随着隋唐两宋时期城市生活的空前发展,体育休闲进入一定的繁荣时期,我国历史上的绝大部分体育休闲项目在这个时期形成,市民和贵族同时从事一种体育休闲项目,体育休闲出现了趋同化的趋势。当时的社会不仅盛行各种相扑比赛,蹴鞠活动也在民间广泛开展。此外,唐朝出现了马球,这种体育活动丰富了人们的生活。

在这个时期,不仅官方十分重视体育休闲活动,民间亦是如此。唐代宫廷还专门组建了体育团体,如打球供奉、相扑朋等,宋朝时期,民间更是流行"角抵社""弓箭社"等。这个时期,我国的体育休闲活动达到了高峰。

四、体育休闲的固化阶段

自元末到清末,伴随着宋明理学的盛行,我国开始盛行重文轻武的风尚,主流的价值观开始对体育休闲进行排斥,其中"存天理,灭人欲"的提倡压制人的欲望,进一步抑制了以身体活动为主要表现的体育休闲的发展,促进了以观赏为主的文艺休闲的发展,元明清时期的戏剧、杂剧、小说等形式得以蓬勃发展。在这一时期,也出现了部分体育休闲的项目,如宋朝时期的"捶丸",该体育休闲项目到了元明时期非常盛行。到了元代,由于蒙古族的

影响,骑马、摔跤、射箭被列为男子三项技能。总体上看,这一时期社会上对体育休闲处于裹足不前的状态。

五、体育休闲"西化"的雏形阶段

自 1840 年鸦片战争后,西方的一些文化和理念逐渐传入我国。起初,为了提高军队的战斗力,引入了西方的兵操,兵操主要是为了强身健体。后来,由于一些西式学校在我国的开办,一些西方体育项目开始在我国逐步发展起来,如上海圣约翰书院不但开设有足球、篮球、乒乓球、体操、网球、棒球、游泳等体育课程,而且从 1890 年开始举办以田径为主的运动会。1895 年底,天津基督教青年会开展了篮球活动,篮球运动迅速在京津传播开来。教会学校开展的西式体育活动,为我国以后的体育休闲行为打下了坚实的基础。此外,西方体育休闲活动和相关的体育休闲设施都加快了体育休闲在我国的发展,如 1848 年,英国人在租界内开设了被称为"抛球场"的第一个跑马场。

当时的体育休闲主要存在于上层人士之间,但是为我国的体育休闲奠定了无可逆转的内容、规则等基础,播下了一定的体育休闲种子。

有学者总结出我国从 1900—2000 年的主要休闲活动,其具体表现如下。

1900—1911 年,主要从事赌博、泡茶馆、体育、旅游、逛公园等休闲活动。

1911—1949 年,主要从事戏曲及曲艺、逛游艺场、逛商业街、看电影、集邮等休闲活动。

1949—1966 年,主要从事体育运动、跳交谊舞、看电影、戏剧、逛公园等活动。

1966—1976 年,主要从事看样板戏、唱语录歌、跳忠字舞等活动。

1976—2000 年,主要从事卡拉 OK、迪斯科、健身、看电视、旅游、探险等活动。

六、体育休闲的大众化阶段

随着我国社会的不断发展,我国经济发展迅速,特别是进入新世纪后,我国综合国力不断提升,经济总量已经跃居世界第二位,人们生活水平不断提高,闲暇时间越来越多,为我国的体育休闲奠定了良好的物质基础。

目前,在我国,由于人们健康意识的增强,健身休闲日渐成为很多人的第一选择,国家一系列体育政策文件的出台,也极大刺激了我国体育休闲事业的发展,我国出现了以马拉松等路跑赛事为主要抓手的休闲体育赛事,也出现了以大众健美操、广场舞为主的大众休闲健身方式,健身休闲产业蓬勃发展。此外,以观赛旅游、冰雪旅游为主要抓手的体育休闲旅游产业也在蓬勃发展。随着职业体育在我国的蓬勃发展,我国也出现了很多休闲体育迷,产生了大量的球迷等群体,形成了一定的休闲文化。

　　总之,目前我国已经进入体育休闲的大众化阶段,大众体育休闲也会在未来蓬勃发展开来。

第二章　体育休闲多元理论阐析

体育休闲的产生与发展并不是孤立进行的,其与很多方面的理论都有着密切的联系。比如,较为具有代表性的有休闲、娱乐、游戏、健康、教育等方面的相关理论。通过对这几个方面理论的分析和阐述,能够使人们对体育休闲有更加深入细致的了解和认识,也为更好地参与到体育休闲活动中提供科学的指导和依据。

第一节　休闲论

一、休闲的基本理论

(一)休闲的构成

休闲是由很多方面的因素构成的,对此,会有很多观点来对此加以阐述,最为主要的有以下几种。

1. 整体休闲观

整体休闲观的主要内容为,休闲是一种整体倾向,自愿性愉悦是休闲的要求,无论尊贵或堕落,只要是自由选择并享受其中即是休闲。

2. 医学观点

从医学的角度,佛莱德曼和罗斯曼提出,休闲分为 A 类型行为和 B 类型行为。其中,A 类型行为具有竞争性、攻击性、对时间有急迫感,不安定感;B 类型行为具有温和、不具有攻击性和竞争性,不会有急迫感、无不安定感,此种类型的人比较能享受闲暇。

3. 休闲的被掠夺

林德对休闲的理解为:闲暇虽然增加,但人们却因欲望上涨,促使自己陷入必须不停赚钱、不停购买的消费活动,从而导致占用更多的时间,反而无法好好享受休闲。

4. 休闲三部曲

法国社会学家杜马哲提出休闲包括三部分:首先是放松,休闲之始,因为需要克服疲劳。其次是娱乐,提供休闲的转移功能,使我们脱离自己和关注的事情。最后是个人持久发展,使视野开阔,生命更有意义。

(二)休闲的效益

休闲所能产生的效益在很多方面都有所体现,其中,最主要的有以下几个方面。

1. 生理方面的效益

从事休闲活动如慢跑、游泳、打网球等运动,能避免因缺乏运动而发胖或罹患与心脏血管有关的疾病,定期的肢体动作活动能确保身体的健康。

2. 心理方面的效益

每个人都有被肯定、认同的欲望,休闲活动提供机会让每个参与者均能从中获得有形或无形的被肯定的机会,因此,获得成就感亦是其效益之一,对于情绪的缓冲、心态的调适都有很好的积极作用。

3. 教育方面的效益

休闲活动提供艺术、人文科学等不同领域里的体验,能获得新的知识、充实生活、提高个人生活质量。

4. 放松方面的效益

据研究约有 $50\%—80\%$ 的疾病是由于心理压力过大引起的,休闲活动可以减轻心理压力,消除身体和心理疲劳。

5. 美学方面的效益

艺术活动是休闲活动的一种,因此,艺术活动中所具有的审美意识与美学价值即成为休闲效益所在。

6. 社交方面的效益

休闲参与的时候,能与拥有相同嗜好的朋友及家人相聚,分享珍贵的情谊与乐趣,并能达到社交效益。

二、休闲与人的发展

休闲与人的发展有着非常密切的联系,具体来说,可以从以下几个方面得到体现。

(一)休闲是人回归自然的新生活方式

休闲是人内心的一种感受,它与外在的时间并不存在着依附关系,而是存在于能达到休闲境界的时间。"自由时间"是人需要休闲的必备条件。"自由时间"与"束缚时间"是一对相反的范畴。经历了数千年发展后的今天,人类社会已达到高度文明,但现在的人们却更想回归自然,争取更多的自由时间。

休闲是人体回归其自然状态,消除工作紧张疲劳,恢复其体力和智力(以及情感)功能的人生时段。所以,传统的休闲方式就是闲静下来,使身体好好休息,使机体的劳累和损伤得以弥补。而当代最积极的休闲方式是使工作时得不到活动的身体部位得到锻炼。如果精心安排的"休闲活动"像上班似的缺乏身体运动,正好违反当前信息时代的休闲之道。

"做真正想做的事",是休闲的主要目的,休闲在工作时间或者其他个人自由决定的时间都可以发生。例如,对于音乐家、哲学家或任何极度享受工作成果的工作狂来说,工作就是最大的休闲。有些人在闲暇时间选择去工作,享受到的愉悦或许大于用其他方式填满闲暇。这是由于科技的发展对社会文明带来的异化,人异化为工作的努力,也只有选择回归自然的休闲才能得到解脱。古今中外都认为休闲具有自我发展、自我实现、自我完善的人文特性。它的价值不在于提供物质财富或实用的工具与技术,而是构建一个有意义的世界,守护一个精神的家园,使人类的心灵有所安顿,有所皈依。

在传统的生活方式中,许多人都还没有将休闲的概念建立起来。如今,随着休闲意识已普及到千家万户,注重休闲已成为新生活方式的明显标志。让体育运动的形式进入生产活动之外的"休闲",是倡导一种文明、健康、科学的新生活方式。现代社会的高速发展,经济愈发达,人们面临的压力就愈大,闲暇时间的增多,更需要把参与体育活动作为疏导压力和享受快乐的良好渠道。体育休闲运动使人们从被动地消磨空闲,转而追求高质量的娱乐休闲;体育方式也从群体的指令性锻炼,过渡到个体的主动性锻炼。体育结合休闲,成为回归自然的新生活方式。

（二）休闲能够使人的身心得到有效改善

关于休闲的基本观点，主要有三个方面。

第一，休闲是为人格塑造而自由选择的活动。

第二，休闲是一种心灵状态和一种做事的方法。

第三，休闲是其他事都处理妥当后最后剩余之事。

上述这三个基本观点都是在把人从必要的责任义务的羁绊中解脱出来的基础上建立起来的。大多数休闲专业的人士，比较接受休闲是生活的态度或状态的观念。但是，一般人对于休闲最常用的定义，则是强调从责任义务中解脱之自由：休闲就是你想做的事，而不是你必须做的事。这样，休闲不仅成为工作的目的，也成为生活的目的。

休闲在人格的发展方面所产生的作用是非常显著的。休闲活动的开展所具有的实际意义，就是将人们潜在的欲望充分激发出来。管理者和经营者应该把休闲看作教育人的良机。尽管有一批理论家和理想主义者致力于健康休闲方式的研究和倡导，但由于商业利益的驱动，休闲活动的粗俗化在有些地方愈演愈烈。例如，在这些粗俗化的休闲活动中，吸毒、赌博、色情是其中最负面的东西，侵占了人们尤其是青少年大量的闲暇时间。另外，一些看似无害且有趣的游戏，在使人休息和娱乐的同时，却又因其高科技的吸引力和比赛得奖的诱惑，使休闲变得单一和平面化，在电视、上网等电子媒介的休闲活动中显示了这样的特点。与一般的休闲方式相比，体育休闲是使休闲变得健康的一种积极手段。

现代社会对时空的高度组织和密集型的生产、学习方式以及信息社会里的高虚拟式的室内活动方式，已经使得很多城市的居民进入消极休闲的状态，产生一种失去了拥有自己身体的感觉。消极的休闲容易使人懒惰，降低身体运动能力。要强调休闲是有目的性的活动，是"个人性"的且能获得相对有利的结果，倡导把休闲作为改善身心的过程。

（三）人们工作的目的之一就是休闲

休闲是与劳动相对应的一种有意义的活动。劳动是将劳动者组织到一个社会网络中，以提供服务和产品为目标；而休闲是以个人生活为中心，使个人恢复体力、满足人们的兴趣并提升人的智力。休闲可以看作个人的再生产活动，是保持身心健康的必要环节。休闲是具有特定文化特征的活动，带有明显的个人喜好。在以前，倡导个人生活的目的是为了工作，是作为培养劳动力为生产服务的；而现在越来越多的人则认为工作是为了更好地生活，劳动是为了更好地休闲并使人得到可持续发展。因此，体育在社会发展中的作用目标也从生产转向生活。

随着现代社会的快速发展,先进科学技术不断得到应用,这就使得工作效率越来越高,工作时间大大缩短,闲暇时间越来越多。休闲,已经成为现代生活中越来越重要的部分。劳动和休闲互为目的手段。在闲暇时间进行体育活动,已成为人们的新生活方式。

工作除了能够满足基本的生存需求外,还能满足更高层次的一些根本需要。休闲时代的来临,并没有倡导免除必要的工作,只是将休闲当作增加放松及自我成长的时间,并使之成为现代社会个人的一项权益。在大部分的人看来,个人的成长远远比工作更重要。因此,休闲成为生活的主要目的,工作成为支持休闲成长所必需的前提。现在的休闲是为使工作富有个性和获得生活乐趣而服务。体育的服务对象从群体转向个体,是时代的进步。

根据杜马哲的理论:工作是附属的人类行为,而其他的一切皆与休闲相关。他相信,随着以服务为导向的趋势更快发展,休闲也会更重要。他预测终有一日,个人的成长,而非工作营生,将成为生活之主要动机。相反,狄格拉斯则认为:"休闲尚无法被完全认知,因此理想只是理想……休闲是一种生命状态,是人的情况,很少人去渴望追求,更少人达到那境界。"

工作与人类其他活动之间的关系,是人们社会文明所要面临的重大问题之一。工作与休闲并不对立,休闲不是用来忘却工作,而是为了让生活过得更加美好。为了人的发展而制造更多更好的休闲,才是工作的真正目的。

三、现代生活中的体育休闲娱乐

体育休闲娱乐活动在现代生活中是较为普遍的,从某种意义上来说,体育休闲娱乐融入现代生活中,与社会发展的需求是相适应的。

(一)体育休闲娱乐活动的特点

体育休闲娱乐活动有着较为显著的特点,具体来说,主要表现在以下几个方面。

1. 运动形式具有多样性特点

体育休闲娱乐活动是人们以个人的方式在闲暇时间从事的活动,因此,体育休闲娱乐不拘泥于形式,可以是单独活动;可以是集体的活动;如散步、慢跑、跳交际舞、大众健美操、练气功等,无论哪种锻炼方式,一切由自己随心所欲地选择。为了防止休闲方式粗鄙化、单一化、趋同化,休闲性的身体活动应该多元化、个性化,并不断创新。

2. 对技能和体能的要求不高

体育休闲娱乐活动在技术和规则方面并没有过高的要求,即使没有运动基础的人,只要有健身欲望,都可以参与到活动中来。同时,每个人都可以在这些活动形式中,按照个人的兴趣和爱好选择适合自己的运动形式。另外,人们还可以寓工作于娱乐,以增进自身在交往中的亲和力和凝聚力。

一般不提倡长时间竭尽自己体能的运动,而应选择自己生理能接受,对身体各系统的功能起到调节作用、使锻炼者心情舒畅的活动内容。近年来,一些体育学者的科学研究证实,追求过高的运动负荷、体能极限消耗往往是造成身体伤害的原因。

3. 活动内容的选择上具有自由性特点

许多体育休闲娱乐活动进入社会经营性场所后,需要付费,如游泳馆、滑雪场、健身房等。这对普通百姓来讲,因经济的原因而不能经常坚持。但可以选择不需正规场地,在公园、广场或家中都可进行的活动。丰富多彩的中华民族传统体育恰恰可以在人们选择和进行体育休闲娱乐活动时,给予启示、提供参照。

4. 参与活动具有显著的灵活性特点

随着社会经济的快速发展,社会生活节奏也逐渐加快,高效率和快节奏已成为现代人生活和工作的一大特点,付出过多的时间从事体育锻炼会成为人们的一种负担。但有些运动项目,不特意安排整段时间是无法进行的,人们想锻炼,却苦于没时间。体育休闲娱乐活动在时间上的要求是比较宽松的,人们可以选择在工作间歇的时间进行,也可以在茶余饭后的零散时间里进行,也可以早、晚进行,时间安排可长可短,完全依个人的体力、兴致、忙与闲的具体情况而定。

(二)体育休闲娱乐活动融入生活方式与社会发展相适应

休闲是一段闲暇、一种愉快心境、一种娱乐活动的共同体。休闲与体育活动的关系非常密切,休闲离不开体育活动,休闲活动中的身体运动,几乎都是体育休闲娱乐活动。因此,在现代倡导休闲的时代,体育休闲娱乐活动融入生活方式,是社会发展的必然趋势。

现代人们的闲暇时间越来越多,已经成为一种普遍的社会现象,也是社会文明发展的重要标志。世界人民都有共同的休闲需求,这些需求表现在各个方面,依赖于不同时代和区域所提供的不同外界环境条件而得以实现。体育休闲娱乐活动融入生活方式已经是社会发展的世界性潮流,发达国家的人们已经做出了榜样。尽管大部分中国人的体育活动仍然仅仅只是停留在学校的受教育阶段,但越来越多的人正在把体育活动视为大众休闲娱乐的重要内容,作为自己生活的组成部分。

随着人们闲暇时间的增加,再加上一些社会强力因素的影响,休闲的内容往往很多是具有特殊意义的,并且对个体和社会的发展有着基本的价值。在一个以休闲为中心的社会,大量闲暇时间的增加,也可能会对个体和社会的休闲质量产生隐性的影响。通过增加更多的体育休闲娱乐活动,可以使人们更为高效地利用闲暇时间来提高生活质量。在这种高质量的生活里,体育休闲娱乐活动是一种对健康人生可靠的和有价值的投资。而这一些准备可以通过体育休闲娱乐教育进行,这样的教育应该完全迎合个体和社会的需要。

对休闲生活的良好适应,对于个体享受高质量的生活是有所帮助的。高质量的生活通常被描述为有效的、有意义的、富有的、有趣的生存,这种生存基于人的享受感、满足感、履行感和自由感。体育正是表达了这样一种价值观,它基于人们的身体、精神和社会的安康;基于最崇高的和最久远的人类友谊、和平的价值观念,不阻碍别人对幸福的追求,因而得到广泛认同。

在人们的生活水平达到一定程度后,体育将不仅仅是学校里的体育课,也不仅仅是领奖台上的奖牌,更是千家万户生活中不可或缺的休闲娱乐必需品,是人们安居乐业的基本条件。

第二节　娱乐论

一、娱乐对人的身心健康是有益的

大量的实践证明,保持心情愉悦对身心具有非常重要的作用。在人们生活质量不断提高的今天,要对体育娱乐对全面健身发展的重要意义有充分的了解和认识。

(一)娱乐对人的生理健康有所助益

身体娱乐可以促进健康,是具有科学依据的。从生理学的角度来看,运动可以改变人类脑部化学结构,对治愈忧郁症具有明显的效果。经常参与有氧运动,可以促进人体血清素的升高,令人感到身心康泰,充满满足的愉悦感。据相关研究显示,跑步20分钟,可促使脑部分泌内啡肽,内啡肽是一种像吗啡的化学物质,许多跑步者和其他从事过体育运动者,都产生过这种"天然的舒畅感"。所以,人们一般都避免从事身体对抗剧烈的竞技性运动,而更愿意选择那些充满乐趣的身体娱乐活动。

娱乐是健康生活不可缺少的要素,人们快乐了才会有幸福健康的生活,而兴趣则能使人们产生自觉锻炼的动机,养成自觉锻炼的好习惯。体育可以通过休闲展现其审美价值,增加竞技项目的趣味性,可以有效满足人们休闲娱乐的需要。因此,我们一改传统的锻炼方法,提倡主动性亲身参与,通过竞技活动来塑造人格,运用游戏的方式来调节情绪,提倡快乐休闲。身体娱乐的价值,娱乐促进健康的作用,将会得到社会的广泛认同。

（二）娱乐对人的心理健康有所助益

身体娱乐具有良好的锻炼效果,同时还特别强调以创新来达到身心健康的目的。现代体育运动项目内容丰富、形式多样,这为身体娱乐提供了广阔的天地。新的运动项目、新的体育锻炼形式都在不断地出现,并将获得较快的发展。人们从事自己所喜爱的运动,可以使身心合一,达到身心健康的目的。体育休闲娱乐活动在增强人体体质的同时,还给人们带来了愉快的情绪体验。而良好的心理状态,又是促进身体健康的基本条件。

二、体育休闲与娱乐的关系

关于体育休闲与娱乐两者之间的关系,可以从以下两个方面入手来进行分析和阐述。

（一）身体运动的娱乐原欲

在远古,人类为了通过在阳光下追逐,在风雨中打闹,以此来获得强烈的快感。这种本能的嬉戏不存在外在的功利目的,与运动系统和生命活动的内在功利目的相符,也就是说此类活动满足了动物本身的活动欲望,被称为"娱乐原欲"。

人类一旦满足了生理需求后,就会通过其他的身体活动方式表现自己的愉快情绪,如欣喜若狂、手舞足蹈等,这些行为都是由人的身心需要所引发的活动,它对于维持生命所必需的活动过程并没有直接的帮助,也不追求直接的功利目的。另外,原始人类的身体练习并不直接服务于生存的需要,他们只是满足和享受这些活动所带来的快乐和愉悦。

原始娱乐文化形态大体上属于自然娱乐形态,属于人类社会低级开发阶段的产物,同人类原始思维方式相适应。当时人们的娱乐文化形态只是一种人类初期智能和体能开发的表现形态,而这些表现形态融入了当时人类的各种活动,如经济、宗教、战争、性爱等。

（二）体育休闲是在娱乐的基础上实现的

娱乐大众,是体育休闲运动的最根本意义,要想从多方面促进体育休闲运动的发展,就要充分利用娱乐这一要素。究其原因,主要是由于人们只有在运动中体验到快乐,才会对体育锻炼产生兴趣。

目前,发达国家的体育休闲娱乐观念已经深入人心,大多数成功的体育组织都将自己看作娱乐的提供者。他们非常看重赛事的内容以及与赛事有关的运动场地的吸引力,而观众也将观看比赛视为一种休闲娱乐。一些项目的体育娱乐同其他娱乐活动相比,具有自发性和结果不确定性的特点,这为体育生产商提供了更大的机遇和挑战。从一些媒体的报道中就可以看出,体育对大众的休闲娱乐行为具有非常重要的影响。如日本媒体报道,日本从1989年起,每年都要举办一次"全国体育娱乐节",并由都道府县申办。为参加和主办"全国体育娱乐节",各都道府县近年来也都开始成立相关的体育娱乐团体,并举办地区一级的体育娱乐节,这对本国的大众体育的发展具有非常重要的影响和推动作用。

三、体育产业的发展与娱乐教育

自从我国改革开放以来,国家主要有经济发展为社会建设的中心,虽然我国的经济建设已经出现了非常大的改观,但是我国的体育产业的发展与其他西方发达国家相比,还是存在着一定的差距的。在针对体育产业的发展和娱乐教育中,可以从以下几个方面入手。

（一）将现代体育与休闲娱乐融为一体

现代体育只有与休闲娱乐融为一体,才能促使体育自身的社会功能进一步丰富和发展,而只有对体育与政治、经济关系的重新定位,才能使体育发挥娱乐性,促进消费性的"休闲产业""娱乐产业""文化产业"等的蓬勃发展。

（二）对体育休闲娱乐文化加以发展

现代体育的发展离不开大众文化，大众文化多以日常生活行为、感觉、感触为主要内容，特别注意诉诸感官的娱乐效果。因此，体育活动必须要千方百计地不断变换方式来供人娱乐，并充分满足和发掘人们的感受，以引导人们消遣和娱乐。这在某种程度上也塑造着大众的欲望和感觉。通过欲望的满足和感性的刺激，促使人们活得更加轻松和随意。

（三）将体育娱乐的经济作用充分发挥出来

体育娱乐的发展是我国体育产业的一股新鲜力量，体育产业作为第三产业，属于典型的服务型经济，体育产业服务于运动参与者和观赏者，体现出"体验经济"的特点。所谓体验，就是以商品为媒介，激活消费者的内在心理空间的积极主动性，以引起疑问的热烈反响。这就要使消费者在娱乐过程中获得心理满足感，并为此付出一定的消费。体育竞赛就是这样一种特殊的体验。随着现代社会经济的发展，以健身和娱乐为特点的体育消费成为经济发展新的增长点。这一时期的一个重要特征就是体育休闲娱乐已成为满足社会需求的一种供给。为此，在新的经济时代需要体育休闲娱乐工作发挥体育的经济作用，分析体育市场的娱乐需求，促进体育与经济协调发展，加快体育文化产业发展的步伐。

（四）对开展农村体育娱乐活动要积极倡导

在很多农村地区，经济状况并不发达，体育产业的发展就更加不景气。我们可以效仿很多发达国家利用娱乐来减小城乡差别并发展农村经济的做法，大力提倡农村体育娱乐活动的开展，让体育产业带动农村经济的发展。"娱乐在减缓或阻止农村人口向城市移居的过程中，起着十分重要的作用。因为缺乏娱乐机会，可能是村民移居城市的一个因素。另外，包括旅游在内的很多娱乐方式，都能给乡村地区提供许多新的就业机会，而在这些地区原有的农业或其他形式的工作已经衰落了。在许多国家，为了提高乡村生活质量和确保经济稳定，众多筹建中的乡村娱乐场所正在大兴土木。这些努力，成功地遏制住了世界范围内的巨大的城市移民潮。"[①]我国在全面建设小康社会的进程中，要充分考虑落后地区体育休闲设施的兴建，大力发展体育旅游产业增加就业，对经济发展起到积极的促进作用。

---

① ［美］杰弗瑞·戈比.21世纪的休闲与休闲服务［M］.昆明:云南人民出版社,2000.

第三节 游戏论

一、美学中的游戏论

作为一种社会文化现象,体育运动通过查看中外体育史的发展线索就会感受到一股浓郁的审美气息洋溢在其中。古希腊时期,体育是全社会最重要的教育、娱乐活动,奥林匹克运动会是全希腊最神圣的文化集会,是希腊人生活中的头等大事,所以希腊的哲学家、文学家们,不仅借助它获得表现的机会,更是在精神上受到浸润。例如,荷马史诗就是利用奥林匹克运动会得以重新收集齐全,使米隆等人从中求得雕塑创作的主题和神韵;最典型的是柏拉图,不仅身体力行地参加奥林匹克的表演,且在强调"美是理念"的同时,认为达到的途径是,一个美形体→两个美形体→全体美形体→美的行为制度→美的学问知识→美本身(理念即"美本体"),这个"美形体"的起始显然是体育运动造就的。亚里士多德的伦理观也是得益于体育运动,在他的 12 条幸福要素中有很多要素都直接与体育相关,如健康、强壮、竞技道德等。从以上可知,古希腊体育不仅仅是一种身体运动,更是一种在广泛意义上体现着美的生活,在实质上体现着人类进步的文化。

人与其他灵性生物之间是具有一定的差别的,具体来说,主要表现为人可以认识自身,而体质作为人的生命存在的状况,它表征着人存在的实质性。体质是人类在生命繁衍中身体活动的结果。在原始社会,人类所有的身体活动都是为生存服务的,后来随着人类劳动的进步和意识的发展,人们终于把自己身体的健康、强壮和优美作为文化目的,从而产生了体育。因此,体育是人对自身身体的自我培养,是有意识地潜化自我的身体活动。体育的每一步的演进和发展既是由人类自身创造的,又标志着人类自身的进步。从美学的角度来看,尽管体育的美作为观赏对象实实在在地展示在我们面前,但它仍与自然的美有着根本性的区别,这是因为它除了是一种客观的存在外,也是一种主观参与创造的、凝聚着主观力量和智慧的社会性存在。可以说,人的实践活动的全部领域,都包含有美学的因素,体育运动作为世界性的技能竞赛和文化交流,作为综合性显示人的品格和能力的重要场所,更是完整地体现了"美是人的本质力量的对象化"这个命题,既为它提供生动的例证,又为它做出深刻的注解,并在一定程度和一定水平上发展它、完善它。

二、游戏的身体运动观

游戏的身体运动观主要从两个方面得到体现：一个是身体运动理论；另一个是游戏的运动目的论。下面就对这两个方面加以分析。

（一）身体运动理论

从理论上来说，身体运动观的转变才是体育休闲娱乐在世界范围内普遍发展的实质。有两种运动观存在于身体运动理论中：一种是运动目的论；另一种是运动手段论。

1. 运动目的论

19 世纪后期，占据上风与主导地位的思想转变为身体运动目的论思想，这一思想的主要特征就是游戏。运动目的论思想为休闲娱乐体育的发展奠定了一定的理论基础。运动的目的论与运动的手段论是相对的。人类从事所有的活动都是有动机的，都是为了使自己的不同需要得到满足。从一定程度来说，独立的意义是人们所从事的一切活动本身不具备的，这些活动只是手段，而对手段的使用最终是为了达到满足人类需求的目的。然而，倘若我们要达到满足需求的目的，就必须采用活动作为手段的话，那么活动除了没有自身的意义外，也是一个负担。

所以，为了使作为手段的活动具有自己的独立意义，使人们在这一手段中感受到乐趣及其存在的必要性，人们开始发现非功利性的艺术或游戏。换句话来说，就是使这些之前作为手段的活动本身就变成一种目的，使其具备"目的"的独立意义。使身体运动具有独立的价值和乐趣是人们研究游戏运动的主要意义。人类对运动的需求能够从游戏运动中得到满足与尊重，游戏运动能够使人们参与运动的积极性得到显著的激发和提升。而人们的兴趣与积极性正是其享受体育运动、坚持不懈参与体育活动的重要条件。

2. 运动手段论

运动手段论的主要观点是，运动的目的与运动本身没有必然的联系，运动只是一定历史条件下对社会所需要的人才进行培养的一种手段与渠道，这一观点在一定历史时期是始终占据主导地位的。运动手段论通常以制度性的需要为依据来对体育的培养目标进行制定，而对身体运动进行的评价也并不是为了评价运动本身。运动手段论的观点之所以占据主导，主要是因为身体运动观的形成以体操为开端，而近代体育中的体操运动具有明显的军事身体训练特征。

19世纪初,体操制度开始在欧洲大陆运用,竞技运动、乡村运动和娱乐运动是当时英国提倡的主要运动,对这些运动的提倡使得身体运动手段论的思想受到了动摇。尽管在英国出现的这种新的身体运动观点并不具备完善的理论性与计划性,但它确实使已有的身体运动观受到了威胁与挑战,新的身体运动观点体现了英国人思想的进步性,而且这一观点与当时社会发展的要求是相适应的。

（二）游戏的运动目的论

一般来说,游戏具有非常明确的目的和意义,具体来说,主要表现在能够以其最直接的感性实践方式成为创造人的这一宏伟交响曲中的主旋律,这与人类活动的本质——促进自身能力的发展是相适应的。

人类的发展与不断发展的科学技术有着不可分割的密切联系,但是人类的自由发展也因此受到了科技发展的影响与制约,在科技发展的影响下,人的感性冲动与理性冲动常常处于失衡的状态,对二者的调节很难做到绝对的合理,因此就容易导致对身体平衡的影响。童年时代那些无拘无束、自由自在的玩闹是人们长大之后都会回忆与留恋的。体育休闲娱乐以游戏论为理论基础,其思想前提是运动目的论,而其真正的目的是成为"理想人"。

通过分析与回顾游戏发展的历史线索可知,社会文化、人类文明程度等在一定程度上影响着游戏的诞生,而且游戏的发展程度与这两方面的影响程度在内在上是一致的。因此可以说,在对人的自我意识觉醒程度进行衡量时,可以将游戏作为一把标尺。从这一角度而言,游戏的基础便是人类的基本权益,而促使时代对人的要求的实现则是其主要目的所在,在这样的基础与目的下,对游戏普及的理想形式展开了无尽的探求。

三、游戏与体育休闲

思想家的言论既来自对社会生活的关注,也会对社会生活的观念产生较为深远的影响,他们的观点引起各国舆论的同时,也受到各国政府的重视,并分别采取各种措施,其中,大力发展体育和娱乐事业就是最为重要的一个方面。20世纪60年代以来,不少国家还颁布了有关体育法规,如日本1961年的《体育运动振兴法》,罗马尼亚1975年的《发展体育运动法》,法国1975年的《发展体育运动法》,美国1978年的《业余体育法》等,在制度上、组织上使体育运动的普及得以保证。20世纪90年代中期以来,随着社会生产力的大幅度提高,我国开始实行"双休日"制度,城市居民闲暇时间增多,他们的闲暇生活方式也发生了较大的变化,以余暇运动和健身为特点的身体娱乐和消费也蔚然成风。体育休闲娱乐承载着全新的休闲文化,成为文化消费的宠儿。

一旦社会生活体系将休闲娱乐体育纳入其中,体育休闲就会履行自身的社会职能,人们在开展多种形式的社会文化活动时,对体育休闲的运用就会不可避免地被应用,而且实践已经证明确实如此。可以说,人类文明的发展与游戏和体育休闲的产生及发展具有内在的一致性。所以,我国的面貌、文化素质以及文明程度能够在游戏与体育休闲的发展状况上得到充分的体现。

随着人们余暇的增多,从人们对余暇的处理即消遣方式的选择上,可以看出一个人,一个群体,一个民族文明程度的高低。有了余暇才有了文化艺术,才有了体育智育。安排余暇是高度个性化的事情,但很多消遣的形式却是高度社会化的,必须靠社会提供条件。现代体育便是在市场经济时代,社会提供给人们的文化选择和余暇消遣方式。

随着社会财富的大量增加使多数人进入了"过剩时代",人们用于物质生活的开支所占的比重越来越小,而更多的消费向非物质的方向,如文化的、休闲的方向转移。服务业在经济领域里的地位也凸显出来。体育产业的经济形式,主要属于服务性经济。体育产业服务性经济的特点典型地体现了新时代"体验经济"发展的状况。

从之前的一些研究中可以发现,人们对于体育属于第三产业的观点是持赞同态度的,但实际上,体育在经济领域属于服务性的内容。体育参与者和观赏者的存在也将体育"体验经济"的特点体现了出来。"体验经济"在经济和文化形态方面,具有时代性与新颖性,从这个角度来对体育产业的发展进行研究与理解是十分独特的。一些学者认为,体验经济不属于三个经济发展阶段(农业、工业、服务)中的任何一种,它属于第四个经济发展阶段,现在人们各种各样的需求已经不是单一的货品和服务就能够满足的,未来经济发展的基础也许会是体验经济。

在未来的体验经济时代,消费者只有支付了一定的费用,才能够享受体育运动和娱乐体验。随着经济的发展和对新经济构想的不断深入,当代经济发展中,以健身运动与休闲娱乐为特征的体育消费已经成为一种十分重要的生长点。社会需求的满足一定程度上离不开体育休闲娱乐的供给,这是"消费革命"时代的一个重要特征表现。因此,在新经济时代,体育休闲娱乐的发展有待进一步发展与完善,要通过各种形式来对体育经济功能与价值的充分发挥、体育休闲与社会经济的协调发展起到积极的促进作用,使体育文化产业发展的进程得到有效推动。

第四节　健康论

一、健康含义解析

很多人对健康,只有一个宽泛的印象,对其概念和内涵并没有深入的了解和认识。这里就主要对这两个方面加以分析和阐述。

(一)健康的概念

健康是人类生存发展的一个最基本的要求,也是创造社会物质文明和精神文明的基础,由此可以看出,健康是一个综合概念。随着社会生产力的提高、科学技术的进步以及社会结构的改变,人们对健康的认识和要求也发生了变化,健康的概念也经历了"神灵医学模式"、"自然医学模式"、"生物医学模式"的演变。从古至今,健康一直是人类所追求的目标。健康是美好生命的象征,是幸福的保证。长期以来,人们总认为"没病就是健康"即指人的体质健康。体质是人体的状态和适应能力,它是在先天遗传和后天获得的基础上表现出来的人体形态结构、生理功能、身体素质、适应能力和心理因素的综合的、相对稳定的特征。体质是人的运动能力、劳动工作能力乃至全部的生命活动的物质基础。但是,除了身体上没有疾病外,人们在生活中还会有烦恼、抑郁等不良状态的存在。在社会人群中仍有很多人对健康认识不全面,因此,向广大人民群众宣传和普及健康的新概念是现代健康教育的重要任务。

1946年,世界卫生组织对健康进行了定义:"健康是指身体上、心理上和社会适应等方面完美的状态,而不仅仅是没有疾病和虚弱。"随后又对健康的定义进行了丰富,重中健康应包括身体健康、心理健康、社会适应良好和道德健康。这一点不仅把人们对健康的认识提高到了一个崭新的水平,而且为现代健康观提供了理论依据和认识基础。1948年,世界卫生组织又提出了"健康三维观",即健康不仅是免于疾病和衰弱,而是在保持身体、精神上和社会方面的完美状态。这一定义是对健康概念的准确表达,它把人的健康与生物的、心理的和社会的诸多因素紧密联系起来。1978年,国际初级卫生保健大会发表的《阿拉木图宣言》重申了世界卫生组织的健康定义,并进一步提出,"健康是基本人权,达到尽可能的健康水平,是世界范围内的一项最重要的社会性目标"。健康不仅是个人生活、家庭幸福的基础,而且是国家发达、民族昌盛的保证,是社会进步的一个重要标志。1984 年,世界卫生组织提出了三方面内容的著名健康新概念:"健康不仅仅是没有疾病和不虚弱,而且是躯体上、心理上和社会适应能力上三方面的完美状态。"1990 年、2000 年世界卫生组织又提出了道德健康和生殖健康。

从上述内容中可以得出,现代健康的新概念应该包括以下几个方面的内容。

(1)身体健康,是人的生理健康。具体来说,就是不仅是无病、无伤、无残,而且包括良好的体质和体能。一般来说,身体健康的具体标准是:身体各器官、系统发育良好,无病理信息,体质健壮,功能正常,精力充沛并有良好的劳动效能,平时的体格检查正常。

(2)心理健康,是指人的内心世界充实,处事态度和谐,与周围环境保持协调均衡。其不仅是指人的精神、情绪和意识方面的良好状态,而且还要求一个人必须具有情感认识、接受、表达、独立行为以及应付日常各种应急挑战等能力。随着诊断学的发展,医学专家发现相当多的现代人都有心理异常表现。这些人尽管未达到需要求助医务诊治的程度,但一旦环境稍有变化,或精神受到某种刺激,健康依然受到威胁。

现代人们的心理健康要包含以下几个方面的内容。

第一,自我人格是完整的,情绪稳定,有较好的自控、自律能力,能保持心理上的平衡,能自尊、自爱、自信,而且有自知之明,正确评价自己。

第二,有充分的安全感、和谐的人际关系,能受到别人的欢迎和信任。

第三,对未来没有恐惧感,有明确的生活目标,切合实际,不断进取,有理想和事业上的追求。

(3)道德健康,是指能够辨别真伪、善恶、美丑等是非观念和能力,并且不以损害他人、集体或国家的利益来满足自己的需要,遵纪守法,并按照社会道德规范、社会认可的准则来约束、支配自己的行为言行,坚持为别人、为集体、为国家做好事而不是做坏事,为人们的幸福做贡献。这种能力可以使人具有自信感和安全感,在日常生活中,能使人始终保持一个良好的心情,有益于身心健康。

(4)生殖健康,是指生殖系统及其他功能和在整个生殖过程中的体质、精神和社会适应性等方面处在良好状态。生育调节、母婴安全健康、生殖系统疾病预防、性保健及性病防治等方面都属于生殖健康的范畴。

(5)社会适应性良好,是指面对错综复杂的环境变化,人们能够在生理、心理活动等方面很快地适应这些变化,思想、作风、行为、表现能为他人所理解,为大家所接受,行为与社会规范协调一致,待人真诚,同事共处,团结友爱。

这几个方面的内容之间是相互联系、相互影响的,具体来说,心理健康对道德健康起到重要的决定性作用,心理不健康的人,道德健康无从谈起。同时,道德健康对身体健康、心理健康具有重要的影响。凡与人为善、助人为乐、具有高尚品德的人,总是心胸坦荡的。人若处于无烦恼的心理状态,能分泌出更多有益的激素、酶类和乙酰胆碱等,增强人体的抗病能力,这无疑对促进健康是有利的。因此,只有做到以上五个方面都具备良好的状态才算是真正意义上的健康。

(二)健康的内涵和外延

随着时代的发展而不断发展,健康的内涵与外延在内容上也发生了很大的变化。现代社会的健康内容包括以下几个方面。

1.躯体健康

躯体健康,往往指的是人体生理的健康,但不仅仅是没有疾病,还应该健壮,没有疾病隐患等。为了达到最理想的健康状态,人们应当采取积极步骤摆脱疾病,走向健康。还要满足身体对营养的需要,经常锻炼,使不良行为和物质得到有效避免,警惕疾病的早期信号,并且要注意防止发生事故。

2.心理健康

心理健康不仅仅是没有精神疾病。具体来说,心理健康主要包括两个方面的内容:一个是情感;另一个是思维状态,也就是所谓的情与知。心理健康包括对自己和他人的复杂情感的认识和接受的能力、表达情绪的能力、独立行为的能力以及应付日常各种应激原的挑战的能力。

3.智力健康

头脑是人体唯一有自知力的器官。每天人们都利用大脑收集、处理信息,并根据这些信息进行行动;利用大脑思索自己的价值、做出决定、制定目标、计划如何应付问题或者应对挑战。它包括思考和在生活经验中学习的能力、思想对新事物的开放程度,以及对信息提出疑问、进行评估的能力。在人的一生中,都要借助思维的能力,其中包括评估健康信息以保证个人健康的能力。

4.道德健康

道德健康,往往也被称为心灵健康。道德健康的人能够明确其生命的基本目的,学会如何体验爱、欢乐、平和与成就,帮助自己和他人实现潜能,正如密歇根州立大学的心理学家罗杰·史密斯所说,他们"致力于奉献、宽恕和关怀他人,先人后己"。

5. 社会适应能力健康

社会适应能力健康指的是个体的社会行为,能适应当前复杂的环境变化,为他人所理解,为大众所接受,且能保持正常的人际关系,能受到别人欢迎。它包括参与社会,为社会做出贡献,与人和睦相处,建立起积极的相互依靠的关系,以及进行健康的性行为。

6. 环境健康

人们生活在物理和社会的环境中,环境对人健康的各个方面都会产生不同程度的影响。一般来说,环境健康指的是周围环境对个人健康的影响。它意味着通过防护空气、水和土壤污染以及你使用的产品所带来的对健康的危险,保护自己,同时要为保护环境本身而努力。

二、现代健康的误区与标准

(一)现代健康的误区

当前,人们对健康的重视程度越来越高,但是实际上对健康的认识在很多方面都存在着误区,其中,最为主要的有以下几个方面。

1. 没有疾病就是健康

健康就是没有疾病,这是很多人的理解和观点。但是实际上,这是对健康的消极定义。健康与没有疾病之间并不是等同的关系,有些人认为经过全面的健康体检,各方面身体机能都很正常,就说明自己是非常健康的,这种看法是非常片面的。健康状态,并不是单单指一个人在主观上感觉良好或暂时未被医生检查出有什么疾病。虽然一个人在躯体上没有病痛,但是,生活中是完全不能够避免烦躁、抑郁、紧张、焦虑或者精神不振等症状出现的,这些情绪状态往往会对躯体或精神产生影响,导致疾病的发生,有的甚至还会导致吸烟、酗酒和贪食等放纵身体的行为发生。一般来说,人在心理方面的基本需求主要包括他人的认同、令人振奋的环境、朋友的关爱、对自我的认可等,但是,人们往往通过放纵的行为来代替上述需求。有资料表明,在非致命性的原发性心衰患者中,自己未觉察到或是未被医生检查出来的占 1/4,有的甚至完全没有痛苦的感觉或未引起任何注意,但在 5 年内有 1/3 可复发,其中致命性的要占到其中的一半。需要注意的是,一般体检是很难将心理和社会因素对健康的影响检测出来的。

2. 体格健壮就是健康

还有一些人提出了健康就是体格健壮的观点,这是片面的看法。事实上,运动员大多具有十分强健的体魄,但是,却往往因受到流感病毒的侵袭而患病,处于不健康的状态;还有一些运动员会在运动场上猝然死去。这些都充分证明健康并不只是体格健壮。这就要求对健康要有更加全面的认识和定义。每个人都有与生俱来的运动、思考和行动的能力,能够使自己的生命得到有效的延伸,因此,人们可以通过适合自身的体育锻炼来完成这一目标。

3. 健康与心理与社会是没有关系的

通常情况下,高水平的健康要求个体做到:对自己身体进行悉心的呵护,思维的建设性地运用,情绪的有效表达,与周围人的和睦相处,富于创新精神,以及对自己的身体、心理和精神的环境的关心。由此可以看出,健康不仅是生物及医学上的概念,而且还在很大程度上与心理学、社会学甚至哲学上的概念有较大的相关性。

(二)现代健康的标准

近年来,为了便于普及健康知识,世界卫生组织提出了衡量人体健康的 10 条标准。由此,也能够使人们对健康有一个全面的了解和认识,从而使一些误区得到有效避免。

(1)精力充沛,能从容应付日常生活和工作。

(2)处事乐观,态度积极,乐于承担责任。

(3)善于休息,睡眠质量好。

(4)应变能力强,能适应各种环境的变化。

(5)对一般感冒等传染性疾病具有一定的抵抗力。

(6)体型匀称,体重适当,身体各部分比例协调。

(7)眼睛明亮,思维反应敏捷。

(8)牙齿清洁,无损伤,无病痛,齿龈无出血。

(9)头发光泽,无头屑。

(10)走路轻松,肌肉、皮肤富有弹性。

在日常生活中,一些关于健康的标准也逐渐形成,实际上也是对世界卫生组织提出的标准的延伸。具体来说,这些标准主要表现在以下几个方面。

(1)头脑清楚,思维敏捷,中气实足,心、肺功能正常。

(2)语言表达正确,说话流利。

(3)行动自如、敏捷,精力充沛旺盛;性格温和,意志坚强,感情丰富,具有坦荡胸怀与达观心境。

(4)胃口好,进餐适量,不挑剔食物,内脏功能正常。

(5)排泄顺畅,胃肠功能良好。

(6)能很快入睡,且睡眠程度深,醒后精神饱满。

(7)具有良好的处世能力,看问题客观现实,具有自我控制能力。

(8)能适应复杂的社会环境,对事物的变化保持良好的情绪,保持对社会外环境与机体内环境的平衡。

(9)具有良好的人际关系,待人接物大度和善,不过分计较,助人为乐,与人为善。

现代健康观将人体的整体性以及人体与自然环境和社会环境的统一深入揭示了出来。人类对疾病的预测从对个体诊断延伸到对群体乃至整个社会的健康评价,而对健康的评价标准由单纯的生物标准扩展到心理、社会标准。

三、现代健康的影响因素

现代健康受到很多因素的影响和制约,其中,最为主要的有遗传、卫生保健与资源、行为和生活方式以及环境等方面,具体如下。

(一)遗传因素

遗传因素,又可以具体细分,具体来说,具体的遗传因素主要有以下几个方面。

1.遗传与先天性因素

遗传性疾病与先天性疾病是两个不同类型的疾病。其中,遗传性疾病是指父母亲的生殖细胞染色体的缺陷或生殖细胞本身的其他原因而引起胎儿的疾病,如血友病、心脏病等;先天性疾病和遗传性疾病是两个不同类的疾病。先天性疾病是指父母亲的生殖细胞是正常的,但受孕后在胎儿发育过程中,受到了某种外界因素的影响和损害而引起的疾病,如畸形。此外,还有一种情况是"遗传性缺陷",这主要与父母的年龄、性别和生理状况有关,如 40 岁以上的妇女所生子女比年轻妇女所生子女患先天性愚型的概率要高 100 倍。另外,还有一些疾病具有"家族倾向"。

2. 病原微生物遗传

病院微生物主要是指各种致病性微生物,如病毒、细菌、支原体、衣原体、立克次体、螺旋体、真菌等;寄生虫如有原虫、蠕虫等,对人类健康有着非常大的危害。病原微生物可通过水、空气、食物等载体入侵人体,是最常见的生物致病原因。

3. 免疫反应

人体的免疫系统具有保护、防御的功能,但在异常的情况下,机体的防御功能可能发生逆转,反而会造成机体的损伤,被称为"免疫性疾病",如慢性淋巴细胞性甲状腺炎、类风湿性关节炎等。

(二)卫生保健与资源

卫生保健所包括的内容主要有三个方面,即预防服务、治疗服务和康复服务。医疗卫生资源的合理利用和医疗卫生服务的质量,能够使人类健康得到重要的保障,对人们的健康产生直接的影响。卫生保健这项服务质量的优劣,与个人和社会群体都有着至关重要的关系。

健康行为是在一定资源基础上建立起来的,每个人在考虑其健康问题并做出行为选择时,都可能受到卫生资源的制约。在缺医少药的贫困边远地区,由于条件的不同,卫生医疗机构不健全,经费少,资源分配不合理,布局不均,片面追求经济效益,忽视医德风尚等也都影响人类的健康。现在,世界上大约有 10 亿人由于贫穷和卫生保健及卫生资源缺乏而陷于营养不良和疾病的恶性循环之中。在发展中国家有近 2/3 的人口得不到长期的卫生服务。

(三)行为和生活方式

由于自身的不良行为和生活方式直接或间接地对健康带来不利影响的因素,就是所谓的行为和生活方式因素。美国 1977 年对 10 种主要死因与影响健康因素关系的调查发现,死因是由行为和生活方式的因素直接造成者占 48.9%;我国于 1981—1982 年对 19 个城乡典型调查的结果表明,行为和生活方式因素为死因者占 37.3%。1978 年,世界卫生组织把行为方式问题列为"人人健康"战略目标的重要内容。

(四)环境因素

环境因素,也是对健康产生影响的一个重要因素,具体来说,其包括的内容较为丰富,主要有自然环境、社会环境以及家庭环境这几个方面。

1. 自然环境

自然环境是由大气、水、土地、矿藏、森林、野生动物、人类遗迹等共同构成的。人类通过劳动和创造,在自然环境中形成了自己的生活环境,同时自然环境也是人类赖以存在和发展的物质基础。因此,拥有一个清新、健康的自然环境,是保证人们拥有健康身体的重要前提。人类的健康与环境质量密切相关。良好的环境,可增进人类健康,有害的环境可对人类健康造成巨大影响,甚至威胁人类的生存。人类对自然界恶意或无意识的破坏严重危害着人们的健康。

2. 社会环境

人类的生产生活和社会交往中构成的各种关系的总和,就是所谓的社会环境。其标志着人类物质文明和精神文明发展,是人类在自然环境的基础上,有目的有计划地创造而成的人工环境。完好的政治制度、积极的意识形态、健全的法律体系、良好的经济状况、和谐的家庭、较高的文化水平,对于健全的人格和健康心理的形成都会产生积极的影响,对提高全民族的健康有着积极的作用。人们生活在社会环境中,一些疾病的发生和转化也会受到社会因素的影响和制约,如在社会交往中受挫或社群交往缺乏,已经如同吸烟、酗酒、肥胖、高血压、高血脂、运动缺乏、精神紧张和精神压力一样,成为影响人体健康的主要危险因素之一。

具体来说,又可以将社会环境进一步细分,其中最主要的有以下几个方面的内容。

（1）传统文化因素

传统文化因素对人的健康产生一定的影响。每个民族都有传统文化与习俗,并强烈地影响着人们的道德观念、信仰和健康行为。人们的饮食、生活起居、嗜好、服饰等传统文化习俗,强烈影响到人们的健康行为。

（2）社会教育因素

社会教育是提高人们健康水平和健康观念必不可少的内容,特别是人们卫生习惯和良好行为的养成,往往与人们的受教育程度成正比。不珍惜自我健康和缺乏自我保健意识的人,也多与受教育程度有关。

（3）社会心理因素

人体健康也会在一定程度上受到社会心理因素的影响。良好的情绪是人体自身对健康最有利的因素,其不仅可以抵消消极情绪的有害影响,而且可以通过神经和内分泌系统使体内环境处于稳定的平衡状态。持久强烈的

"致紧张因素"的刺激可使人体失去心理生理平衡,导致诸如消化性溃疡、失眠、心动过速、紧张性头痛、高血压、高血糖等病症。

(4)社会道德因素

社会道德对健康产生重要影响。从整体来看,一个国家和一个民族的健康素质高低,必然与其道德风尚成正比关系。例如,随地吐痰必然会使结核病发病率增高,乱堆、粪便垃圾也必然导致肠道传染病的发病和流行。

3. 家庭环境

以婚姻和血缘关系组成的社会基本单位,就是家庭。家庭结构、机能和关系三者状态好坏与人的健康有很大关系,如家庭结构改变及缺陷、结婚、丧偶、子女或同胞死亡等都会引起人体免疫机能改变,影响身心健康;家庭关系协调,气氛和谐,有利于身心健康;相反,夫妻关系失调,或父母与子女关系失调等都会对身心健康造成危害。

四、亚健康

近年来,亚健康已经成为比较常见的词语,也是在医学界提出的一个新概念,可以说,这是一个比较富有哲理的医学新名词,也是现代医学科学中的新事物。人们处于健康与疾病之间的健康低质量状态及其体验,就是所谓的亚健康状态。它是一种动态变化着的中间状态,较之健康与疾病,亚健康则更为复杂。

(一)亚健康的形成原因

一般来说,导致个体的亚健康状态产生的原因有很多,其中,最主要的有以下几个方面。

1. 锻炼的规律性无法得到保证

经常锻炼身体,对人体的健康有积极的促进作用。由于年龄、性别以及各人身体状况的不同,选择锻炼的方式和强度也就不同。锻炼身体要符合实际情况,有规律地进行锻炼。此外,也要懂得坚持锻炼,不能"三天打鱼,两天晒网"。健体无章、健体不当,都会损坏人体的健康,从而也就失去了锻炼的意义。

2. 心理的平衡性较为欠缺

许多病例都已经证实,心理失衡是导致人体出现亚健康状态的一个重要原因。当今社会竞争激烈,各种人际关系错综复杂,使很多人心神不宁,思虑过度。这不仅会引起睡眠不佳,而且还会影响人体的神经体液调节和内分泌调节,从而影响机体各系统的正常生理功能。这种心理失衡必然会导致人体形成亚健康状态。

3. 生活方式有的合理性较为欠缺

不合理的生活方式是导致亚健康的"帮凶"。不良的生活方式表现在很多方面,如吸烟、过度饮酒、熬夜、缺乏锻炼、饮食失衡、睡眠不足等,这些欠佳的生活方式,都加快了身体从健康走向亚健康状态的脚步。

4. 生活环境有待于进一步改善

一方面,现代城市大多数都是高楼林立,房间封闭,长时间地使用空调,使得空气中的负氧离子浓度变低,血液中氧浓度也会随之降低,从而会影响组织细胞正常的生理功能。另一方面,随着科技的发展、工业的进步,城市人口日益增多,车辆也加倍地增加,各种噪声也随之产生,这就使人备受这噪声的干扰。噪声会使人烦躁不安、心情郁闷,并且对人体的心血管系统和神经系统也会产生很多不良影响。

5. 营养状态不够理想

很多现代人选择高热量、有添加的食物,这种不合理的营养结构,使身体摄入的营养素不全,从而给机体造成隐患。如果想要避免营养不良,就不能只吃热量高的食品,如"洋快餐"等,也不能食用过多人工添加剂的食品,否则很容易造成机体的代谢功能紊乱,重要营养素的缺乏和肥胖症增多等问题。

6. 滥用药品

一些人一出现身体不适,就选择吃药,甚至不经医嘱自己乱用药。用药不当会对机体产生一定的副作用,还会破坏机体的免疫系统。如稍有感冒症状,就大量服用抗生素等,这样会使人体肠道的正常菌群遭到破坏,对人体的健康十分不利。

(二)亚健康的状态

不管是什么原因导致亚健康产生,既然产生,就会表现出一定的状态。具体来说,亚健康的状态主要表现为:会伴随着人体相应的生理、心理上等多种现象,或者有似患慢性病的表现,如情绪不稳、心情烦躁、忧虑、焦虑、精神不振、记忆力减退、反应迟钝、注意力不集中等。

五、体育休闲与健康

（一）休闲对健康的需求

休闲在健康方面是有所需求的,具体来说,主要从以下几个方面得到体现。

1. 在休闲时需要进行一定的体育锻炼

在以前,由于社会生产力相对较低,人们几乎所有的工作都需要体力,因此,身体运动并不是闲暇时间的主要活动内容。如今,人们在工作中的体力消耗越来越少,导致了很多病症的出现,如"文明病"等。而参加适量的身体运动是促进健康的重要途径,正因如此,适量的体育运动才广泛地在人们的余暇时间开展起来。健康需要科学文明的生活方式,需要走路、跑步等方式进行适量的运动,当然更需要内容丰富、形式多样的身体娱乐活动。这些都不能在上班时间进行,因此,参与体育运动锻炼只能大量地安排在休闲的时间里。

随着社会经济的快速发展,闲暇时间越来越多,但这并没有使人们增加身体活动量。据研究发现,人们从事某一特定活动所需时间、举行的时段、季节的变化以及活动的便利性和参与此活动的频率之间的关系中,其时间因素与参与频率呈现出强烈的反比。特别是那些需要较长时段活动、需要特殊时段活动(白天时间)或是需要特殊季节条件活动(冬天的雪季),比起那些费时不多、在任何时间里都可进行的活动而言,其参与频率要少得多。因此,社会不同人群参与体育休闲健身,应选择适当的项目,时间安排也要合理,这需要给予专业的指导。

由于工作性质的不同,有的工作会对人们的时间有严格的要求;而有的工作的弹性比较大,可以自由选择合适的时间完成既定的工作。同样,有些体育休闲活动也具有较大的弹性,而有些活动则有明显的条件限制,如高尔夫球,就必须在特定球场的开放时间才能玩,玩高尔夫球的时间相对比较长。而那些参与时间不长、不论气候状况、早晚都可进行的活动,则具有较大的弹性。越是有弹性的活动,其参与的频率就越高。

在以前,一个人一生当中的体育活动,主要是在学校体育、工作单位组织的特定活动中被强制进行。而发展到今天,体育运动的内容日益丰富、形式也多种多样,其弹性越来越大,人们可以自由选择那些适合自己身体需要的各种运动项目。随着现代社会生活水平的提高,人们将开展体育活动的重心逐渐转移到闲暇时间来进行。因此,闲暇时间锻炼身体逐渐成为一种时尚。

2. 休闲内容要保证其健康性

随着后工业时代的到来,休闲在促进人的健康方面的重要性越来越高。人们利用休闲,参与各种体育运动可获得健康,这是提高身体素质最理想的渠道。同时,通过参与体育运动,人们可以在休闲中放松平时工作时紧绷的神经,获得心理的放松,从而有效地提高身心健康水平,促进工作效率的提高。在选择体育休闲时,休闲的内容健康与否,将直接影响着人的身心健康。过去人们工作之余,常通过欣赏音乐、阅读小说聊天或者散步等方式来放松自己。然而,随着现代社会的发展和进步,电视、网络走进了每个家庭,看电视和上网成为人们最主要的娱乐活动。长此以往,人们会因运动不足而给身体健康带来严重的危害。

人们休闲生活的内容形态能够在一定程度上衡量出社会发展水平。在现代社会生活中,人们拥有更多的时间和条件来参与阅读、运动比赛、文化活动、户外娱乐等,人类休闲活动的内容越来越丰富和多样化。

以人的需要层次理论为主要依据,现代社会中人们的物质方面的需要逐渐满足的同时,越来越多的人在精神文化方面有了更多的需求。而人们要想全面提高自己的生活质量,希望能健康长寿,希望社会更加全面、健康地发展,就必须全面提高自身素质,建立科学、健康的休闲观念,并在休闲活动中增加更多的积极、健康、能促进人的身心健康发展的体育运动内容。

3. 休闲健康教育要有效实施

作为一种社会活动和一门独立的学科,健康教育是在 20 世纪 20 年代才逐渐兴起的,完全公认的定义至今都没有形成。1919 年,美国儿童健康组织首次使用了"健康教育"(Health Education)一词,并对其下了定义:健康教育是指一切影响于个人、社区和种族的健康知识、态度和习惯的经验总和。知识经济对教育界具有非常大的影响。当前,面对经济发展的新挑战,学校体育必须配合素质教育和通才教育的大方向,实施休闲健康教育,在身体活动中培养学生与人共事的能力和团结协作的精神,以适应当前社会发展的需要。

"文明病"是人类社会文明发展到一定阶段的产物,仅靠医学手段是难以得到彻底有效的解决的。相较于传统疾病来说,"文明病"发生的原因特殊而复杂。这使得现代医学对文明病的治疗,显得有些力不从心,这就将其自身严重的局限性暴露了出来。另外,相对于体育来说,医学具有一定的滞后性,只能在病情发生后进行治疗,尽管现代医学提出了预防医学的概念,也不能从根本上改变这种局面;医学的普遍适应性也不如体育,如过敏体质的人很多,但绝对没有能力参加任何体育运动的人则很少。经常参与体育休闲锻炼,能很好地抑制社会"文明病"的发生,为了达到身心健康的目的,人们采取了各种方法和手段以增强身体素质,而同时也极大地丰富了人类的文化。随着环境的变化和人们科学认识水平的不断提高,将不断地对户外娱乐、旅游等休闲活动进行重塑,如在露天赛场上,人们已逐渐认识到强烈阳光的致癌性,在从事运动时都采取一定的防护措施。这些变化都说明,对体育专业人员进行休闲健康的教育是十分必要的。

（二）体育休闲是健康增进的重要手段

体育休闲能够使健康得到进一步的增进,具体来说,主要从以下几个方面得到体现。

1. 体育休闲能够积极促进社会进步和发展

（1）体育休闲对现代社会发展的促进作用

目前,我国正处于前所未有的发展阶段,人们整体综合素质的提高将决定着小康社会的发展速度、发展水平以及人与社会的全面协调的发展。体育休闲作为一种社会文化,不仅是增强体质的手段,也是促进健康的一项人类社会实践过程。在原始社会,体育仅表现出用身体活动娱神娱己的特征;在工业社会前期,体育被一些急于实现短期功利目标的落后国家过分地突出了其工具价值;而到了信息社会的"后现代"时期,体育才真正显示出"促进健康"的社会价值。

新中国成立后,为了改善和提高整个民族的健康水平,政府一直将普及群众性体育活动作为一项重要的工作任务来抓。但由于当时我国社会生产力水平较低,国家经济实力弱,人们参与体育休闲的时间、精力、财力等方面都很有限,在社会上开展体育休闲活动受到了很大的限制。那时群众自发形成的体育健身活动并不多,大多都是由国家统一计划、组织和实施的。改革开放后,随着社会生产力水平的不断提高,人们闲暇时间的日益增多,人们对健身娱乐的需求更加迫切。正是在这种背景下,国务院发布了《全民健身计划纲要》,这对我国体育休闲的发展具有划时代的意义。在《全民健身计划纲要》中提出的首要奋斗目标是"努力实现体育与国民经济和社会事业的协调发展,全面提高中华民族的体质与健康水平,基本建成具有中国特色的全民健身体系"。

（2）体育休闲对人类社会文明发展的促进作用

体育休闲是促进人体健康发展的主要手段,知识经济的来临,使得人们对体育休闲的功能,以及功能与目标之间的关系得以重新审视,人们期望将体育休闲纳入健康发展的轨道,使体育休闲与人类文明共同发展和进步。新时期我国的体育休闲目标将重心放在发挥体育对身体健康的促进作用,使不良生活方式带来的疾病得到治疗和康复之上。将体育休闲对健康的意义上升到人类文明的层面,这包括体制健康、社会健康、寓于个体和群体的健康等。健康的概念,也从对身心健康状况的评价,演变到一种人文社会的价值取向。

闲暇时间的增多,为人们投身体育休闲活动提供了条件和可能,人类对体育休闲的需求也从生存竞争,到增强体质,再到促进健康,随着人类的生活和生产方式的进步而不断得到提高。可以积极地生产健康,是体育休闲融入现代生活方式的最大优势。现代社会人类的健康和社会适应能力在不断地恶化,对体育休闲服务有着巨大的需求。许多体育休闲活动的定位将更加明确,更加直接地将自己定义为健康服务,为健康不佳的人群提供合适的体育活动。

每一个人都应该享有获得健康的权利,体育休闲作为一种获得健康的重要途径,将成为个体的终身需要和全面的永恒需求。新时期的体育休闲将从人类文明的宏观层次来探索其终极目的。人类需要健康,健康需要体育休闲,这使它产生了前所未有的新动力。

2. 体育休闲积极促进着个体身心的发展

社会群体是以个体为单位组成的,因此,个体健康与社会健康有着密不可分的联系,换句话说,没有每一个个体的健康,就没有整个群体和物种的健康。个体健康是群体健康的基础,而营养对于健康则具有非常重要的作用。但是,目前来看,对营养过剩给健康带来的危害,人们还缺乏足够的重视。随着人们物质生活水平的不断改善和提高,一些"富贵病"也随之而来。如高血压、高血脂、高血糖等,这对人类的健康造成了极大的危害。这种"文明病"仅仅依靠医疗手段并不能完全解决,需要依赖体育。

在应对"文明病"方面,与体育休闲相比,医学很显然是被动和消极的,而且成本也会越来越高。社会需要健康,体育休闲可以满足人们对健康的需要,而社会的发展又为体育休闲提供了促进个体健康的新目标。体育休闲的目标也越来越明确——为了人类每一个个体的健康。

第五节 教育论

一、体育休闲人才的培养

(一)体育休闲人才市场的发展现状与未来走向

当前体育休闲人才市场的发展状况,对体育休闲的发展产生着直接的影响,因此,对体育休闲人才市场的发展状况与未来发展走势进行分析和研究是非常有必要的。

1. 体育休闲人才市场的发展现状

世界上很多国家的休闲娱乐都已经进入了专业教育的阶段,很多的大学也都设立了体育休闲专业,并逐渐变成了热门专业,受到广大高校学生的欢迎。如在美国,体育与卫生、健康、娱乐等的联系是十分密切的,很早就有上百所大学设有"体育、健康、娱乐"学院或体育系、健康系和娱乐系等。在德国,还出现了"休闲教育学",许多大学和学院都将休闲问题列为其研究课题,其政府也对此表示大力支持。在英国,许多学校也开设了休闲娱乐专业,如德弗蒙特大学,该校师资力量十分雄厚,各专业齐全,体育休闲娱乐硕士专业开设的课程主要有市场营销、人力资源管理、法律、战略管理、财政学、组织原理、组织、行为与企业等。从体育休闲娱乐发展的状况来看,各国高校开设休闲专业的目的主要是为了帮助学生学习休闲知识、掌握相关技能,熟悉休闲产业的经营管理与组织,使学生更好地了解休闲的内涵及休闲的价值,另外也培养了学生对体育休闲娱乐的管理与实践能力,以及估计价值质量、实际应用和证明观点的能力。

2. 体育休闲人才市场的发展走势

不同的国家和地区的经济发展与其体育休闲工作的机会和种类具有一定的相关性。很多的国家休闲娱乐机构开始大量雇用专业人员,来担任以资源为主的休闲区以及以人为主、设施较"都市化"的工作。因为他们认识到体育休闲不仅能够提高本国人民的身体素质,还能够带动其他行业的发展,使本国的经济发展得到有效的提升。

各国在支持和倡导发展体育休闲事业的过程中,对专业人员的要求也越来越高,从事休闲娱乐行业的大学生,不仅要具备相关的娱乐技能及休闲知识,还应掌握生理学、心理学等基础知识。只有这样才能在进入工作岗位后具有良好的发展前途。另外,由于体育休闲的需求是随着社会的发展不断变化的,这就要求学习休闲娱乐业的大学生要不断学习、不断提高才能跟上时代的步伐。

随着现代社会人们休闲观念的变化,体育休闲娱乐的需求也越来越大,这给社会的发展带来了大量的就业机会,对于促进社会的和谐与稳定是有所助益的。在经济产业结构中,从事体育休闲产业的人员比例将大幅度增加。休闲服务将从以前的标准化、集中化逐步过渡到个性化服务,人们也将更加重视体育休闲与健康之间的关系。作为市场经济条件下的高校教育,也要顺应这种形势的发展,重视对体育休闲娱乐专门人才的培养。

（二）体育休闲人才的社会就业问题

当前,很多高校人才培养都面临着一个非常重要的问题,就是体育休闲专业人才的就业问题,同时,这也是各个国家所普遍重视的问题。休闲娱乐行业吸引人们的原因是因为从事这一行业不仅有宜人的环境、轻松的氛围、特殊的人群交际平台等,还会出现一种现象,那就是有些休闲度假区的休闲娱乐主管,变成了房地产的销售人员;网球专家或运动员去经营大型商业化设施;体育解说人员成为教师或转为环境保护等其他行业;休闲康复专业的从业者转为与健康相关的行业等。而这与其他体育行业的工作对比,显得十分诱人。

从事体育休闲教育专业的教师要具备专业的深度和丰富的教学经验,要求学生不仅要学有专精,并且还要全面地了解社会,对社会的动态要有充分的了解。雇主要求的专业能力,只需简单地在职训练即可胜任工作。体育休闲从业人员,在学校时应尽量充实自己的市场营销、广告、预算与人事管理等知识。因为愈是具备丰富的理论知识,以及多种休闲娱乐的技能和经验的学生,就愈有可能找到好的工作,且达到雇主的希望和期许。

想要就业于体育休闲行业,并不是随意而为的,具体来说,应该做到以下几个方面的要求:首先要攻读相关的课程,并且还要拓展其学习的范围,掌握多方面的知识,如汽车常识、安全常识、救护保健、心肺复苏、救生与水中安全指导、人类的成长与发展以及教练指导,包括艺术、戏剧、音乐及舞蹈等都可创造其他的就业机会。

如今,关于这一行业的就业的能力要求变得越来越严格,需要具备扎实的专业技能和丰富的工作经验才能就职,并且要不断充实自己的知识、提升自己的能力才能不被淘汰。

二、不同人群体育休闲教育

对于不同的人群来说,体育休闲教育会存在着一定的差别。下面就对青少年和中老年体育休闲教育加以分析和阐述。

（一）青少年体育休闲教育

1. 体育休闲教育对青少年身心发展的影响

青少年休闲教育具有多种社会目的,最基本的就是为下一代提供有意义的身体活动方式,培养他们的终身体育意识。青少年体育休闲教育为培养未来的体育精英分子提供了广阔的平台,给了他们一个自我价值实现的机会。对儿童来说,体育休闲娱乐教育对他们的成长和发展具有非常重要的作用。在参与体育休闲活动当中,青少年在延续传统文化的同时,还可以学习如何再创造。

一般来说,健康的体育休闲娱乐活动对青少年的影响主要从以下几个方面得到体现。

（1）有助于松弛过度紧张的情绪。

（2）帮助学生远离消极、颓废的生活。

（3）促进良好的习惯和高尚品德的养成。

（4）有助于增进个人的心智和各种技能。

（5）能充分发掘学生的兴趣或增强身心的平衡等。

通常情况下,男孩参加体育运动的积极性要高于女孩,究其原因,主要是由于男性和女性的生理结构存在着一定的差异性,这就导致了诸多的不同。尤其是在一些竞技性比较强的传统集体项目的体育运动上。因为这些体育项目与传统的男性价值观十分吻合,其核心都是竞争与表现,一个男孩有着优秀的运动天赋和技能,就能更好地显出男子汉气概。但是对于女性而言则相反。因此,体育是为数不多的存在突出性别矛盾问题的社会现象之一。通常情况下,女孩与男孩一起参加体育活动的场面还是比较少见的。

一些国家对青少年体育群体的划分做了相关研究,发现中产阶级家庭中的孩子最具有代表性。各俱乐部的青少年成员在性别、社会等级和家庭状况上都有明显的相似性,许多国家在青少年体育项目的内容设置和组织管理上也存在着相似之处。

2. 青少年体育休闲教育的发展现状

西方体育最早传入我国就是通过学校的途径,导致体育与经济不断融合的也是体育教育。之前的人们,把体育教育看成是"建设祖国"、"富国强民"的重要途径。世界上很少有像中国这样强调体育"增强体质"甚至以此作为体育"本质"的国家,这种观念把体育效果错误地理解为体育目的甚至是终极目标从而产生出了种种狭义体育理论。这些体育理论在分析体育的结构功能时具有学术价值,但在实践中却显出种种弊端,从而导致了学生的体质明显下降。因此,在体育与传统经济关系断裂的今天,学校体育工作者应尽快完成对传统观念的扬弃,找到适合自己发展的道路。

之前,体育休闲的发展受到了闲暇时间不充足、经济条件无法达到要求等各种条件的束缚与限制,但随着社会的发展,青少年的闲暇增加了,人们的生活质量得到了提高,休闲环境和条件也得到了明显地改善,这为体育休闲教育的开展提供了现实条件。通常情况下,青少年的闲暇时间比成年人要多很多,这就要求青少年要利用好休闲时间,积极投身于体育休闲运动,从而使其运动水平得到有效的提高。

3. 青少年体育休闲发展存在的问题及解决措施

青少年体育休闲的发展并不是一帆风顺的,其发展过程中也会出现一些这样那样的问题,这就需要对此加以分析,然后有针对性地提出一些解决措施。

(1)青少年体育休闲发展中存在的问题

近些年,我国青少年的体育休闲教育取得了一定程度的发展,但同时也存在着各种各样的问题,其中,较为典型的有青少年在大学毕业后放弃参加体育活动,尤其是女孩子,体育参与率逐年下降。另外青少年体育训练内容枯燥,导致学生的娱乐性不高,显得呆板,毫无生气。对志愿指导员的依赖性仍然较大,并且教练员的质量也有待进一步提高。成人体育在一定程度上影响了青少年,成年人的标准和价值观主导着青少年体育。青少年参与体育通常只注重某一方面训练,过于专业化。

(2)青少年体育休闲发展过程中应采取的解决措施

针对青少年体育休闲发展过程中出现的问题,需要从以下两个方面入手来加以解决。

一方面,要制定相关政策及法规,如设立运动场所,通过特殊的训练方法,让儿童尝试各种体育项目;体育计划应选择适合儿童身心特点的活动内容,不按正式项目的要求训练儿童;参与户外运动,假日体育(体育夏令营);

开展各种类型的比赛,如分群体比赛,专业比赛,女孩子、残疾青少年或移民青少年比赛等。

另一方面,要加强体育活动锻炼。以玩和学为主,劳逸结合。不仅要考虑体育教育的直接价值,还要制定多样化的运动训练内容。片面强调参与体育运动的成绩和结果是导致青少年远离体育的重要原因之一。多样化的训练内容可以充分挖掘青少年的体育潜力。

(二)中老年体育休闲教育

当前,随着人们生活水平的提高,寿命的不断增长,老龄化程度不断加重。中老年人如何度过在退休后的闲暇时间,是每个人都需要考虑的问题,这也成为一个热议的社会话题。

人是社会的产物,对于中老年人来说,感到自己没有存在价值是这个社会普遍出现的现象。要想让中老年人实现社会归属感就需要通过一些必要的社会活动感受到自己存在的价值。对老年人进行体育休闲教育,具体来说,就是要培养其体育休闲行为的选择和价值的判断能力,通过教育来使他们的判断能力、选择和评估休闲价值的能力都得到有效的提高。体育休闲教育有着非常广泛的内容,有表现为智力、玩的能力、欣赏美的能力,还包括价值观判断能力、心理承受能力,以及社会交往能力等。此外,还可以通过创造性的休闲方式来表达自己的追求与理念,如志愿者活动。

通过对我国目前状况的分析和总结来看,能够积极参与到体育休闲运动的只有很少的一部分中老年人,体育休闲教育更是无从谈起,因此,为了进一步促进中老年人参与到体育休闲运动中,就需要通过大众传媒等公共宣传和成人教育渠道进行"补课"。休闲教育的目标是提高他们闲暇行为价值判断的能力、选择和评估闲暇活动的能力、决定个人目标与闲暇行为标准的能力、对合理运用闲暇重要性的意识和理解。

第三章　大学休闲体育课程建设与发展研究

休闲体育是"休闲化"的身体运动方式,是一门新兴的体育科学。对于大学生来说,学习休闲体育对于强身健体、树立终身体育的意识十分重要。本章主要研究大学休闲体育课程建设与发展,从理论基础、内涵与目标、内容设置、具体实施和发展思考这五个方面来论述。

第一节　休闲体育课程的理论基础

一、哲学基础

(一)休闲体育的出发点是自由与快乐

休闲体育是以人和人的生命为核心的一种特殊活动,它是生命存在的表现形式,也是人的精神生命存在和延续的内在需求。休闲体育活动的目的在于以身体运动的方式,锻炼雄浑体魄,培养坚强意志,全面提高生活质量,并促使人实现对生命意义的追求,显示出卓越的生命,从而提升人的精神境界,实现人的生命价值。

1. 感知自由

休闲体育是在工作时间和其他日常必需时间以外的闲暇时间里进行的身体活动。正因如此,休闲体育最大的一个特征是"自由",不强迫,不束缚。从客观上看,是休闲时间和休闲体育活动的自由,它意味着个人拥有自主权,可以根据自己的意愿进行支配和选择;从主观上说,是在体育活动中体验工作、学习中不曾拥有的自由感和放纵感,它是休闲活动中最易尝试和得到的一种感觉,也是大家喜欢休闲体育活动的原因之一。人在休闲体育中的精神状态,无非是指除那些非做不可的事情之外,人们愿意参与活动的态度,这是一种"悠哉"的态度,因而闲适、放松的成分通常认为是休闲体育的核心所在。

在休闲体育活动中感知自由,不仅仅是主观体验的产物,也涉及时代的要求。在传统的自然经济社会,生产者生产自己的消费品,个人对生产产品的全过程拥有自主权和控制权,这时的休闲只具有从属的地位和意义,自由的感觉则无足轻重。事实上,生产者的自主权和控制权是受自然界巨大的不确定因素的支配和控制,表面的自由掩饰着很大程度上的无奈。随着近代工业资本主义经济的兴起,精细化管理促使社会分工越来越细致,劳动者没有了自主性,受到整个生产系统的控制,休闲不仅是维持劳动力再生产的功能性活动,而且也获得了某种社会意义,即"摆脱控制"。与这种异化的劳动相对应,休闲又回到个人自主性和自我控制的生活领域,因而被赋予"解放"、"自由"的目的与意义。

2. 体验快乐

休闲体育的过程不是一个纯粹满足生理需要的过程,而是一个心理的、伴随着各种情感的过程。情感因素既是人们从事休闲体育的动机之一,也是休闲体育的必然结果。其中,快乐的情感体验具有至关重要的地位,它是人的一种本能需要,也是人生的生活目的之一。人们在休闲体育活动中的这种快乐心理体验具有目的性,即不需要以其他功能和目的作为休闲体育的"必要性"和"合法性"的根据。这种快乐体验既是个体现象,在某种意义上也是社会现象。因为在一定的社会环境中,经过社会化的发展,个人快乐情感的宣泄、释放、满足、表达、沟通不再是随心所欲的,而是受到社会条件和社会结构的制约和影响,它必须是社会所接受和认可的存在方式。

休闲体育活动作为直接的心理体验,主要包括两个重要因素:一是上文所说的自由感;二是内在动机的满足与意义。内在动机的满足最主要的感受就是身心的愉悦与放松,是一种不受外界干扰,又在内心深处毫不顾及任何事情的"超然"境界。因此,真正的休闲体育是不屈服于任何强行要求的。某些休闲体育的核心要素在其本来意义上被内心感受到时,休闲体育才有可能体现出价值。由此看来,休闲体育并非百无聊赖的消极活动,而是内心之中涵盖着"某种意义"的积极活动,它为人们实现自我、追求高尚的精神生活、获得愉悦的心灵体验提供了机会。

"畅"是一种能让人深入感受到其中,以至于忘记了时间流逝、意识不到自我的体验。要想达到"畅"的强度,休闲体育必须具有"适当的挑战性",即活动的难度与一个人所掌握的技能相适应,太难的体育活动会让人感到紧张和焦虑,而太容易的体育活动则会使人感到厌烦,两者都不能让人获得真正的快乐体验。因此,休闲体育从根本上是一种有益于个人身体发展的内心体验,而不是用什么外在标准界定的具体活动。

与"畅"紧密相关的另一因素是休闲者的投入程度。投入得越深,获得的快乐体验就越强,全身心就越有可能感受到"畅"。投入程度包括两种,一是社会互动性的项目。既包括个体项目(如远足、爬山等),也包括与他人合作的项目(如各种球类活动)。这种从独处—平行—联合—交融的渐次加强过程,体现了个体社会互动性的投入程度。二是活动参与性项目。既包括随意性的参与,也包括高强度的投入。这种从消磨时间—放松—参与—陶醉的渐次加强的过程,体现了个体参与休闲体育的投入程度。

(二)休闲体育的归宿点是学习与创造

经济收入增多不是人类渴求进步的最终目的,而是衡量人类物质文明的一种手段;它不是评价人类生活质量的唯一标准,而是提高生活质量的一个基础条件。因而只有在休闲生活中,人们才能体会到精神世界的完满、人类生活的价值与意义。在休闲活动可自由选择的领域内,如果人们怀有一种自由的心态,在某些领域就具有了开放性和创造性,引领人们不断走向超越,走向自我实现和完善。

1. 学习可以提高休闲体育者的生活质量

社会学家 H. 布赖恩特在他的研究中发现,人在进行某种休闲活动时,会经历几个不同的专业化阶段。在初始阶段,人处于初学者的状态,对自己的行为不会有太多的期望,部分人们就会满足于这个阶段。比如,初学篮球的人只想把球投进篮筐,至于用什么方法,通过什么途径都显得无关紧要。当他想进一步做得更好时(通过队友之间的配合,投进更多的球),就会开始另一个学习过程。这时,他就会不断地给自己提出新的目标,步入新的挑战,并且开始关注自己的投篮命中率。在专业化的第三个阶段,就会谋求自己成为这项运动的深度爱好者,能对这项运动提出自己的观点和看法,也可以与众人进行这项运动进行讨论和切磋。此时,技术、装备、风格、战术、合作对象与同水平篮球爱好者间的交流都显得很重要。在专业化过程的最高阶段,一个人的自我形象和生活意义将会同这项休闲运动紧密地联系在一起,他就会逐渐喜欢上这项体育运动。

尽管每项休闲体育活动都有不同的专业化阶段,但并不意味着每个人都要经历全部阶段,或是成为某项体育运动的专家,实际上,每项休闲运动都容纳不同水平的参与者。一个人长期持续参与某一项体育运动,但并没有在技术上或技巧上有特别高的水平,甚至停留在初级阶段。从客观上看,这与生活环境、经济状况、时间条件、交通状况、体育设施等结构性因素相关,更为重要的是与社会性影响因素有关。参与者生存于其中的社会环境

（亲朋好友们）是否喜欢这项体育运动，或者说能否接受这项体育运动，也会影响参与者能否走向休闲运动专业化的道路。当然，参与者自身的条件肯定也是一个影响因素，如运动态度、练习能力、休闲技巧、交往能力、心理因素等。

2. 创造可以展现休闲体育者的生活价值

对于个人来说，休闲体育的主要目的不是为了满足外在的身体需求，而是为了内在愉悦的心理体验，因而运动者的这种价值取向不是特意想取得什么结果。正是这种内在要求的独特性，将开放与新奇的"游戏性"因素注入了休闲体育活动中。休闲体育的开放性决定了真正的体育活动中，永远都有发现未知、创造新奇的机会，休闲体育的自由不仅在于使人从约束中解脱出来，这在于这种自由是探索性自由。这并不是说休闲体育活动中没有具体的要求和形式，而是一种开放性的自由，是凌驾于形式之上的自由。因此，休闲体育为创造新生活提供了机会，尽管它不能实现人的所有需求，却具备实现创造的条件。

创造不是任何一种环境的产物，只有行动超越自己所处的环境时才会有创造。因此，休闲体育行为不是完美的创造王国，而是具有了可进行创造行动的相对开放的空间。作为环境，休闲体育是使创造性活动成为可能的社会空间；作为行动，休闲体育是从自身的目的出发，是自我创造的。因此，人们并不只有在完美的环境中才能创造，相反，创造只有在放松和探索的过程中才会出现。在创造之初，人们面对的是开放的环境和不确定的目的，如果早已知道行动的确定结果，创造也就不会存在了，一切只是重复性的劳动而已。正是在此意义上，约翰·凯利把休闲理解为一种"成为状态"，这种状态更多地是指一种取向，不是碌碌无为，而是要去尝试各种可能性，"成为"不是一种礼物，而是一种冒险的结果。

法国建筑师科尔比西埃认为："闲暇这个词绝不反映一种不应提倡的惰性，而是一种付出劳动的巨大努力，一种发挥个人主动性、想象力和创造性的劳动，一种既不能出售也不能盈利的忘我的劳动。"从理论上讲，休闲体育是一种创造性的行为，能帮助人们有效地走出"机械化"的桎梏，但并非每一现实的休闲体育活动都能实现这种创造性。因为"创造性"要求"新颖""有提高"还要"合时宜"，如果新奇而不合大众的欣赏习惯，或合乎情理但却毫无新意，都不能算是创造性活动。只有当所做的事情既有新意又有很好的反响时，才算是在进行创造性的休闲活动。根据这个标准来分析，显然大多数休闲体育的参与都不能算是创造性的，或者说是创造性程度较低。但我们也能发现积极的、创造性的休闲体育活动正在不断扩大，如攀岩运动、轮滑运动、小轮车运动等。

二、心理学基础

(一)休闲体育意识的形成和发展

早在远古时代,人类出于生存本能,在与大自然搏斗的过程中进行了各种身体活动。虽然当时人们没有"体育"的概念,但确实意识到这种身体活动确实能够增强体质,促进身体健康。战争对体质的要求使这种身体活动演化为专门对身体的练习,从而演化为我们现在所说的军事化的军事体育。同时,人们对延年益寿的追求也使身体锻炼从劳动中分离出来,自成一派,形成了一些锻炼身体的方式,称之为传统体育。从这里可以看出,古人的体育意识仅仅局限于增强体质和生理健康方面。从休闲角度来看,生活必需时间和工作时间占据了人们生活的主要部分,其他剩余时间才可用于休闲,因而那时人类的休闲活动还不是有意义的或有意识的行为方式,只是在人们的生存和生活方面发挥着辅助性作用。而且,那个时代的休闲活动只属于特权阶级,专属于统治阶层。对当时的统治阶级和劳动阶级来说,与其说是有意识的休闲,倒不如说休闲和劳动自然而然地成为两个阶级的天然分工。休闲者饱食终日、吃喝无忧,劳动者饥寒交迫、终日劳作。所以,根本不存在休闲意识问题。从某种意义上说,从原始社会到现代社会,人们的休闲体育意识经历了从无到有、从本能冲动到自觉行动、从被动意识到主动行为的过程。

进入文明社会,人类对体育的认识经历了两个阶段。在农业社会,人们的生产活动局限于消耗体力的劳作,很少有意识地对身体实施教育,结果让大家忽视了体育对人的智力和身心发展所起的作用。进入工业社会,一部分劳动者从农业生产中分离出来从事工业生产,肢体简单重复的机械劳动使人们失去了自由的同时,也使人们丢掉了思想与个性,即产生了人的"异化"。因此,工业社会必然以人的身心和智力都不能得到自由发展为代价。在此背景下,人们重新审视体育的功能,意识到体育对人的身心、智力发展的巨大作用。尽管此时人们的体育观念突破了单纯生物观,扩展到身体、心理和社会"三维"健康观,但在工业社会初期,资本家对剩余价值的无限追求以及经济、政治的限制,工人们没有时间从事体育活动,所以这时所谓的体育还处于被动、强制性的"形式"阶段。

近代都市的市民和劳动者已经认识到了休闲的必要性,但在这一个时代,休闲还只能是生活和劳动的媒介。休闲时间虽然能从劳动和生活必需时间中独立出来,但作为扩大再生产的手段,最终还是得为劳动服务,生活必需时间也是为劳动做准备,因此并不是现在意义上的休闲。

现代社会是一个大众社会,这个社会中的每一个人,不论是大城市的上班族和学生还是农村的农民,都必须为工作、学习和劳动而努力奋斗,同时还要承受各种各样的外部压力和内心的疲劳。因此与工作相比,现代人更重视休闲,为了寻找工作和生活必需时间之外的轻松愉悦,他们也愿意为此付出投入,这时滋生休闲体育意识与行为的肥沃土壤开始形成。

（二）休闲体育意识的回归

休闲体育过程是人们通过对体育的感知、实践,并赋予休闲娱乐的内涵,由感知认识逐步上升的理性认识,最终形成个人休闲体育意识的过程。社会的发展、时代的进步,使人们对体育的认识不会停滞不前、只停留在一个点上,体育意识也会随着时间留下其发展轨迹,因而人们的休闲体育意识也是随着时代的发展而不断变化。但是,无论人类处于哪种时代,时空都是生活的存在形式。工作时间、休闲时间是共同存在的,无论过去、现在还是将来,这些时间因素都受每天 24 小时的约束,两者的分配和维持与时代和环境相协调。

由于社会与制度两方面的缺陷,大机器生产的态势造就了各种偏离正常心理标准的人,人们并不能在业余生活中充分体验到快乐。例如,在闲暇时间初见延长的美国,出现了寂寞、无聊、自杀和犯罪等不良社会现象;在视工作为"天职"的日本,闲暇则使乐于工作的工作狂们有一种失落感、愧疚感,进而导致心理失衡;有报道称,在英国著名的高等学府牛津大学,有的学生观看电影的时间超过了学术交流的时间。所有这些现象都表明,现代化的生活给人们带来越来越多的心理上的创伤与病态。这种社会生活格局,必须通过放松和娱乐的方式来缓解、宣泄和转移。其中,最有效的途径还是休闲运动,特别是具有积极性作用的休闲体育活动。这是因为,休闲体育真正可以让人们放下来,缓一缓,减轻心理负担,可以让青少年获得童真童趣,让青年人找到人生的价值、生活的甜蜜,让中年人品味到家庭的欢乐、工作的顺心,让老年人越活越年轻,慰藉失落的心灵,可以使人们卸去社会角色的面具,返璞归真,回归人性的本原。

从意识的视角来看,休闲体育的产生来自人的需求本能,经过人们对自身、对体育活动以及对自身与体育活动关系的认识不断提高,人们的体育意识形态经历了从被动意识到主动意识的跃迁。当人的体育意识上升到休闲意识形态领域的时候,就形成了休闲体育观,因而人类体育意识的发展层次决定了休闲体育观的形成规律。相比较古代人们的休闲体育意识是模糊和感性的而言,现今人们的休闲体育意识更加明确和具体。对于前者,人们的体育观处在手段论与目的论不明确的晦涩交融状态,即处在手段论与目的论分析前的混沌状态;而冠以"知识经济、信息化"的现代社会,人们的体育意识由被动向主动倾斜,手段论体育观正潜移默化地向目的论体育观转变,人们对体育的认识正朝着自身和谐统一的休闲方向发展。

休闲体育产源自人类的生存本能。古代的体育项目就注重人与自然的统一、人自身的和谐,虽然这种认识是模糊的,但还是体现了体育教育的"共生共存"的必然关联。进入现代社会,当体育被贴上"手段"的标签后,它就远离了人的本质发展规律,与体育真正的追求相悖。随着现代文明程度的不断提高,当人们必须要面对环境污染、生态失衡、人口增长等现实问题时,人们发现内心中真正渴望的是碧空如洗、山清水秀、自由惬意的生活方式以及发自"真我"的快乐,这时崇尚自由、和谐、恢复本真的休闲体育就自然进入人们的生活之中。这种休闲体育意识的"回归",必然是一种新体育观的"回归"。基于宏观的体育观来看,体育观从手段论与目的论的模糊混沌状态清晰到手段论占主导地位的状态,再发展到从手段论向目的论的转化状态,都昭示着休闲体育观在向人自身发展这一领域回归。

三、社会学基础

(一)休闲体育促进了人类社会的和谐发展

1. 休闲体育促进人与自然的和谐

自然的和谐是人和人类社会生存、发展的基础和前提。人首先是作为有生命的个体事物存在的,人类是自然的一个组成部分,人类社会的发展规律以自然界的规律为基础并受其制约和支配。但人类社会不断认识自然和改造自然的过程却是一种"人化"的过程,这一"人化"自然的过程很大程度上忽视了自然规律的存在,忽视了人类自身发展必须依靠自然的规律,不断肆意破坏生态环境。酸雨、臭氧层漏洞、雾霾、沙尘暴等自然现象在不断警示着人类,昭示着自然环境的破坏。

儒家认为"与天地合德"才是人的终极目标。人与自然的关系不只是认知关系,还有一种生命的情感联系、价值联系。休闲体育中户外活动占据很大的比例,这为人类亲近大自然创造了机会。在户外进行休闲体育活动,人们可以呼吸新鲜的空气、舒展筋骨、欣赏美景,同时把更多的热情从征服自然、向自然空间和时间挑战,转向依靠自然、仰慕自然,追求与大自然融为一体,在大自然中领悟生命的意义与人生的价值。因此,休闲体育不仅满足了人们欣赏、好奇、健身和愉悦的休闲目的,而且也促进了人与自然的和谐。

只有当人们面对宽广无穷、无始无终的自然时才能领悟到变化乃是世界之本;当人们面对广袤无垠的草原、浓密茂盛的森林、汹涌澎湃的江河湖海和巍峨连绵的高山峻岭的时候,才能真正体会到生命的意义。休闲体育能使人从封闭的高楼大厦中走出来,从高节奏、高强度的工作和生活节奏中摆脱出来,投身于大自然之中,从事爬山、攀岩、赛艇、垂钓等各种休闲活动,使人与自然融为一体,赋予生命以美感和真实。人依木而"休",精神得到休整,颐养活动得以充分进行,融入自然之中,这时的人充分享受作为"自然人"的自由,尽情享受大自然所赋予我们的欢乐,从而达到人与自然的和谐。

2. 休闲体育促进人与社会的和谐

首先,休闲体育可以增强人们适应社会的能力。社会上鱼龙混杂,生活环境千变万化,对人们的社会适应能力提出了新的、更高的要求。生活中的许多事例表明,从事休闲体育的人大多积极乐观、热情洋溢,很容易交流和接触。在学校同学、家庭亲戚、单位同事之间,休闲体育已经成为大家情感交流的有效途径,无论是聊球,还是读报,大家都能聊到一块去。在某种意义上说,休闲体育扩大了生活空间,扩充了生活内容,使人们不断认识他人,也重新审视自己,并且能较快适应社会环境的新变化,增强对社会的适应能力。

其次,休闲体育有减少不安定因素、维护社会和谐的功能。现代社会人口膨胀,带来了各种严重的问题,给社会带来诸多不安定因素,不利于社会的长治久安和持续发展。有关报道证明,人的违法犯罪行为大多是在闲暇时间以无聊为动机下发生的。因此,引导人们从事健康的休闲体育活动,一方面可以使公民在闲暇时间内锻炼身体、发展身心,把个人的时间和精力转移到有益的事情上来,从而使他们避免陷入赌博、盗窃、打架斗殴等犯罪行为之中。对国家和个人来说,休闲体育不需要太多经济支出,又能获得积极的社会效用,是一项利国利民的好事情。另一方面,家庭成员共同参与休闲体育活动,可以活跃家庭精神文化生活,加强家庭成员的凝聚力,让家庭更加和睦,从而也维护了社会稳定。

最后,休闲体育的附加功能是引导良好的社会风气。在休闲生活方式上,人们往往存在积极和消极的态度,产生两种行为,即健康与不良。在休闲时间里,人们如果不用相应的积极的活动来充实自我,就有可能出现"闲出毛病"的状况;如果不参与健康文明的休闲活动,就有可能出现惹出事端的行为。文明、科学、健康的休闲体育生活方式所追求的是一种健康、高级、崭新的现代生活目标。它是社会成员排遣精神压力、散发心中郁闷和青少年发泄积蓄精力的一个安全释放口，它可以冲击并抛弃落后、愚昧、腐朽的不良生活习惯，抵制精神污染的发生，引导社会风气，促进社会安定团结。

3. 休闲体育促进人与人的和谐

首先，休闲体育可以锻炼人际交往能力，使得人们加强交流与沟通，拉近了人与人之间的关系。人的需要及满足需要的方式，既存在于人与人之间的联系中，又存在于各种人际交往的活动中。人与人之间的联系，不仅存在于物质领域，也存在于精神世界的相互触碰上。人的个性全面发展离不开人的交往关系的全面性。经验表明，人们通过休闲体育活动可以结识许多不同身份、年龄、性别的人，实现了广泛的社会交往，传递着不同的情感。在没有利益冲突中的人际交往中，人们容易获得一个轻松、宜人、平等的交流平台。因而在这样的情境中，各方更容易彼此相互接受、相互欣赏，形成和谐关系，加强人际关系。

其次，休闲体育有利于人们社会角色的转换，消除社会阶层的差异。人们在城市内参加各种休闲体育活动时，就放下身段，忘掉自己的地位和角色，休闲体育能够实现以一种大众平等的关系，消除社会等级层面上的差异和歧视。做生意失败的人也许可以成为社区乒乓球交流赛的胜者，一家公司的老板也未必能在足球赛中取胜。这种社会角色的换位对个人的发展和社会的进步都是十分有利的，它可以使人们在休闲体育娱乐中体验到现实生活中不能体验到的角色，适应和满足人们的多元化需求，最终打破人们之间的隔阂，实现人与人之间的和谐相处。

(二)休闲体育丰富了教育内涵

英国的一位教育家说过："不能教会孩子支配余暇时间的教育是一种小成功的教育。"同样，一个不能引导人们善度闲暇的教育系统也不能称得上是科学的教育体系。古希腊哲学家也曾经说过，罪恶是来自不良教育以及不健全的身体。体育运动对青少年道德品质的培养、法制观念的建立、性格意志的成熟都有密切关系。因此，通过教育引导人们以科学、文明、健康的方式度过闲暇时间是一项重要的任务，所以休闲教育是一项行之有效而又相当紧迫的任务。教育所肩负的使命不只是传授学科知识，还要培养学生科学利用闲暇的能力。

然而，在这个高速运转的社会中，人们往往有着多重的选择去面对生活,充满了各种诱惑,在相对充足的空闲时间里,有多种娱乐方式可供人们选择,有时让人难以甄别是否真的对自己有利。值得引以为戒的是,日本、美国、苏联等国家都不曾在过渡期做好理论上和方法上的准备,以至于工时缩短后,接踵而来的便是类似于酗酒、赌博、睡懒觉等令人烦恼的余暇性的社会问题。因此,开展休闲教育具有重大意义。

"百年大计,教育为本。"如何正确引导年轻人有科学的生活习惯,并帮助他们建立正确的休闲观,教育部门拥有义不容辞的责任。健康向上的休闲体育活动不仅有利于身心健康,也有利于人们塑造良好精神面貌和提高身体素质,更有利于社会形成良好社会风气并不断进步。不良的休闲行为,不仅会影响到自身的成长,还有可能助长反社会行为的滋生。因此,休闲教育应以提高全民族的思想道德素质和科学文化修养为目标。休闲教育的实施能丰富现有教育目标的内涵。

(三)休闲体育促进了社会的精神文明建设

物质文明的不断发展,使人类过着惬意的休闲生活,同时休闲也会推动社会的不断进步。但并非休闲生活都会对社会起积极的影响,有时也起到消极的作用。因此,了解社会上不健康的休闲生活,引导人们休闲朝着有利社会进步的方向发展,将会推动社会的精神文明建设。从目前我国实际情况来看,在休闲生活和休闲消费领域存在着以下不健康现象。一种是轻文化消费,重物质消费的现象。这种情况主要表现在物质消费互相攀比,穿衣要高档,吃喝要一掷千金。但在文化消费上,则没那么重视。例如,舍得买上千元的服装和名包,不舍得花小钱读书看报。另一种是俗文化消费多于雅文化消费。有人一讲到休闲就想到吃喝玩乐,喜欢到高级饭馆、赌场、歌厅、夜总会去享受。类似这些"灰色休闲",太过媚俗,不够高雅。这种现象难免造成"营养不良",对于精神文明建设的展开是十分不利的。

人们对如何休闲缺乏理性的认识。如果把这些享乐的花费放在健身馆里,就不会得病而去医院;如果把享乐的时间用在读书看报上,就不会愚昧无知。休闲是为了更好地工作,努力工作又是为了获得更多的休闲,健康向上的休闲将会促进人格的不断完善,也只有人格的不断完善,社会才能更快、更健康地发展。因此,休闲体育对于充实国民文化生活、提高文化水准、改善生活品位、提高生活质量等具有重要作用。休闲体育为人们的休闲生活提供丰富的消遣、娱乐和幸福的产品、设施和服务,也能够缓解和治疗许多不利的社会情绪,从而在促进社会稳定、维持社会秩序中发挥"安全阀"的作用。

第二节　休闲体育课程的内涵与目标

一、休闲体育课程的内涵

(一)休闲体育课程概念的理解

课程是一个发展性的概念,它是为实现学校教育目的而规定的教学科目及其目的、内容、范围、分量和进程的总和,它包括了学生自由、全面发展而营造的教学环境的全部内容。

体育课程作为课程的下位概念,出现了诸多定义。周登嵩把体育课程定义为"是指为实现学校的教育目标,配合德智美全面发展,并以发展学生体能,增进学生身心健康为主的特殊课程",毛振明的定义是"在学校指导下,为了使学生能在身体、运动认知、运动技能、情感和社会方面和谐发展的有计划、有组织的活动"。

休闲体育作为新兴体育项目或新型体育观念的概括,首先要给出概念。本文认为,休闲体育是为适应社会发展需要、满足学生休闲需求、充分吸收体育运动营养助长其生活能力,展现出生命能力并创造其美妙生活而建立的一门应用学科。它是一场使学生通过休闲来改善和提高自己生活质量的全面运动,一个使学生明确自己休闲价值取向和休闲目的的过程,为了帮助广大学生自主地确定休闲在生活中的位置及从休闲的角度认识自己,一种贯穿于从进入幼儿园以前到退休以后的终身体育,一种与人们的休闲需求、休闲价值趋向和休闲能力有关的活动,一种通过扩大人们的选择范围,使他们获得令人满意的、高质量的休闲体验的活动。

可以把休闲体育课程理解为为了实现休闲教育目标,通过教育者有计划、有组织地指导,对受教育者实施身心全面发展的休闲体育运动的全部内容。这一理解体现了三种课程思想:一是课程的价值指向,是为了实现休闲体育的教育目标;二是课程实施途径,是在教育者的指导下,有计划、有组织地进行;三是课程的实施内容,是对教育者传授休闲体育知识、技能和理念的全部教育内容。

(二)休闲体育课程的学科性质

首先,休闲体育课程是跨学科的综合研究领域,它并不是现有的某一学科的更新,而是把现有学科进行交叉、融合后的全新学科。它涉及休闲学领域的休闲教育学、休闲经济学、休闲社会学、休闲文化学、休闲心理学、休闲伦理学、休闲人类学、休闲美学、休闲管理学、休闲哲学、休闲技术学、休闲产品学、东西方休闲史等学科;又涉及体育学领域的体育社会学、体育哲学、体育经济学、体育管理学、体育行为学、体育心理学、体育美学、体育人类学、体育产业学、体育文化学、体育技术学等学科。因此,休闲体育学具有综合性、交叉性的学科特点。当然,休闲体育学并不是由这些学科、学问、技术的知识和方法简单拼凑堆积而成的,而是在全新的学术框架中将各种知识与方法有机结合起来,形成了休闲体育独有的特征与规范。

其次,休闲体育课程的建构必然体现理论与实践、现实与理想的高度统一。休闲体育课程必然是一门以身体活动与心理体验相结合的学科,它是适应现代人的生存需要,尤其是满足人们精神需求而生的。它在一定程度上有助于弥补现实社会政治、经济生活对人的精神发展所造成的损伤,有利于人们的均衡发展。因此,休闲体育课程以现实社会中人们的休闲体育现象、休闲体育问题为研究对象,以实现"休闲"在社会良性运行中的最大价值为目标。它不是纯理论学科,而是一门实用性很强的学科,它以学生的休闲体育实践确定发展方向,以发现和解决学生在社会生活中的休闲体育问题为宗旨,服务于学生的休闲体育实践。所以,休闲体育课程既是理论与实践的高度统一,也是一门关于如何利用"闲暇"、充分体现休闲体育价值、追寻休闲体育理想的应用学科。

最后,休闲体育课程既研究人们的休闲体育实践与问题,又研究人们的休闲体育价值与行动;它具有详细的描述,也有一定的规范。因此,休闲体育课程既追求对现实社会中人们的休闲体育问题与实事的说明、解释,还重视休闲体育的价值取向和价值评价,也重视休闲体育行为最大限度和最大价值的研究。这些特征决定了休闲体育课程不仅具有体育领域的众多理论、知识和技术为人类所拥有和认同,而且还具有极强的民族性和地域性。中国人与西方人的休闲体育本身虽然有相近之处,但毕竟存在历史和文化背景的差异,由此而产生的休闲体育课程也必然各具特色;东部与西部、南方与北方,由于民族生活习惯的差异性,产生的休闲体育课程内容也必然各不相同。

(三)休闲体育课程的研究对象

通常情况下,判断一个研究领域是否具备作为一个独立学科的资格,主要看它是否具有相对独立的研究对象,是否有较完善的研究方法以及是否有成熟的学科建构,是否取得足够的理论成果。休闲体育课程也要参考这样的评判依据,虽然它还处在初级发展阶段,但它作为一门学科,已经具备了相对独立的研究对象。一般认为,现实社会生活中的休闲体育现象,休闲体育产业问题以及其他休闲体育领域,即现实的社会休闲体育问题以及相关的休闲体育政策、休闲体育产业、休闲体育经济、休闲体育消费、休闲体育文化等都是休闲体育去研究的对象。

具体而言,休闲体育是一种社会现象,它的问题表现于休闲体育过程的一切方面,大多数问题都是具体的,因而休闲体育研究与休闲体育的专门课程研究是有区别的。休闲体育课程的研究是以休闲体育中的一般问题为研究对象,它抛开了休闲体育的各种特殊形式、特殊形态、具体条件和指定领域。不以提出并解决问题的对策和某种操作方案为目的,而是把问题总结到普遍、一般的意义上来考察,目的是要揭示休闲体育的规律,以指导休闲体育教学实践,为制定解决问题的对策、方案提供理论依据。

从近年休闲体育课程的研究成果来看,有关本学科的专著、译著相继问世,大量研究论文的发表,已经显现休闲体育步入了蓬勃的发展时期。这些研究文献涉及教育、文化、经济、社会等众多领域,已经呈现出百花齐放的发展态势。这充分说明,休闲体育已经是一门成熟的学科。

二、休闲体育课程的目标

(一)普适性课程目标

休闲体育课程中,普适性目标是指普遍适用性休闲知识的学习和传授,它是人类知识中约定俗成的知识,具有客观性、真理性及价值中立等特点。在人类发展的历史长河中,人类总是在追求一般、普遍和整体性的知识,并通过概念、命题及规律来表达这种知识。同时,这也遵循课程编制中系统性的原则,这就要求休闲体育课程必须由浅入深、由简而繁、由古到今、从一般到特殊,进行循序渐进的知识学习。

现代休闲体育观的出现,是对学生学习价值的一个补充,是学习之外的恰当调节和身体体验。学生不能盲目地去学习,生活中没有休闲或是没有适宜的身体锻炼,学生就像机器一样,太过机械的生活,就会憋出病来。因此,学生在校园生活和学习中应该受到休闲体育的陶冶,知道一点休闲体育知识,学会一点休闲体育技能。否则,没有学习休闲体育的学习过程就是异化的学习。就此而言,休闲体育是对异化学习的扬弃,是人肯定人自身、张扬自我的过程,休闲体育的出现意味着人的自我掌握进入了一个新境界。

由此,休闲体育普适目标主要包括以下几个方面。

（1）帮助学生树立科学休闲体育的观念，引导大家积极参与进来。

（2）传授有关休闲体育的知识，传授给学生体育运动的方法和技巧，并能使学生理解休闲在人类生活中的重要价值和地位。

（3）能使学生对一项或几项休闲体育活动产生浓厚的兴趣，形成终身体育的观念。

（4）提倡休闲体育的平民化、大众化，讲究休闲体育的意境、休闲体育的精神和文化含量，淡化体育运动的物质欲求和功利心态。

（5）研究当下适合学生的休闲体育方式和途径，特别是休闲体育与人的可持续发展的关系，探讨全新的发展类型。

（6）通过研究和讨论，为广大学生提供更多、更便利的休闲体育服务。

（二）整体性课程目标

1. 以人为本

休闲体育最重要、最根本的目的是培育人与生俱来的成长的可能性。传统的学校体育教育以灌输遵守纪律，整体为先的军体思想为主要特点，以传授竞技体育技能为主要目标，给学生施展能力、追逐梦想等愿望戴上了"紧箍咒"，驱使他们致力于竞争、对抗等竞技色彩的发展。因此，首先必须重新唤起现代社会业已黯然失色的人类理想——和谐、交流、合作、沟通、诚实、正义、关心、理解，把学生真正当作祖国的未来来看待，然后再作为未来的劳动者去培养，这才是应该采取的方式和态度。

2. 尊重差异

人在身体、情感、智力、精神等方面天生具有创造性，拥有独特的能力和无限的发展空间，这就要求教育部门和教育者必须从根本上改革现有的"一刀切"的体育考试制度和成绩评价模式。现有的以固定标准去评判成绩的考试抹杀了学生的个性，也无异于舍弃了学生的无限潜力。要坚决抵制把学生贴上"好孩子""坏孩子"诸如此类的标签，因为这样无异于破坏了每个学生个性发展的途径以及成长历程的连续性，使学生过于统一，面对严酷的竞争。尊重个人的差异性，就应该尊重每一个人的个性发展。

3. 重视体验

休闲体育的目的就是通过身体体验，让学生体验到快乐、自由和放松的心境，促进学生健康成长，它绝不是把片面的、预先的、固定的、天经地义地强行灌输给学生，而是向学习者提供生命世界所渗透的经验，使学生能够与充满奇妙的世界沟通,最终达到个体生命的健康发展。

4. 自由选择

在学习过程的一切阶段,学生都应该获得自由选择的权利,当然自由选择不是盲目打乱教学节奏和目标,而是在教育的整体框架下充分给予学生自由发展的机会。真正的体育活动只有在自由的氛围中进行才能吸引同学的兴趣,才能发挥张扬的个性,因此,应当依据学生的自由意愿,进行体育运动的自由选择。

5. 生命教育

休闲体育原本始于对一切生命形式中流变的"生命"的深刻敬畏之念,但越来越多的轻视生命、铤而走险的现象又使不少人对现代体育产生怀疑。因此,提升学生领悟生命的教育是有必要的。"地球村"的一切事物是紧密联系、相互依存的,个人的幸福与整个地球的幸福是密不可分的,每一个人享有各种权利的同时也要承担相应的义务。这种学习的核心内容就是了解支撑生命的基本系统、能源流、生命链的相关关系及其形成变化。

(三)终身性课程目标

休闲体育课程的终身性目标是指通过休闲体育获得终身性的人性发现,对人生的意义与价值具有客观正确的认知,并能在一生中从事休闲体育活动。终身体育观的产生和发展,不仅对现行的学校体育制度内容和方法产生深远影响,而且对充实人生和提高劳动者的素质起着重大的推动作用,因而把终身体育作为休闲体育课程目标之一,目的在于不仅在眼前培养,更要面向未来。

1. 兴趣、能力、习惯一体化

传统的学校体育以增强学生体质为目的,把学生看成是一种生物,体现在体育教学中,则以教师为中心,追求整体性和一致性,很少考虑学生的需要与个体差异,其结果必然导致学生不喜欢体育课,一提起体育就厌倦、没有精神。如果学生上学时就不喜欢体育课,不想进行体育活动,那以后就更不可能对体育感兴趣,也就不可能形成终身体育的习惯。即使学生不那么反感体育,如果没有持久恒定的兴趣,要养成终身从事体育活动的习惯也是很困难的。为使学生能终身坚持体育锻炼,学校教育者要做的工作首先是以培养学生的体育兴趣为首要任务;其次,要培养学生自我锻炼能力、适应环境条件变化能力、自身运动机能和生理机能的诊断评价能力、自我设计体育锻炼计划的能力、自我组织与管理的能力等;最后,培养学生终身体育的意识,有了兴趣,具备了能力,要养成终身体育活动的习惯。

2. 课内外一体化

课内外相结合是完成休闲体育教学任务的重要保障和途径,因为仅靠日常的体育健康课就完成体育教学任务,是不可能让学生形成终身锻炼的习惯的。长期以来,学校体育教育一直强调教学方法的优化,而忽视了学生对体育深层次的认识和理解,在校内过度强调体质测试,未能使学生形成终身体育意识和具备终身运动的能力,致使学生毕业走向社会后,因为工作等原因就停止了体育锻炼。因此,应因人而异地建立个性化的运动模式,把休闲体育课程与课外锻炼有机结合起来。为此,应该把课外体育锻炼纳入课内计划,规划到考试评价的体系中,使学生能真正从观念上、行动上确立终身体育锻炼的观念,使其终身受益。

3. 校内外一体化

一个人的发展必然要经历家庭、学校和社会三个不同的发展时期,每个时期对个人的成长都起到举足轻重的作用。家庭是社会的细胞,家庭体育有着学校体育和社会体育不可替代的作用,是实现人的终身体育协调发展的重要组成部分,家庭的体育教育是终身体育教育的起点。学校体育是个人成长和发展的重要时期,学生在学校时期获得体育知识,促进身心协调发展,提高身体素质,对家庭和社会都会产生积极的作用,因此学校教育是终身体育的基础。社会体育是学校体育的发展和延伸,也是每一个社会成员的归宿。因此,家庭、学校和社会体育是终身休闲体育目标实现的三个基本阶段,是休闲体育的重要组成部分,每个阶段既有各自的目标体系和相对独立性,又是相互衔接、互为补充、不可分割的。

总而言之,休闲体育课程的目标是传授学生休闲体育的知识与技能,培养学生合理运用休闲时间的意识,提高学生对休闲体育行为正确判断的能力,提高学生科学选择体育休闲和健康休闲的能力。

第三节　休闲体育课程的内容设置

一、理论课内容

休闲体育的理论课程与学校体育的学科课程并不存在矛盾,不是在原有基础上再增加休闲体育的内容,增加学生负担,而是在原有基础上阐述休闲的价值意蕴。作为一种休闲教育的学科课程,要充分发挥休闲体育的价值与功用,其目的是教给学生有关休闲体育知识、正确对待闲暇时间的态度和科学利用业余时间的生活价值观。当然,这些学科课程是否能发挥休闲体育的功能,实现休闲体育的目标,关键要看学校课程设置的指导思想和体育教师的教学思想。

（一）休闲内涵的理解与休闲思想的传承

休闲是人类从文化环境和物质环境的外在压力中解脱出来的一种相对自由的生活,是个体以自己喜爱的、本能地感到有价值而从事的行为活动,它是人类追求自由、放松、和谐精神生活的有效尝试,是人类探寻健康、科学、文明生活方式的积极思考。因此,这方面的内容涉及对休闲的词汇理解、古今中外休闲思想的解读、现代休闲的价值意义、休闲的特性与功用、休闲与闲暇、旅游、体育、玩等相近概念的关系理解等。

（二）休闲教育的价值与实施途径

休闲教育的宗旨是使学生学会休闲、科学休闲进而全面提升主体的休闲素质。因此,在本质上就是生命的教育,因为生命要活得圆满,活得丰富,不枉费这一生,除了具有良好的物质生活环境外,还需要教育培养积极的精神生活环境。通过休闲体育教育,培养人完满的人格、健康的体魄,形成科学的休闲观和积极进取的人生观,真正地乐于生活,享受生活,让人们独立于自然及他人的束缚之外,以积极的态度生活。因此,这部分内容涉及生命教育的解读、生命历程的休闲教育、休闲与工作或学习的关系、休闲教育对于提升主体素质的价值等。

（三）休闲体育知识、技能、技巧的传授

体育运动作为人类重要休闲活动方式,所承载的健康价值及其在关照、提高、控制人的生命质量方面具有特殊的护佑功能,这一观点已经得到了人们的认同,它既可以缓解大脑疲劳,获得生理上的平衡,又可以重获精神自由,让心灵得到慰藉。因此,休闲体育提供的是一条可持续发展之路,即回到人类健康、平衡的天性上来,发展到一种和谐、自由的精神状态上来。这部分内容涉及休闲体育的理论知识、休闲体育的技术与技巧、休闲体育的本质意蕴等。

（四）休闲体育社会背景的分析

休闲是与社会发展后的产物,与社会紧密相连,因此休闲体育课程也必须对社会大环境进行全方位的考察,包括当地的经济发展状况、文化发展水平、教育政策法规,居民的闲暇时间分配、恩格尔系数等。这部分内容涉及体育社会学、体育经济学、体育文化学、体育哲学、体育心理学、体育美学等。

(五)休闲体育课程学科基础的研究

休闲体育课程是一个综合性、交叉性很强的学科,因此充分挖掘本课程的学科基础是丰富和发展本学科的必由之路。这部分内容涉及生理学基础、教育学基础、心理学基础、哲学基础、社会学基础等。

由此可见,休闲体育理论课程内容由休闲、休闲教育以及休闲体育等学科的基本知识、技能和技巧等内容构成,同时也要充分挖掘休闲体育的社会环境、学科基础等方面的内容,以理论课的形式帮助学生正确理解休闲,树立科学的健身观念和休闲观念,最终形成终身体育的意识,把体育运动融入生活。

二、技术课内容

(一)身体活动技术课程

如果说休闲体育的理论课程主要是帮助学生掌握有关休闲体育知识,形成正确休闲体育态度和休闲体育观念的话,那么,身体活动课程则是在体育运动中,通过对学生进行休闲体育能力的培养和休闲体育技能的教学,使学生掌握一定的运动技术,并通过参与身体活动,去亲身体验休闲体育所带来的乐趣和感受生活的美好,实现身体和心理素质的发展与提高。

早在20世纪30年代,我国学者就已经注意到体育活动对学生休闲能力的教育价值,认为:"休闲是人类活动中的部分,善用休闲已成为教育的主要目的之一。能达到这种目的的方法,虽有多种,但课外活动必为其中重要的一种。"任何一项体育运动都可以成为人们喜闻乐见的休闲活动方式,亲身参与到体育活动中能给人们带来幸福的愉悦感和健康的快乐感。在学校开设体育活动课的目的主要是发展每一个学生的身体素质和运动能力,让学生掌握运动技能,并能在体育活动中提高学生的力量、速度、柔韧、平衡、灵敏与爆发力等运动素质;培养学生良好的运动态度、对体育运动的兴趣以及终身体育运动的习惯;并通过快乐的身体运动培养学生的个性,保持个性心理和情感的健康。参加各种体育活动对培养乐观向上、豁达开朗的生活态度和生活热情具有重要意义。

身体活动课程内容既包括新兴的体育项目,如轮滑、攀岩、小轮车、滑板、蹦极等，也包括民族传统体育项目，如武术、空竹、跳绳、踢毽、各种体育游戏等，当然肯定包括开展最频繁的现代竞技体育项目，如各种球类运动、田径、游泳、跆拳道等。只要能让学生充分体验到体育活动的乐趣，展现休闲价值，成为一种经常而乐在其中的运动项目都可以成为休闲体育活动的课程内容。

（二）体育活动艺术课程

体育课程还具有艺术魅力，因为部分体育运动还涵盖了音乐、舞蹈、健美、欣赏等广泛的内容，比如艺术体操带给人们直接的力与美的艺术享受。某种意义上来说，体育运动所展现的艺术魅力是任何其他学科所不能比拟的。有的学校开设"体育艺术与欣赏"、"体育舞蹈"、"艺术体操"、"健美操"等课程的目的，绝不仅仅只是把有天分的苗子培养成艺术家那么简单，而是鼓励每一个学生都能投入其中，并乐在其中。其活动价值也不仅仅是对学生体育艺术的培养，更重要的目的是让学生陶冶情操、养成运动习惯、提升感知能力。

因此，促使学生在体育活动中通过具体的身体活动，学会各种各样丰富的、感性的东西，去体验生活、享受生活，进而热爱生活、创造生活，去体验和发现生活中美好的点点滴滴，这些都是休闲体育课程的教育目的。生活中并不缺乏美好的事物，而是缺乏发现美和欣赏美的能力。因此，休闲体育课程的目的之一，就是培养学生对美的欣赏能力，领悟美并把美吸收到自己个性中来的能力，最终将学生的精神境界提升到教育事业中的最高境界。这部分内容主要有音乐欣赏、体育舞蹈、美术欣赏、观赏比赛能力等。

三、隐蔽课内容

隐蔽课程是学校范围内除正规课程之外，按教育目标设计的校园文化要素的统称。隐蔽课程是广义学校课程的重要组成部分，与正式课程相比较而言，它具有潜在性和非预期性的特点，对学生的知识、情感、信念、意志行为和价值观等方面起着潜移默化的作用，以促进教育目标的实现。体育隐蔽课程作为学校体育课程的一个组成部分存在于学校教育系统之中，并与正式体育课程相呼应，潜移默化地对学生实施全面的体育教育。

从休闲体育隐蔽课程的内容组成来看，学校体育物质文化是一个重要组成部分，是学校体育课程赖以存在的物质基础，主要由学校内部的各种体育物质、物理因素构成，如学校体育场地、器材、设施、地理位置、时间空间。其次，学校精神文化也是一个重要组成部分，它的构成要素主要由一些看不见、摸不着的无形因素构成,它对师生的心理活动具有不可忽视的影响,甚至对整个学校体育目标的实现都有促进作用。具体来说,隐蔽课程主要包括以下几个方面的内容。

(1)通过实体性和非实体性的学校体育文化、学校体育精神,传授学生有关休闲体育的思想、价值观念,激发学生的体育学习动机,提高学生的学习积极性。

(2)运用多种渠道,传授给学生休闲知识和技能,全面提高学生身体素质和健康水平,补充正式课程的不足与缺陷。

(3)培养学生形成良好的休闲体育锻炼习惯、行为习惯,建立健康的生活方式,为学生形成终身体育锻炼的意识行为奠定基础。

(4)培养学生良好的心理素质和意志品质,尤其要培养学生的性格、气质、动机、爱好、情趣、情绪和非智力因素,全面促进学生健全人格的发展,为社会培养全面发展的、身心健康的人才。

(5)培养学生理智面对输赢的态度,学会理性控制消极情绪,学会观赏比赛的技巧,并能通过游戏性的休闲运动,改善社会交往的能力。

总之,休闲体育课程是由正式课程和非正式课程、显性课程和隐性课程两大部分组成。这两类课程虽性质不同,但在教育过程中,它们只有相互补充、相互渗透、相辅相成,才能真正达到和实现休闲体育的教育目标。

第四节　休闲体育课程的具体实施

课程实施是指把课程计划付诸实践的过程,它是达到预期的课程目标的基本途径。课程设计出来之后,若没有付诸行动,就无法落实和实现课程理想,更无法达到课程预期的课程目标。因此,课程如果要对学生产生影响,必须通过课程实施付诸教学行动。当然,休闲体育课程的实施不能完全照搬新课程的方案,因为课程实施是一个动态变化的过程,在课程实施过程中涉及实施者的休闲课程理念和个性化的工作,以及对课程方案进行进一步的调整、修改和补充,因而课程实施者也是课程的研究者。

一、学科知识的传授

(一)理论知识的学习

作为学校教育活动的重要一环,体育也是培养人的活动。人是教育实践的主体,人的主体意识和价值观念在教育活动中起着重要作用,同时,教育现象是一种非常复杂的人文社会现象,其中既包含着客观事实,也富含价值和意义,具有历史性和社会性,它的每一部分都离不开人类的文化、价值、社会关系和意识形态。因此,在休闲体育活动中必须进行价值判断,并最终实现既定教育价值,赋予培养人某些素质的意义。价值判断是个体生命的一种重要表现形式,生命的意蕴在包含价值判断的教育研究中得以实现。长期以来,在应试教育的模式下,我们国家的很多学校为了高考能取得好成绩,不重视体育课,在学校,考出好成绩始终作为衡量学生"好""棒"的唯一标准,使得学生根本就没有休闲时间。体育课被那些所谓的"正规"学科课程所吞噬,重文化轻体育的思想根深蒂固,这不得不引起很多人的深思。

目前,教育改革和课程设置围绕着"活出有价值的生活"展开,在这样的课程观的指导下,不仅要求提高休闲学科在课程体系中的分量,而且要求学校面向学生的生活世界解释休闲体育学科的精神实质和人性内容,以此来陶冶和培养学生健全的人格。

当然,提高休闲学科在课程体系中的比重以及增加其在教学中的课时,并不意味着必然能达到休闲体育教育的目标,因为这与体育课程设置的目的和教育者教育思想的转变密切相关。并且,休闲体育课程不仅涉及满足学生身体活动的健身需求,而且也要涉及学生全面发展的心理生活和社会生活领域,这会提高有教养的个体明智地运用各种不同均等的休闲时间的能力。因此,即使是一门非常专业的体育技术课程,只要体育教师有休闲体育的意识,也能产生休闲体育课程所达到的效果。

由此看来,在普通学校中开设休闲体育课的目的并不是为了让学生一辈子都从事体育的职业,也不是为了培养学生成为优秀的体育运动员,而是让所有学生知道,休闲体育活动是一种有趣的活动,有着丰富的内涵,有利于丰富和美化自己的休闲生活,提高业余生活质量,有利于每个人的完美人格的塑造和陶冶。因此,休闲体育活动不设门槛,所有人都可以参加,而不仅仅是少数具有高超技艺的人的天下。高校应该把休闲体育课作为一门体育专业必修课和正规的理论课对学生实施全面休闲教育,以利于学生形成健康、科学、文明休闲观。

(二)技术课的实施

理论必须最终落实到实践中去,因为实践才是检验休闲体育课程价值的唯一途径。因此,在传授休闲体育知识的同时,也要开展休闲体育相应的技术课。按休闲体育技术课程的功能划分,可以把技术课程内容分为竞技类、运动类、探险类、游乐类、欣赏类、常识类、益智类和休闲类(表3-1)。但必须指明的是,休闲是一种身心愉悦的精神状态,提倡的是一种放松、自由的生命状态,每一项体育活动都可以体验到休闲精神状态,关键在于参与者的心态以及目的,不在于活动项目的多寡或新旧。

表 3-1　休闲体育技术课程的教学内容

竞技	运动	探险	游乐	欣赏	常识	益智	休闲
篮球	自行车	攀岩	碰碰车	体育	气候	象棋	垂钓
足球	健美操	攀壁	过山车	比赛	常识	围棋	放风筝
网球	滑冰	攀崖	海盗船	的观	休闲	桥牌	舞蹈
台球	滑雪	蹦极	漂流船	赏技	体育	五子	飞镖
壁球	轮滑	探险	飞碟	术	装备	棋	毽球

(三)隐蔽课的实施

休闲体育课程是一种倡导的理念,一种生活化的休闲生活,它折射的是一种美好的心理体验以及科学的生活方式。隐蔽课程不是直接,而是间接地影响学生,因而有其独特的发生机制,在课程实施过程中,隐蔽课程必须受到应有的重视。研究认为,体育课程是通过暗示、感染、模仿、从众等方式进行。

1. 暗示

暗示是在无对抗条件下,身体对接收到的某种信息迅速、无反抗地接受,并依此做出行为反应的过程。休闲体育隐蔽课程正是借助于各种情景、气氛、师生的言行举止对学生产生暗示作用。心理学研究表明,人都是具有可暗示性的。洛扎诺夫则认为它是:"人类个体之中一种普遍的品质,由于它,才使人和环境间的无意识关系发生作用。"

2. 感染

感染是人类的一种同化的反应形式,它表现为个体对他人和特定情景自觉地产生共鸣或类似的心理状态。休闲体育的隐蔽课程对学生的影响,往往要借助于感染的方式进行。例如,学生处在一所自然环境和人文环境都比较好的学校里,往往很自然地就会对各种体育活动产生浓厚的兴趣,产生一种愉悦、幸福,甚至兴奋的情感。社会心理学的研究同样表明任何人处于弥漫着某种情绪的情景中,都会受到该情景气氛的感染,自己的心理活动在不知不觉地跟着变化,与他人的情感或心理气氛相一致。

· 88 ·

3. 模仿

模仿是主动或无意地对某种刺激做出类似反应的行为方式。在校园中,一切现象都可能成为学生观察仿效的对象,可以通过学生的模仿产生教育作用。学校中体育教师的行为、品质、同伴之间的体育交往所表现出来的一切都为学生的模仿提供了信息,学生通过观察这些信息,形成了所观察到行为的动作及其结果的观念,并运用这些观念作为已经编码的信息指导将来的行为。人们很多的休闲体验行为都是通过有意或无意的模仿而学习到的。

4. 从众

从众是个体在群体压力下,放弃自己的意见,转变原有的态度,采取与大多数人一致的行为。从众主要表现为对群体的行为、心理的服从。社会心理学家认为:"从众行为是在群体一致性的压力下,个体寻求的一种试图解除自身与群体之间冲突,增强安全感的重要手段。"因此,休闲体育隐蔽课程能否有效发挥其固有价值和作用,取决于教育者能否科学合理地实施。所以我们应根据休闲体育隐蔽课程的特点,对其进行合理地组织和调控,取得预期效果,实现休闲体育课程的教育目标。

二、体育教师的角色定位

为适应休闲时代来临的社会新形势,体育教师的角色和作用需要重新安排。体育教师不仅要成为休闲体育知识的占有者和传递者,而且要成为学生健康发展的指导者和促进者,要从被动的"教书匠"转变为拥有先进的休闲体育教育思想和观念,知道如何去进行休闲体育课程设计、教学设计、课程管理,并具有创新能力的教育实践的探索者。

(一)休闲体育课程的策划者和设计者

体育教师首先是 ·个和专家、学生乃至家长共同构建新课程的设计者,不再是扮演着教学课程标准和教材的执行者,也不再是一个只懂得教人如何运动的教练员,而是一个具备现代休闲体育观念和教育素养,知道如何进行休闲体育课程建设以及如何运用休闲体育教学方法,促进学生全面发展的教育专业人才,是一个为适应社会发展需求、培养具有健康体魄、丰富知识的人民教师。

（二）休闲体育教学设计和任务的执行者

休闲体育教学以促进学生的健康发展为目标，因此，体育教师要通过自己的工作来帮助每一个学生形成自己的休闲健康观念，培养良好的健身习惯，达到终身休闲体育的目的。加之学生好奇、求知和新鲜感的心态，使一些如轮滑、登山、越野等探险刺激类运动项目，户外野营、体育舞蹈等可以集体进行的项目，跆拳道、武术等搏击类体育项目在校内外产生很大的反响。体育教师应审时度势，丰富自己的休闲体育知识和技能，为休闲体育教学奠定良好的基础。

（三）休闲体育知识和技能的传播者

体育教师虽然是知识的拥有者，但更应该做知识的传播者。体育教师在知识和学生之间架起一座桥梁，将人们所需要的休闲体育知识经过个人的理解和加工传递给学生。就体育教师而言，不但在课堂传授给学生锻炼身体的基本技术、技能、方式方法，而且还应该让学生理解在课外进行健康的科学锻炼身体的方式和方法，正确对待休闲体育问题的态度，从而使他们走向社会后能合理地安排闲暇生活，自主地进行科学身体锻炼，并养成经常锻炼身体的习惯，最终达到终身体育休闲的教育目的。

（四）学生健康成长的引导者

学生始终处于发展阶段之中，求学阶段是一个人的生理心理发展和形成的关键时期，是一个人从单纯、幼稚到成熟，从不确定到定型的成长发育阶段，也是一个人生长发育旺盛的时期，彰显着学生成长的生命历程。因此，这就要求体育教师在这一过程要正确引导学生通过不同形式的休闲学习，掌握各种休闲体育知识，培养各种休闲体育能力和技巧，并逐步认识自我，完善自我，实现生命本体意义上的主动发展。

（五）全民健身的服务者

体育教师是社会群体中的一份子，服务于社会，为社会做贡献是教师的职责。休闲时代来临之后，人们更注重自己的休闲生活质量，那些退休赋闲在家的老龄人，特别想通过休闲娱乐、身体锻炼来消磨时光。教师应顺应这种社会需求，确定自己的角色方向，加强对休闲运动知识的学习和研究，为人们的身体锻炼与健身提供理论指导，将自己的理论知识与人们的实际需求相结合，达到观念与行动上的结合，实现自己的社会价值。

（六）休闲教育理论和教育方法技术的研究者

社会环境的外在压力与体育教师内部的动力相结合,就决定了体育教师进行相关学科拓展的必然性。现在的体育教师在精通本专业知识的基础上必须博览群书,改变已有的知识结构和传统的思维方式,增强学科的相容性以及综合实践能力,适应休闲体育教学的风格和内容,体育教师要学会并能适时、适度、适量地运用各类教学媒体,掌握现代教育技术能力,必须加强对科学技术发展的敏感性和适应性,熟练运用多媒体等先进仪器设备,这是提高教学质量的必要手段和方式。最后,体育教师要不断提高休闲体育科学研究的能力,为休闲体育的健康发展奉献自己的绵薄之力。

第五节　大学休闲体育课程的发展思考

教育活动是一个涉及多方面因素在内的复杂系统,具有时代性和综合性。休闲教育本质上是一种生命教育,它是试图通过休闲来提高生活质量的全面运动,是人们在休闲中提高自己生活质量的方法,是一种贯穿于学前到退休后的终身教育。学校教育既包含着专业教育、职业教育,也包含着各种其他领域的教育,休闲教育是我们的教育目标之一。当然,专业化和职业化的工作是必要的,它是人类社会不断进步,不断发展的源泉,但是学校教育必须超越专业性的使用领域,要让学生在学会在学习和工作之余如何更好地生活。贯彻以人为本的教学理念,建立适应社会发展要求,促进人的本质的发展,满足学生终身休闲需求的休闲体育课程是现实教育的必然选择。

休闲体育是一门全新的学科,也是近些年由欧美发达国家传入我国的一门学科,它是与社会历史发展的进程相一致的,是世界经济发展到一定阶段的产物。从教育学角度来讲,休闲体育是一种文明的、健康的、科学的休闲生活方式,是培养具有主体精神和主体意识的新型人才的一个重要领域,在弘扬人的主体性、发挥人的主体活动能力上具有重要价值。

一、目前我国大学体育课程改革存在的问题

（一）普遍缺乏人本价值观、休闲体育观的教学理念

我国的大学体育理念经历了苏联的三基思想教育、竞技体育思想、体质

教育思想、快乐体育思想、终身体育思想等几个阶段,目前我国普通高校课程是以运动技术教学为主。尽管《普通高校体育课程教学指导纲要》明确提出"健康第一""终身体育"等教学理念,而且也出现了以北京大学为代表的"三自主"教学模式,但是在实际的教学实践中,大部分高校仍然以竞技体育的思想为主,休闲体育的思想意识根本没有进入体育教学之中,甚至没有被授课教师理解和接受。部分高校体育教育氛围较差,大学生健身意识淡薄,缺乏理论知识,尚没有形成自觉的体育健身行为,因此,"健康第一""全民健身""终身体育"在现实中很难实现。

(二)教学内容缺乏实质性变革

当前我国高校体育课程开设的运动项目越来越多,我国高校体育项目平均在 20 项以上,有些特色院校还开设了街舞、瑜伽、高尔夫、棒垒球等具有鲜明时代性的项目,这些项目适应了社会发展的需要,受到广大学生的欢迎和喜爱,调查显示有 90% 的学校开设的项目可以基本满足学生需求,77% 的学生能够选到自己喜欢的项目。

虽然开展的项目基本上能满足需求,但是因为各校之间发展不均衡,有的学校体育基础设施条件较差,因此尚有很多院校选择项目仍停留在原来竞技项目的基础上,即使开设项目较多的学校,也都认为人数、场地器材的限制较大,而且项目教学以技术教学为主,忽略了项目的人文知识及健康、休闲理论的传授。

目前我国大学体育课程教学模式形成了多种模式共存的局面,尽管这些模式的改革中或多或少地体现新《纲要》的思想和要求,但是从体育课程组成要素的细化分析可发现,课程的组织实施、监督与评价、学生参与的主体性等方面与以前无明显区别,说明课程改革仅停留在形式上,而非实质性变化,学生从这些改革里没有感受到新兴体育文化对思想上的洗礼,缺乏文化内涵。

(三)体育课程改革未注重整体性和系统性

普通高校体育课程改革是涉及课程目标、内容、评价、实施方法、课程资源等多方面的改革,要注重教学体系的系统和整体,要遵循科学的原则。目前有些高校为了追求片面的改革,完全推翻以前的教学体系,盲目地进行新模式的实施,违背了课程改革继承与发展的原则,造成了人力物力资源的浪费;还有部分高校课程改革初期便急于求成,一股脑地把所有内容全面铺开,没有主次,违背了循序渐进的原则。高校体育课程改革是一个缓慢发展的过程,每一个阶段要有不同的侧重点,改革中既要突出重点,解决关键问题,又要循序渐进,不要总想一下子就完成改革。

（四）教师的实施水准对体育课程改革的影响

现代体育课程的目标和教育的基本目标一样,就是育人。所以体育课程改革要始终围绕"育人"这一宗旨进行。当前各高校改革的重点应该是教师观念的更新,而目前的改革都停留在操作层面上,如教学方法、教学内容等方面。大学体育文化是以师生为参与主体,以身体练习为基本手段,以课堂体育文化活动为主要内容,集竞技、健身、休闲等文化于一体的文化。教师作为体育文化的主要传播者,首先自己要具备现代体育教育的观念和能力,要积极探索,敢于创新,主动学习先进的教学理论。目前体育教师队伍的建设依旧存在一定的问题,部分教师满足于现状,习惯于利用前人的经验,不主动"充电",终身学习意识差,而且教育管理部门对高校体育教师的培养及继续学习不够重视,导致了高校现代体育文化传播氛围较差。

（五）学生参与体育课程实施的现状待改善

高校体育课程的改革需要学生主动地参与,参与的前提是学生要理解体育活动对生命的真正意义,知晓体育课程变革对自身发展的好处,从而激发大学生作为主体参与体育课程学习,提高参与休闲体育活动的主动性。当前,我国高校在体育改革思想、理念传播教育工作方面还存在很多不足,根据陈小蓉博士对全国 20 省市 242 所高校所做的调查报告显示,只有不到两成学生知道《纲要》,而大部分学生对体育课程的重要程度没有重视起来。学生对体育课程的认知是体育课程实施改革的基础,学生对体育新课程实施及《纲要》了解程度之低,反映出体育课程改革的宣传推广工作有待改进,另一方面也反映出学生的主体作用被隔绝于体育课程改革的决策之外。目前的课程实施中,课程设计一般是相关教育部门和专家的专利,传统的由国家统一组织开展"上行的体育课程设计模式",课程实施只是一项学校改善计划,课程设计没有考虑到学生的决定权和知情权。

二、对高校体育课程未来的思考

（一）教学理念要确立人本主义体育观、休闲体育价值观

目前,部分学校的教育理念仍然不够清晰和明确,首先要确立人本主义体育观,教学实践中要树立"全面发展"和"终身体育"指导思想,要加强休闲

体育教育。

高校体育课程的变革,体现出重要的教育思想,传播和革新先进的教育理念,体育教育要把最新的体育学科知识灌输给学生,使他们能够理解和掌握。人本主义体育观这一体育的最高理想观念解读于大学体育观上就是要树立适应时代发展需要的"健康第一""全面发展"和"终身体育"的指导思想,使学生在体育运动中学会认知、学会做事、学会合作、懂得理解、展现出生命活力,身心得到和谐健康的全面发展。

(二)整合现有教学内容,加强理论引导,创新技术课程,促进人格发展

体育教学内容是以体育教育为目的,以身体练习、运动技能学习和教学比赛等为形式,经过组织加工以后,能在各种教学环境下进行的活动的总称。体育教学内容改革不是在原有基础上再增加一些学科,而是在既定的学科上阐述新的体育意蕴。

1. 理论课程内容的改革

要根据学校课程设置的指导思想,把健康体育的知识、技能、技巧以及现代体育的发展趋势,休闲体育的价值等理论传授给学生,帮助学生树立科学的健身观念和休闲观念,进而形成终身体育意识,把体育运动转变成生活的一部分,这是体育教学内容改革首先要做到的。

2. 技术课程内容改革

技术课程内容除了已经开设的现代竞技体育项目,还要考虑到新兴体育项目,如体育舞蹈、瑜伽、攀岩等,以及传统民族体育项目,如武术、珍珠球、空竹等,条件许可的学校可以开展具有时代特色的休闲项目,如高尔夫、滑雪、保龄球、棒球、垒球等对场地要求比较高的项目。我国高校要根据学生特点及地域、气候、场馆设施等不同情况确定教学内容。课程内容尽可能丰富多彩、尽量利用学校和社会资源为学生提供更多的选择空间,满足学生个性需求和社会需求。

3. 注重体育隐蔽课程内容的作用

一般地讲,隐蔽课程虽然看似游离于学校课程范围之外,但是的的确确存在于学校教育系统之中,配合正式体育课程,潜移默化地对学生实施全面教育,传授有关体育的精神、思想、价值观念;多渠道地给学生传授知识、技能,提高学生身体素质和健康水平,弥补体育课堂的不足;培养学生良好的

心理素质和意志品质,促进人格的健康发展。

(三)课程实施过程中要注重多层次性

课程如果要对学生产生影响,就要在实施中多下工夫。大学体育课程的实施是一个动态变化的过程,涉及诸多要素,是一项系统工程。随着课程改革的日趋深入,实施得越深入,遇到的问题往往就会越多,因此,要求课程实施者进行调整、修改和补充,需要长期的探索和研究。

俱乐部运作模式是西方发达国家经过多年的研究论证后形成的,具有一套非常成熟的体系,以具有全球性、先进性和适应时代发展需要的体育文化为载体而得以迅速发展。我国高校体育教育要敢于尝试其他地区的经验,应该推广以俱乐部模式为主的教学模式,在条件允许范围内合理利用有限的体育资源,进一步扩展社会资源,尊重学生发展需求,循序渐进地建立适合于自身发展,且拥有自己文化内涵的俱乐部模式,以全新的视角形成校园体育文化。

(四)加强学生主体性参与对体育课程实施的影响

学生因素是制约体育课程的重要因素之一,课程的实施光靠教师投入是不够的,需要学生积极配合和参与,同时体育课程实施为提高学生的学习能力提供了一个良好的平台。任何低估和忽略学生在课程实施中的作用,都将难以进行实质性变化,加强学生在课程实施中的主体性参与也是课程纲要的基本要求。

首先,学生参与体育课程实施,不但可以培养学生的创新精神和实践能力,而且可以为体育教师的教学提供来自主体层面的信息,为体育课程计划的修订者提供宝贵建议。学生参与体育课程实施可以提高学生的学习主动性,提高学习效果,激发学生的健康意识、健身意识、锻炼习惯,使"健康第一"的指导思想得以真正地落实。

其次,加强学生在体育课程实施中的主体性参与可以化解体育课程决策层与学生主体发展相脱离的矛盾、体育课程设计者和学生实际情况之间的矛盾,也是体育课程实施得以顺畅进行的保障。高校体育课程的变革最重要的是教育思想、教育理念的革新和传播,学生参与体育课程实施会增加学生对新教育思想的理解,利于他们养成终身体育的意识、建立休闲体育价值观打下良好的基础。

总之,引导学生真正参与到课程实施过程中来,体现学生的主体价值是影响我国高校体育课程实施取得良好效果的一个重要因素。

（五）加强校本体育课程的建设，建立适合本校特点的体育课程管理体系

新《纲要》明确指出要扩大学校的自主权，要克服同质量化办学倾向，这为高校的校本课程提供了良好的发展机会。我国地域广阔，地区间经济发展极不均衡，人民的生活水平，文化背景，拥有的教育资源都存在着较大差异，国家课程很难全面顾及不同区域人群的教育要求，任何学校都实施相同的国家课程，完成相同的课程目标，势必造成课程开发与课程实施脱节，而且也影响着特色教育的发展。

校本课程开发充分体现了学校的办学思想，依据学校自身的特点、性质、条件及可开发资源，由学校成员自主、自愿合作开展的，旨在满足学生需求的课程开发活动，有助于学生个体的发展，体现了"以人为本"的时代要求，同时也有助于学校更好地实现体育课程目标，形成自己的办学特色。高校体育资源十分有限，教育经费也有可能出现短缺现象，管理部门在体育方面不会有大幅度的提升，因此，学校体育部门要把目光放长远，整合并积极开发学校资源，发挥地区的课程资源优势，构建有特色的体育课程管理体系。

（六）注重民族文化的传承和体育新文化的建立

体育是一种文化，而我国有着五千年的文化积淀，我国作为文化大国要通过文化影响世界，影响人类的历史行程。文化的魅力是成为大国的关键所在，文化的魅力来自一个国家或民族的民族精神，这种精神一定要有深刻的内涵，一定有着出彩的形式，所以说民族文化是民族的灵魂。

民族文化的传承是高等教育的重要目标之一，中华民族传统体育是中国民族文化的重要组成部分，是各民族传统的养生、健身和娱乐活动的总称，包括传统武术、导引术、民俗体育等。中国少数民族传统体育有一个庞大的组成部分，内容丰富、千姿百态，有许多项目都渗透着传统民族体育文化。开展民族传统体育项目教育是传承民族文化的需要，尤其是少数民族地区有着格外的需求，民族传统体育项目进入学校体育教学已成为趋势。

一个国家的文化水平高低往往取决于大众的文化修养，还取决于全球化的文化输出，只有自己建立的新文化具有民族特色并能影响世界，才会被世界所接受，所以建立新文化必须植根于传统，置身于世界。实际上中华民族传统体育与现代休闲体育在本质上具有很多一致性，例如中国武术追求"合道"的理想与休闲的内在本质是相通的，民俗体育与少数民族传统体育明显富有游戏娱乐性，是当地群众的主要休闲内容等。在保留传统文化精

华的基础上对民族文化进行适当的调整和改革,对推动传统文化的现代化具有极其重要的意义。

当前世界文化潮流提倡的是与经济全球化相对的文化多元化,我们应该抓住休闲时代为我们提供的契机,努力开发具有民族传统体育的现代休闲娱乐项目,建立新型的具有民族特色的体育新文化。

第四章　大学生休闲体育行为分析与休闲体育体验研究

大学生的休闲时间相对比中学时期多一些,利用休闲时间参与休闲体育活动,养成良好的休闲体育行为习惯,产生美好的休闲情感体验,有助于大学生身体健康、心理愉悦及社交能力的提高。大学生的休闲体育行为能否持久稳定地坚持下去,一定程度上受其休闲体育体验的影响。美好的情感体验对于大学生坚持不懈地参与休闲体育运动具有积极的意义。本章主要就大学生休闲体育行为及休闲体育体验进行分析与研究,主要内容包括休闲体育行为概念界定、大学生休闲体育行为阶段特征与限制因素分析、大学生休闲体育体验分析,对这些内容的研究有助于进一步激发大学生的休闲动机,提高大学生参与休闲体育运动的积极性与主动性。

第一节　休闲体育行为概念界定

一、休闲体育行为的概念

行为指的是人的有意识的活动。休闲体育行为指的是人们在闲暇时间里为了达到健身、娱乐、消遣、宣泄、交往等目的,有意识地利用各种身体练习方法和手段,以追求生理、心理、娱乐、审美、社会文化等方面的积极体验的一切活动。①

二、休闲体育行为动机的概念

动机这一心理现象非常复杂,而且极其广泛,从动物的本能行为到人类高级的决策行为都离不开动机。因此,早在人类探索"人的实质"时,就提出

---

① 邱亚君. 休闲体育行为发展阶段动机和限制因素研究[M]. 成都:四川大学出版社,2009.

了行为的动机问题。不同的动机心理学家对于动机及动机的概念各有自己的看法，下面列举几种具有代表性的观点。

《简明不列颠百科全书》将动机解释为，为实现一个特定目的而行动的原因。

J. Houston 认为，动机是启动和指导行为的因素，以及决定行为的强度和持久性的东西。

林传鼎、张厚粲认为，动机是一种由需要所推动的、达到一定目标的行为动力，它起着激起、调节、维持和停止行动的作用。

近代心理学文献上将动机界定为"以一定方式引起并维持人的行为的内部唤醒状态"等。

总之，关于动机的概念，可谓众说纷纭，从这些概念中我们能够对动机的本质特征或含义有所了解。

当代动机心理学家从认知心理学的角度，提出动机是一种由目标或对象引导、激发和维持个体活动的内在心理过程或内部动力。换言之，动机是由一定的目标引导和激发的并产生原动力推动个体的行为。这种原动力是由于个体对目标的认识，由外部的诱因变成为内部的需要，这种需要成为行为的动力，进而推动行为去从事某种活动。

在分析动机的含义后，可以将休闲体育行为的动机定义为引导、激发和维持个体从事休闲体育活动，使个体达到健身、娱乐、消遣、宣泄、交往等目的的内在心理过程或内部动力。[①]

三、休闲体育行为限制的概念

休闲限制是休闲学的一个分支领域。20 世纪 80 年代早期，西方学术界在探讨"休闲限制"时常采用"Leisurebarrier"一词。研究者只对介于休闲偏好与休闲参与之间的某一种类型的制约比较关注。早期的休闲限制研究通常有两个假设：一是限制对休闲活动的阻碍静止不变；二是阻碍或制约参与是休闲限制的效果及表现。换言之，可以将是否存在休闲限制解释为个体是否参与休闲活动。

20 世纪 80 年代晚期到 90 年代，休闲限制研究领域有了新的研究成果，且与早期研究结果有所不同。首先是语言的改变："休闲障碍（Barrier）"一词被"休闲限制（Constraints）"逐渐替代。这既是语义上的差别，也是该

---

① 邱亚君. 休闲体育行为发展阶段动机和限制因素研究[M]. 成都：四川大学出版社，2009.

领域研究重心的变化的反映：休闲障碍不能将限制休闲行为的所有因素都涵盖其中，研究者仅仅关注介于休闲偏好与休闲参与之间的某一种类型的制约；而随着对休闲限制的认识更加深刻，理解更加广泛，发现休闲限制一词可以更具体地涵盖对休闲活动造成阻碍的各方面因素。

有学者提出，休闲限制是指任何影响主体休闲偏好、休闲决策过程及休闲体验，而导致其无法、不愿意或减少参与休闲活动的因素及其内在制约机制。

综上，可以将休闲体育行为的限制的概念界定为"任何影响个体的休闲体育偏好、休闲体育决策过程及休闲体育体验，而导致其无法、不愿意或减少参与休闲体育活动的因素及其内在制约机制"。[①]

<h2 style="text-align:center">第二节　大学生休闲体育行为阶段
特征与限制因素分析</h2>

基于对休闲体育行为相关概念的分析与思考，有关学者提出了关于休闲体育行为发展阶段动机和限制因素的解释性理论框架（图 4-1）。

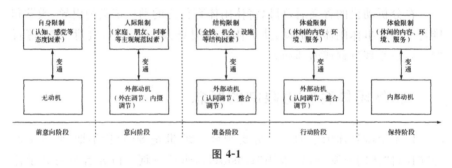

图 4-1

一、休闲体育行为的阶段动态变化特征

（一）体育锻炼行为的阶段动态特征

阶段变化理论提出，人的行为改变过程会经历前意向阶段、意向阶段、准备阶段、行动阶段、保持阶段共五个阶段。20 世纪 80 年代后期，Sonstro-

---

① 邱亚君. 休闲体育行为发展阶段动机和限制因素研究［M］. 成都：四川大学出版社，2009.

em 首次在体育锻炼行为改变的相关研究中运用了阶段变化理论模型,并于 1992 年将较为系统的锻炼行为跨理论模型提了出来。在锻炼行为中的阶段变化理论所关注的是个体从"静止"到活动,再到保持活动的动态变化过程。该理论认为,个体的行为变化是一个连续的过程而非单一的事件,人们在真正做到行为改变之前,是朝向一系列动态循环变化的阶段变化过程发展的。

在锻炼行为研究中所应用的阶段变化理论包含了变化的认识、行为和时间方面的知识,变化阶段、变化过程、自我效能、决策平衡这四个部分共同构成了该理论的内容框架。变化阶段是模型的核心组织结构,它指出了行为变化的时间序列,即包括前意向阶段、意向阶段、准备阶段、行动阶段和保持阶段这五个密切衔接的动态过程。不同个体可能会以不同的变化率通过各个阶段向前变化,也可能会退回,并且可能会选择在行为变化统一体的不同变化点重新进入。这样,通过这些阶段的运动可被看作循环进行的(表 4-1)。

表 4-1　体育锻炼行为跨理论模型各变化阶段及其定义

变化阶段	含义
前意向阶段	在未来 6 个月内没有进行体育锻炼的意向
意向阶段	准备在未来 6 个月内进行有规律的体育锻炼
准备阶段	准备在未来 30 天内进行体育锻炼,并且已经采取了一些行为准备步骤
行动阶段	已经参加有规律的体育锻炼但少于 6 个月
保持阶段	已经进行有规律的体育锻炼并超过 6 个月

基于阶段变化理论的研究表明,人们的体育锻炼行为具有阶段动态性特征,而且每个阶段的心理变化过程具有不同特点。21 世纪初,基于阶段变化理论对体育锻炼行为的一些研究也逐渐在国内出现。有些学者运用阶段变化理论,调查人们的健康行为。研究发现,人们的健康行为具有阶段变化特征。另外,其他一些学者的研究对阶段变化理论在体育锻炼领域的应用也给予了不同程度的支持。

常生等运用文献资料调研、问卷调查、专家访问等研究方法研究了大学生闲暇体育锻炼行为。研究结果表明,大学生闲暇体育锻炼行为具有阶段性特征,在不同锻炼阶段,锻炼的频度、时间和强度均有显著的差别,而且在不同阶段,大学生在参加体育锻炼后会有不同的心理感受。

（二）休闲体育行为的阶段动态特征

每个人的休闲体育行为都会发生这样或那样的改变，但是这些改变并不总是线性的，也不会使之完全改变或者完全没有改变。在空闲时间里，每个人都会选择适合自己的休闲方式，或者是休闲体育活动，或者是其他休闲行为；一旦选择通过休闲体育来度过余暇时间的个体可能会因为兴趣爱好和时间的充足而一直保持这一习惯，但也会因为种种原因而停止休闲体育行为；而个体的休闲体育行为在中断一段时间后，也可能有重新开始这一行为的想法与意识。所以，可以看出休闲体育行为是不断富于变化的，其变化与发展的阶段具体划分如下。

1. 前意向阶段

前意向阶段指的是人们对自己将要采取的举动与行为还没有意识，而且在自己能够预见的以后一段时间内仍然没有对自己要采取什么行动进行考虑的阶段。因为人们对自己的休闲体育行为结果不了解，或者了解不多，或者已经想办法改变自己目前的休闲行为（一般是指玩电脑、看电视），但是因为一些原因没有改变成功而感到失望，所以人们才会出现这一阶段。处于这一阶段的人可以将之称为"没有动机的群体"，他们总会找出一些理由来说服自己不要参与休闲体育活动。

2. 意向阶段

人们有改变自己休闲行为的意识，但在未来半年内没有采取任何行动来付诸实践，甚至连相关的准备工作也没有做，这一阶段称为意向阶段。这一阶段的人们对改变休闲行为后的积极与消极影响都已经有了一定的认识。他们之所以长期处于意向阶段，是因为他们徘徊在改变休闲行为所产生的有利影响与不利影响之间。他们要想进入下一个休闲体育行为阶段，就必须通过研究一些实用的方法来使休闲行为改变后的好处多于坏处，这样他们就不会踌躇不前，因为有了新的动机，他们才有可能向下一阶段过渡与发展。

3. 准备阶段

个体打算在未来一个月内采取实际行动来改变休闲行为，而且其在之前就已经采取一些相关的行动，这一阶段被称为准备阶段。这一阶段的人有着强烈的改变自身体育行为的意识，而且迫切需要通过实际行动来改变自己的休闲行为，所以他们会做好改变的准备活动，他们已经开始为自己的休闲体育行为制定一些切实可行的计划,或者已经参加了一些休闲体育活动,而且也购买了参与体育活动时会用到的器械。

4.行动阶段

人们在过去的半年内,已经采取实际行动改变了自己的休闲方式,并且参加大量的休闲体育活动,这就是人们在行动阶段的表现。然而,处于这一阶段的人们还处于改变休闲行为的初始阶段,休闲体育行为并没有稳定下来,随时都可能会因为中断而发生变化,所以这一阶段人们要特别注意不懈地坚持,再坚持,避免退回前一个阶段,甚至是第一个阶段。很多处于行动阶段的人们往往因为意志力薄弱而放弃了坚持休闲体育行为,从而发生阶段的倒退。

5.保持阶段

人们至少连续半年都在参与休闲体育活动,连续坚持了半年及以上,这一阶段就是保持阶段。处于这一阶段的人们已经把休闲体育行为当作了生活中不可或缺的一部分,他们对这一行为已经习惯了,使他们退回到前面阶段的诱因慢慢减少了,这一阶段的人非常自信,意志力非常强大。

二、休闲体育行为发展阶段的不同动机

(一)前意向阶段:无动机

在休闲体育行为的第一阶段,即无意向阶段,人们处于无动机状态,也就是无行为意图状态,这种缺少动机的术语是在传统的社会认知理论中定义的。从自我决定理论方面来看,缺乏动机具体表现在人们对渴望的结果既缺少自我效能感,又缺少控制感。也就是说,当人们面对一种行为不能进行自我调节时,就会缺乏行动的动机。对于目标行为来说,所有形式的外在调节,即使被最大限度地控制,也包括意图性或动机,而由于缺乏动机代表了两种动机类型的缺少和完全缺少自我决定,所以,它位于内、外部动机的对立面。比如个体觉得休闲体育没意思,外部的吸引、内部的诱惑都不存在,也就处于无动机状态,他就不会产生意向而参加休闲体育活动。

缺少基本心理满足感和缺少促进基本心理满足感是人们缺乏动机的主要原因。缺乏动机的人不仅缺少控制动机,而且缺乏能力和归属感。这些因素的缺乏会影响个体的健康。在达到了动机阈限之前,个体处于无动机状态,就不会产生休闲体育锻炼意向,这一时期属于前意向阶段。

（二）意向阶段：外在调节和内摄调节

1. 外在调节

外在调节一般在个体达到了动机阈限时产生。在外部动机中，外在调节是最"纯"的形式和自我决定程度最低的形式。外在调节指人们的行为目的是为了得到期望的结果，即获得某种奖励或躲避某种惩罚，其行为完全受外部事件的控制。[①] 如果没有发生外部事件，那么也就不会产生行为。例如，当个体产生"除非周边环境有这样的氛围，才会参加休闲体育活动"的想法时，其就受到了外在调节的促动。Vlachopoulos 和 Karageorghis 认为，如果个体是因为别人对他的要求而参加身体活动，这就说明外在调节在起作用。

2. 内摄调节

内摄调节是外部动机的另一个维度。内摄调节指个体接受了某种规则或价值观，但未将其作为自我的一部分完全加以吸收，只是一种部分的内化过程，它表现的是一个调节的不完整的内化。[②] 个体在考虑自身健康状况的基础上觉察到自己"必须"或"应该"参加休闲体育活动，并付诸实践，这就是内摄调节的作用，比如有人对自己的身材不满意，所以就会选择一些形体运动来塑形美体，这就是内部动机来源。

从三阈限理论的角度来看，只有个体达到动机阈限，外在调节和内摄调节才会发生作用。这时，个体会在外部事件的促动下及部分的自我内化过程中逐渐产生休闲体育行为的意向。

（三）准备和行动阶段：认同调节和整合调节

1. 认同调节

个体达到了自主阈限，逐渐进入认同调节和整合调节。认同调节比内摄调节的自我决定程度更高，内化更全面。通过认同过程，个体认识到行为价值的重要性，从而将它作为自我的一部分来接受。比如，个体一旦认识到休闲体育活动对自己的身心健康有积极影响，就会更加主动地去参与其中。

---

① 邱亚君. 休闲体育行为发展阶段动机和限制因素研究[M]. 成都：四川大学出版社, 2009.

② 同上.

但认同某种价值观仅意味着这种价值观作为自我的一个独立的部分存在，并未完全融入自我之中，这一独立部分与自我的其他部分是相分离的。也就是说，在认同调节过程中，个体自由选择活动，把完成个人的目标当作重要的。例如，个体参加休闲活动，因为他认为这是提高自身身体健康水平的基础，所以参加活动只是为了达到这个目标，这就是认同调节的作用。有关学者认为，如果个体为了达到身体健康和精神需求的目的而参加身体活动，就是认同调节起了作用。

2. 整合调节

整合调节出现在认同性调节与自我充分同化时。整合调节是指个体产生与其价值观和需要相一致行为的动机类型。整合调节的行为仍然被看作外在的动机行为，因为它是为了获得某种可分离的结果而不是为了行为本身内在的快乐，但它与受内在动机支配的行为有许多共同的特征，这是最具有自主性的外在动机形式。在整合调节过程中，个体不仅认同某种外在价值的重要性，并把它作为自我的一部分加以吸收，还将这种价值观与自我的其他方面整合为一体，自我处于和谐的状态。当个体了解到休闲活动不仅有利于自己身心的健康，还有利于提高自己的社交能力，建立良好的社交关系时，更加主动参与休闲体育活动，这就是整合调节的结果。

人们从事身体活动，大多数行为的产生并不单纯由内部动机激发而形成的。当个体形成了休闲体育行为的意向，动机水平达到了自主阈限后，在认同调节和整合调节的作用下，对休闲体育行为价值的重要性有了不断深入的认识，并把它作为自我的一部分而吸收，同时还会将这种价值观与自我的其他方面整合为一体，于是个体就会采取措施或行动真正参与到休闲体育活动中。

（四）保持阶段：内部动机

内部动机是一种内在的积极倾向，正是这种天生的动机趋向促使人凭借内在的兴趣来获取知识和技能，因而在人类生理、心理和社会发展中，这是一个非常至关重要的因素。这种内在积极倾向的激发直接关系着能否满足心理需要。事实上，对于某项活动，个体内部动机的强弱是不断变化的，个体在从事该活动时心理需要的满足程度是引起这种变化的主要原因。

首先，凡是能满足人们能力需要的，即让人产生成就感的社会事件都能强化个体的内在动机。

其次，可以满足人们自主需要的环境也能提高个体对某一行为的内在动机。

最后,归属需要的满足也能够强化个体的内在动机。当个体处于具有安全感和归属感的环境里时,会出现更多的内在动机行为。

有学者指出,挑战、自我决定、承诺、胜任等是几个比较重要的休闲行为的内部动机。而也有学者认为,人们参与休闲活动的内部动机主要是放松身体、享受、自由、认识自我、社会安全、创造等。此外,"追求体适能"和"乐趣"也被认为是人们参与休闲活动的主要内部动机。

综上,当个体从事休闲体育时,如果其能力、自主、归属等心理需求得到了满足,达到内部回报阈限,就会产生内部动机,从而就会更加主动地坚持休闲体育锻炼,这一行为会持续维持。

三、大学生休闲体育行为发展阶段的限制因素

(一)自身限制对前意向阶段的影响

自身限制因素在个体休闲体育行为的前意向阶段具有重要的影响,人们是否可以从第一阶段顺利发展到第二阶段,这一因素起到了直接的决定性影响。自身限制指的是人们自己内心的状态与对待休闲体育的态度,也就是人们主观认为自己是否能够进行休闲体育行为。个体对休闲体育行为的态度会从很大程度上影响其休闲体育行为意向的形成,这是计划行为理论的主要观点,即行为意向受行为态度所影响。

在人们改变自身的休闲态度的过程中,认知产生了重要的作用。"态度的认知成分是指人们作为态度主体,对于一定态度对象或态度客体的知识、观念、意象或概念,以及在此基础上形成的具有倾向性的思维方式。"[①]从这一概念来看,态度中的认识具有组织性和倾向性特征。这两个特点使人们在头脑中形成固定的思维模式或刻板印象,使人们产生按照既定模式思考态度对象的倾向,因此人们对态度对象的认识水平直接受态度的组织性与倾向性的影响。

人们往往说自己因为受到物质与时间的限制与约束而不能参加一些强身健体的活动,据调查与研究,这些都不过是人们自己找的一些借口。事实上,"个人心理状态和特性"是影响个体身体锻炼行为的主要因素。在不同的时间,人们往往会对自己做出各种不同评价,也会主观思考自己在闲暇时

---

① 邱亚君. 休闲体育行为发展阶段动机和限制因素研究[M]. 杭州:浙江大学出版社,2009.

间里适合做什么事情。通过评价与思考来影响自己的实际行动。人们总是将没有空闲时间用来做自己不参加休闲体育活动的挡箭牌,实际上并非如此,而是因为他们已经思考了自己在这一时间内做什么事比参加休闲体育活动更合适、更重要。一旦有比参加体育活动更重要的事,人们就会选择放弃参加体育活动。有的人认为参加休闲体育活动不如在家看电视、玩电脑、看书有意思,所以他们宁愿在家度过闲暇时间,也不愿意外出参加活动,这就是因为受到了心理状态与特性的影响。

个体对休闲体育行为的感觉直接决定其对休闲体育行为的态度。也就是说,如果人们在评价休闲体育行为后,觉得自己参与休闲体育活动是可行的或者能够从中有所收获,就会积极参与;相反,如果认为不可行,或者虽然会产生有利影响,但也会带来不好的影响,而且弊大于利,就不会参与其中。例如,女性如果认为练习瑜伽可以使自己变得有气质,能够塑造优美的体形,就会去主动地练习瑜伽,但是如果他们认为练习瑜伽会使自己的肥胖身材展露出来,被别人笑话,就会放弃这一运动。

（二）人际限制对意向的影响

处于休闲体育行为意向阶段的人能够对休闲体育的积极影响形成正确的认识,从而产生改变自己休闲行为的想法。但同时也会考虑在改变过程中自己会遇到哪些问题,解决这些问题需要付出什么代价,会不会遭到身边人的反对、是否会有同伴与自己一同参加休闲活动等,这些都属于人际限制因素的范围。如果这些顾虑能够消除,人们便会为休闲体育行为做实际准备了,如购买休闲体育活动中需要用到的服装与简单的设备,制定改变休闲行为的计划;相反,如果人们不能消除顾虑,解决问题,就不会做出具体的行为来改变自己的行为,从而继续维持在休闲体育行为的第一发展阶段。计划行为理论认为,主观规范会对个体的行为意向产生举足轻重的影响,从而对个体的行为进行预测,包括标准信念和服从动机。

标准信念指的是"重要参照人或参照群体认为应否去采取某种行动的信念"[①]。家人、朋友、同事等都是标准信念中可能会涉及的人。例如,"我参加休闲体育未征得家人的同意"。

服从动机指的是人们服从该参照物的期望的动机,例如,"大部分情况下我都会听从父母的想法,服从他们的安排"。所以,人们为休闲体育活动做准备或参与其中都会受到与自己有密切关系的人的影响。人们都是生活

---

① 邱亚君. 休闲体育行为发展阶段动机和限制因素研究[M]. 成都:四川大学出版社,2009.

在集体中的,不管是什么集体,其做任何事都希望别人能够同意,以便维持其与集体中其他人员的关系。所以,在必要的时候就必须改变自己的行为和态度,以保持和大多数的人一致。因此,人们在改变自己的态度或调整自己的行为时,会考虑参照人或参照群体的期望。

（三）结构限制对准备阶段的影响

在休闲体育行为的准备阶段,人们的休闲体育行为会受到结构限制因素的影响,包括家庭经济水平与生命周期、气候条件、交通条件、闲暇时间、休闲场所与设施、休闲体育资源、参考群体的态度等。人们从准备阶段过渡到行动阶段需要综合考虑这些限制因素,这样才能真正改变自己的态度与休闲行为习惯,真正采取行动参与休闲体育活动。

（四）体验限制对行动与保持阶段的影响

体验指的是人们在亲自经历中获得相应的情感和认识。体验主要有以下两个特点。

（1）人们在体验过程中是富有情感的,是主观参与体验的,在体验中融入了自己的感性认知与理性认知。

（2）体验不仅仅是主体在内心的感受,而且也是主体与客观世界之间的一种交流,是主体认识世界的一种方式。

休闲服务、环境以及内容等影响人们在休闲体育行为中获得情感和认识的所有因素都可被称为体验限制因素。在休闲体育行为发展的最后两个阶段,体验限制因素会严重影响个体的休闲体育行为。

心理学家认为,人们要想在挑战中获得舒畅的体验,就要选择合理的挑战难度,在自己拼尽全力后要能够完成挑战。如果挑战的难度比自己的实际能力高,就会不耐烦,放弃挑战;如果难度太低,就会失去兴趣,这样难以长期保持休闲体育行为习惯。

人们的休闲体验也会受到休闲体育环境的影响。休闲服务作为一种"软环境",其质量的高低同样会对人们在休闲体育行为中的体验行为造成影响。

四、休闲体育行为发展阶段动机和限制因素的关系探讨

综上所述,我们可以得出休闲体育行为发展阶段动机和限制因素的模式（图4-2）。

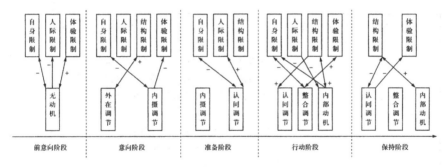

图 4-2

休闲体育行为的发展包括前意向阶段、意向阶段、准备阶段、行动阶段、保持阶段。在第一个阶段,人们不参加休闲体育活动,而且短时间内也没有参加活动的打算;在意向阶段,人们虽然没有真正参加休闲体育活动,但有了改变自己休闲行为的打算;在准备阶段,人们对休闲体育活动只是偶尔参加,或者是做了一些前期活动来为参加休闲体育活动做准备;在行动阶段,人们经常参加休闲体育活动,但持续时间较短;在保持阶段,人们经常参与休闲体育活动,并形成了休闲体育行为习惯。

在以上休闲体育行为发展的各个阶段,动机和限制因素各不相同,而且相互之间的关系也不同,具体见表4-2。

表 4-2 休闲体育行为发展阶段动机和限制因素的关系[1]

发展阶段	主要动机	动机与限制因素的相互关系与影响
前意向阶段	无动机	无动机与自身限制、体验限制、人际限制之间相互影响与作用; 无动机与自身限制是负向影响与作用; 无动机与体验限制之间是正向影响与作用; 无动机对人际限制有负向影响
意向阶段	外在调节 内摄调节	外在调节与结构限制之间相互影响作用,且正向; 内摄调节与自身限制之间相互影响作用,且负向; 内摄调节对体验限制有负向作用

① 邱亚君. 休闲体育行为发展阶段动机和限制因素研究[M]. 成都:四川大学出版社,2009.

续表

发展阶段	主要动机	动机与限制因素的相互关系与影响
准备阶段	内摄调节 认同调节	认同调节与自身限制、人际限制之间相互影响作用； 认同调节与自身限制之间的作用是负向； 认同调节与人际限制之间的作用是正向
行动阶段	认同调节 整合调节 内部动机	结构限制对认同调节有正向作用； 整合调节与自身限制、体验限制相互影响作用，整合调节和自身限制的作用为负向，整合调节和体验限制的作用为正向； 内部动机与结构限制相互影响作用，且两者的作用是正向； 内部动机对自身限制有负向作用； 人际限制对内部动机有负向作用
保持阶段	认同调节 整合调节 内部动机	认同调节与结构限制之间影响作用，且作用是负向； 认同调节对体验限制有负向作用； 内部动机与结构限制相互影响作用，且作用是正向

五、休闲体育行为发展阶段动机和限制之间的变通

倘若外部的奖赏和惩罚是影响行为的决定因素，那么人们的举止就像一个风向标，通过不时改变方向来遵从每时刻施加给自己的影响。事实上，人自我定向的能力是很强的，能够自己安排结果，控制自己的思想、情感和行为。社会认知论认为，个体具备自我调节机制，这是个体能够做出自我导向的改变，有能力影响自己行为的基础。因此，虽然在限制因素的影响下，个体参与享受休闲的程度会不同于原先，但个体还是会找到途径去参与和享受休闲。自我影响和外部影响的相互作用能够有效调节心理机能的发挥。

（一）自我调节的过程

人们给自己制定行为标准，用自己能够控制的奖赏或惩罚来加强、维护或改变自己行为的过程就是自我调节。[①] 自我调节系统存在的原因有以下四点。

---

① 邱亚君. 休闲体育行为发展阶段动机和限制因素研究[M]. 成都：四川大学出版社，2009.

第一,社会的影响。人们如果不坚持自我的标准并为之付出努力,可能会受到他人的负面影响。

第二,对现实情景的预测。人们会预测如果自己不努力实现目标会面临什么样的境遇。

第三,个人的得益。一个人可能从改变自己不良行为的过程中获得实际的好处。

第四,示范者的影响。看到他人的成功就会产生自律的动机和想法。

自我调节包括以下几个过程。

1. 自我观察

人们根据不同的活动中存在的不同衡量标准,对行为表现进行观察的过程就是所谓的自我观察。不同人对自己的行为进行观察时,侧重点会有所不同,在考虑自己价值观和活动功能的重要性的基础上,人们会有选择地关注自身行动的某些方面,而将一些无关的方面忽视。有学者认为,对于那些与自己固有观念一致的或自己需要的信息。大学生会选择性地接受,而对那些与自己固有观念相抵触或自己不感兴趣的信息,大学生就会有意识地回避。

自我观察有以下两个重要功能:

第一,提供必要的信息以确定符合现实的行为标准和评价正在进行变化的行为。

第二,通过加倍注意一个人的思维模式和行为,促进自我指导的发展。

人们在与环境发生交互作用的过程中,会注意到许多因素。人们可能会最密切地关注自己所做的事情或行为结果、周围发生的事情、他人的行为。如果他们想对自身行为施加影响的话,就必须清楚自己在干什么。因此,成功的自我调节部分地依赖于以下几个因素。

(1)时间上的近似性

及时进行自我观察能够提供大量信息。因此,当正在进行某一行为时,影响行为最好的方法就是及时自我观察,进行自我评价。周期性的自我观察只能提供部分信息,所以对于持续注意一个人的行为,产生的自我调节效果是很微弱的。高凤华等认为,在体育学习中,及时的自我观察和自我评价能帮助学生领悟学习的价值,了解自我;还能帮助学生不断地修正阶段性的学习结果,而使学习更趋目的,使学习变得更有意义和价值。

(2)反馈信息

如果一个人对自己是怎样行动不清楚,便无法唤醒评价性的自我反应。当行为进步的证据明显时,自我观察便可使行为反应加强。当行为进步的标志在某种程度上含糊时,自我观察的效果微乎其微。当行为进步并不特别显著或行为时常发生变化时,除非得到特别重视,否则对它们的注意并不会带来明显的好处。姜迪认为,在体育教学过程中,通过信息反馈,不仅可以让教师了解学生,找出问题,改进教学,还能使学生的正确技术得到强化,错误动作得到纠正,最终提高教学效果。

(3)动机水平

当人们渴望改变自己正在观察的行为时,更容易为自己定目标,在他们取得的进步上集中注意力,并进行自我评价,低的动机难以使人做有意识的观察行为。有动机的个体比没有动机的个体更可能提高自我观察的行为。如运动动机对学生的运动活动和锻炼行为起着动力和定向的作用,具体讲有发动、选择、强化和维持的功能,并对运动活动效果产生重要影响。

(4)行为的价值

自我观察同时也受行为的价值的影响。研究显示,同样的行为若被随意地指定为一个积极、消极和中性的价值,然后监控被试的行为表现,结果自我观察产生了有关行为期望的不同的模式:无价值行为减少了,有价值行为增加了,中性价值的行为基本上没有发生变化。当个体认为休闲体育活动是一种积极的休闲方式时,就会对此产生强烈的行为倾向。

(5)观察到的成功和失败

人们能否观察到自己的成功和失败直接影响行为变化程度。如果可以观察到自己的成功,便会提高行为变化的程度;如果更多的是关注失败,则行为基本上不会发生任何变化,甚至行为的表现成绩会降低。苏霍姆林斯基指出,只有在学习获得成功而产生鼓舞的地方,才会出现持久的学习兴趣。大学生在求知欲的基础上努力参与并取得技能进步时,所产生的成功的积极体验会使其更加关心此项体育活动。因此,要想使大学生的体育兴趣更加持久,就必须使他们获得成功的体验。在参与休闲体育活动中,体验到的成功与失败也会对个体的行为改变产生影响。自我观察不是简单的机械记录过程,它时常受自我判断和自我反应的影响。自我观察与自我调节的其他环节不可分离。

2. 自我判断

人们为自己的行为确立某个目标,以此来判断自己的行为与标准间差距并引起肯定的或否定的自我评价的过程就是自我判断。自我标准的建立是自我判断的核心,大多数行为是没有绝对的标准可以评价其行为的适应性的。当评价行为的适应性受到很大的限制时,一般通过与他人的比较进行评价。对比能力较低的人,会使自我评价提高,对比更有能力的人,则会将自我评价降低。而当某一行为的标准达到后,它不再具有挑战性,人们将寻找新的自我满足。人们在成功之后倾向于提高行为标准,而在遭到连续失败时则倾向于把行为标准降到与现实更接近的水平。

自我判断也会受到活动的价值和人如何归因这些因素的影响。对于对自己几乎没有意义的活动,人们并不关心。人们不会为了没有价值的活动付出努力。自我评价造成个人结果的只是那些影响个人幸福和自尊的领域。在行为归因过程中,当人们认为自己的能力和努力是成功的关键时,他们为自己取得的成绩而感到自豪。但当他们认为外部因素是自己成功的关键原因时,满足感就会降低。人们会责备自己的不适当行为。但是,如果因为不可控制的环境或因为自己不具备足够的能力而造成不适当行为,自卑感与内疚感就会降低。

体育教学中,高成就动机的学生会将练习取得的好成绩归因于自己的"能力"和高度"努力",将完成练习的成绩不理想归因于自己的"努力"不够;相反,低成就动机的学生,具有低能力感,认为自己不能很好地完成某一动作,会把不能很好地完成动作归因于自己运动"能力"弱。学生取得好成绩,一方面,可能会归因于内部的原因,如个人的能力、努力及教师的负责;另一方面,也可能归因于练习环境和心理环境,例如,有学生在投篮失败时会将其归因于篮架,有学生会认为"学校的场地设备缺乏"、"学习环境太差"等是导致自己体育成绩差的原因。

3. 自我反应

个人评价自我行为后产生的自我满足、自豪、自怨和自我批评等内心体验就是所谓的自我反应。自我反应是个人满足兴趣和自尊的发展的重要和持久的基础。完全符合行为标准的工作会促进个人有效感的形成,这会使人对活动的兴趣进一步增加,并产生自我满足感。如果没有活动标准,不评价活动,人们就会失去继续参与活动的积极性,感到无聊和仅仅满足于一时的外部刺激。过于严格的自我评价也会增加个人烦恼。

行为标准的建立既可以通过教诲,也可以通过示范。人们在观察他人如何评价自己行为的基础上,部分地学会了如何评价自己的行为。从大量的示范影响中选择哪种自我评价标准,受一系列因素的影响。榜样与观察者的能力是否一致就是因素之一。一般来讲,人们更喜欢选择与自己能力相仿的榜样作为标准。当自我满足以高成就为条件时,要想达到能给予奖赏的行为水平需要付出大量的时间和努力,因此,我们能够理解为什么人们不愿意设立太高的标准。尽管如此,人们依然会采用高标准,他们希望因此而受到称赞和夸奖,但如果对于没有太大意义的行为而自我满足,则会受到社会的责备。看到他人因高尚的行为而受到公众称赞,观察者便会积极效仿。

通过体育榜样能够直观地表现出体育的功能,能够促使学习者自觉提高自己的体育认知,并在此基础上确立适宜的锻炼动机;另外,在生活中,体育锻炼者健美的体魄、矫健的身姿和灵敏的动作会使人们想到体育锻炼,从而形成自己的锻炼价值观。而运动场上活跃的气氛,健身者的积极的竞技也会将更多的人吸引进来。

自我评价和自我反应在个体自我调节的过程中是具有决定性影响的两个环节。自我反馈系统是最独特的人类特征,因为它使个体能够对自身经验和思想进行反思和评价,从而对自己的思想和以后的行为做出改变。如果实际行为表现超过了自我设定的内部标准,那么个体将感到自我满足并将这一行为坚持下去,或在此基础上对更高的行为标准进行制定。如果实际行为表现与自我设定的内部目标还有一定的差距,个体就会因此而泄气、自责,或者在反省后对自己的行为表现做出纠正,重新设定标准。

（二）外部因素对自我调节的交互影响

社会认知论认为,自我生成的影响并不是行为的自动调节者,而是互为因果的三维系统的一个重要组成部分。人们用自我调节行为来塑造环境,环境又影响自我系统。

当人们的某种行为受到奖励,而自己认为该行为并没有太高的价值时,通常会产生冲突体验。如果外部奖赏的力量比个体对此行为的自我贬低的力量要低,外部影响的效果就非常不明显。如果某些行为过程带来的奖赏要比自责带来的苦恼多很多,结果就会是顺从。例如,虽然自己不喜欢休闲体育活动,但领导或同事希望你参加,你就会在权衡之后做出决定。

当个体因做出自认为很有价值的行为而受到惩罚时,个体和外部之间就产生了另一种冲突。假定惩罚后果很严重,当被惩罚的风险很大时,人们会对自认为值得鼓励的行为进行控制;但是当出现逃避惩罚的机会时,他们又会产生做出这些行为的倾向。例如,个体认为休闲体育活动很有价值,但因为忙于各种事情而没有休闲时间时,或者说参加休闲体育活动会对自己的家庭生活和工作产生影响时,个体就会相对对该行为进行控制;但如果可以合理安排时间,不会影响家庭与工作,就会尽可能利用闲暇时间参加休闲体育活动。

当外部奖励很少或不存在时,个体就必须自我鼓励,坚持自己的努力。为了坚持那些需要时间和努力的活动,人们对自己所做事情的价值必须充分相信,鼓励自己不能放弃,提醒自己不要太在意别人的看法。例如,刚参加体育活动会产生肌肉酸痛等现象,这会影响个体锻炼行为的持续,这时人们要进行自我激励,增强自己参与休闲体育的动机,坚持达到内部标准。

在体育教学中,通过心理激励,可以巧妙地形成一种兴奋好学的心理状态,从而诱发学生内部的自我效能感,促进学生学习效果的提高。

第三节　大学生休闲体育体验分析

一、大学生休闲的心理过程

大量的休闲者会因为休闲活动具有挑战性、创造性和审美性而参与其中。人们参加休闲活动的动机可能是积极的,也可能是消极的。积极动机包括审美动机、社交动机、竞技动机和求知动机等,消极动机包括避世动机、宣泄动机等。尽管人们参与休闲活动的动机千差万别,但在休闲过程中所经历的心理历程是相同的,如图4-3所示。

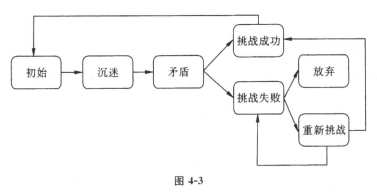

图 4-3

（一）初始期

大学生在刚接触或开始了解休闲活动的时期就是初始期,初始期也叫"认知期"。在这个时期,大学生开始通过各种渠道接触休闲活动,并在感官上尤其是视觉与听觉上受到休闲活动的冲击。此时,大学生在感观上对休闲活动有了　定的认识。初始阶段,大学生并没有全面了解休闲活动,只是感到新鲜和好奇,在这些心理作用下,大学生渴望深入了解休闲活动。

在参与休闲活动的过程中,大学生对活动的体验程度会不断加深,因此会产生一种兴奋感。这时,休闲活动对大学生的刺激上升到知觉和心理层面。可以说,在这一阶段,休闲活动对大学生的刺激经历了由表及里的过程。兴奋感的深浅程度决定了大学生迷恋休闲活动的程度,随着迷恋程度的加深,大学生的心态会发生转变,从而进入下一个心理过程。

（二）沉迷期

当休闲活动对大学生的刺激已上升到精神层面,成为大学生日常生活和学习中不可缺少的一部分时,就进入了沉迷期(迷恋期)。这一时期休闲活动在大学生的日常生活行程中占有重要地位,休闲与日常生活有了交叠。大学生积极从事休闲活动,甚至陷入其中而无法自拔,不关心周围的事物,周遭的事物渐渐淡化,成为衬托该休闲活动的背景。这时大学生有时会丧失部分理性,甚至不关心自己的生活、学习等事宜,在休闲活动方面会耗费大量的时间,会占用学习时间。

（三）矛盾期

随着休闲活动刺激阈值的提高,休闲活动已不能给大学生带来精神享受,或者因为休闲活动的难度和挑战性太高,大学生因此想要逃避的或者产生审美疲劳,这时就进入了矛盾期。大学生一旦厌倦休闲活动,就会考虑自己是否要放弃继续参与。

（四）转型期

在经历矛盾期后,大学生会对自己是否继续进行休闲活动而做出抉择,这时就进入了转型期(抉择期)。

有的大学生极为偏好自己的休闲活动,从而在余暇时间保持参与。随着休闲活动对感官刺激的不断变化,大学生对休闲活动的兴趣始终不减,回到休闲心理过程的第一个阶段,形成循环。若大学生对休闲活动挑战失败,有的会放弃继续参与,有的则会继续参与,重新开始挑战,挑战失败有可能就会选择放弃。例如,大学生在滑雪中,刚开始学难免总是摔倒,一旦能够在平地上平稳滑行,便会想要增加挑战难度,想在陡坡上滑行,但如果缺乏陡坡的刺激,那么大学生就会厌倦这项运动,从而放弃滑雪。但是,有了可以挑战的陡坡,大学生在挑战成功的情况下继而会接受新的挑战,若缺乏新的挑战,大学生同样会重新厌倦;反之,在挑战失败的情况下,同样也可能放弃。

二、休闲体验的相关概念

（一）体验

新版《现代汉语词典》这样解释"体验",通过实践来认识周围的事物;亲身经历。体验是对对象的经历,是从事某种活动的亲身感受。以现代心理学的视角来剖析,体验是指人们从亲身经历到实践到体会到理解最后上升到认知和感受的历程。以此而言,体验是一种"内部知觉"活动,既归属于行为范畴,也属于心理范畴,具有双重性。体验的过程既是经历从感觉到知觉的过程,也是经历注意、思维、情绪以及行为产生和变化的过程。

从哲学视角来看,"体验"一词来源于德语,早期体验与经历经常会混用,19世纪70年代,一些学者开始区分"体验"与"经历"。体验的历程涵盖了生命的内在联系,生命就是一场体验,而体验深深地成为整个生命体的一部分。每一种经验与自身的生命紧紧相连,渐进演化成生活的延续。

综上所述,"体验"是指通过对外界事物或情境的感觉所激发起的自我的内心知觉、体味。体验是生活中通过实践和亲身经历来认识事物的一种方法和手段。也可以说,体验就是经历,是源自主体对某种活动的亲身感受。而体验又与经验不同,体验建立在经验基础上,是被激活、被发展的经验。体验是一种动态的审美过程,伴随忘我境界,而经验是静态的。①

(二)休闲体验

从休闲学视角来看,休闲是永不停息的动态体验。休闲体验的动态性意味着不能预先计划休闲体验,一个人在一种动态过程中才能获得休闲这种情感体验。因此,体验是休闲过程的价值的体现,休闲活动如果离开情感体验,就会变得缺少意义和价值。在休闲的世界里,情感体验和过程本身受到了相同的尊重。一方面,是因为休闲过程的韵味蕴含着让人难以言喻而又举足轻重的意义,却不能通过行动、知识的理解进行诠释;另一方面,也是因为只有亲身经历、亲身体验,才能产生相应的情感。

本质上而言,休闲是个人对某个过程的体验和感知,休闲体验也是情感体验。从这种体验中可以将某些使休闲成为自由生活的因素提炼出来。所谓休闲体验就是指人们用一种个人化的方式来过一段时间,并体会整个过程中出现的可记忆的事件。休闲体验的后果是获得某种身心反应。不是所有的休闲活动都能给休闲者带来体验,休闲者在循规蹈矩的休闲中很难获得情感的体验。因此,形式不一的休闲活动才能使休闲者获得情感上的真实体验。

综上,我们认为,休闲体验指的是休闲主体以个性化的方式进行休闲以获得难忘的和值得回忆的某种经历。

① 谢卫. 休闲体育概论[M]. 成都:四川大学出版社,2014.

三、大学生休闲体育的体验方式

在技术革命的影响下,人们逐渐摆脱了繁重的体力劳动,但随着社会竞争压力的增加,人们依然在紧张的工作和快节奏的生活中忙得不可开交。每一单位时间都被主观或客观地安排好了,人们总是不停地在秒针上奔跑。因此,人们的生活呈现出对体育休闲活动的回归。大学生不仅学业压力大,而且还承担着巨大的就业压力,长期在压力状态下的大学生急需通过一种积极向上的休闲方式来获得解脱,而休闲体育活动正是这样一种能够帮助大学生缓解压力的休闲方式。

在人类社会中,休闲体验活动是有目的、有特殊作用和意义的一类活动,休闲体验具有一定的方式。休闲主体在自由时间里自愿从事和进行各种休闲体验活动的方法就是休闲体验方式。

随着大学生休闲意识的不断增强,他们对休闲体验活动愈来愈注重,因而产生了多种多样的休闲体验方式。

按照休闲体验的功能目的,可将休闲体验方式分为以下几种类型。

(一)体育健身类体验

体育健身是指人们在工作、学习之余展开的群众性体育活动,它是余暇生活的重要组成部分,在充满欢悦和谐的气氛中,人们可以不拘形式地通过各种身体活动达到强身健体、调节心理、享受人生乐趣、陶冶情操、激发生活热情、满足精神追求、培养高尚品德等目的。休闲运动具有轻松、愉悦、自由、积极等自然属性,它不仅可以满足人们的娱乐、享受需要,同时具有趣味性,不管是竞争性体育活动还是非竞争性体育活动,都很受大学生欢迎。

从古至今,无论是唐朝的马球、宋朝的蹴鞠、清朝的冰嬉还是现代的网球、冲浪、高尔夫、蹦极、滑翔等,体育健身活动的根本目的就是为了营造充满情调的生活氛围,增添生活的附加值,人们在愉悦的过程中缓解疲劳,恢复活力和生机。大学生在参与休闲活动的过程中,通过相应的竞争或创造性思考,暂时忘掉工作或学习中的烦恼,身心放松,平静心境,获得成就感与满足感。

体育健身可实现社会通话,提高大学生的人际交往能力和社会适应能力。体育健身能使大学生宣泄压抑的情绪,获得愉悦和畅快的体验。

(二)社交活动类体验

社交活动就是社会活动,其有广义和狭义之分。

广义的社交活动指与他人的接触、交流、沟通,这类活动没有空间限制,且时间限制也较小。

狭义的社交活动会受到时间、空间、人群关系、数量等因素的限制,如舞会、酒会、家庭聚会、新闻发布会等。在家庭、俱乐部、会所、餐厅、酒店、公园、酒吧等地,随处都能看到狭义的社交活动。

随着现代生活节奏的加快,上述列举的所有社交活动并非都具有休闲意义,如果举办酒会、舞会是为了促成合同顺利签订,举办书画展览、服装发布会是为了拍卖,举办电影首映等活动是为了促销,那么这些活动算不上真正的具有休闲意义的社交活动。具有休闲意义的社交活动指的是抛开社交功利性的活动,如大学生在余暇时朋友聚会闲谈;在博物馆中自由欣赏各种书画文物艺术品等。

(三)教育发展类体验

休闲娱乐与教育密切相关,在古希腊人的眼中,教育就是一种休闲,休闲也是受教育的一种方式。一些哲学家认为,休闲教育是个人受教育的一种基本形式。有人把休闲教育定义为广义的服务,重点是对各种与休闲相关的技能和知识进行传授。从这一点来看,受教育者的态度主要决定了教育的休闲性。也就是说,以考取高分、获取证书为目的的教育不是休闲教育。布莱特比尔也认为,休闲教育意味着应当尽早地让人参与家庭、学校和社区的休闲活动,帮助他们培养休闲技巧和休闲鉴赏力,而不是在教学的过程中,让受教育者单方面接受知识。在获得这种艺术的基础上,教育中的休闲才不会成为学习中的逃避,而是为教育灌注一种创造性,这样的教育才会促进人人格的完善和性的发展,才能使受教育者的学习需求得到满足。

教育的形式丰富多样。坐在课堂上被动接受讲授的知识,伏案埋头学习只是受教育中的一种普遍形式。大学生户外踏春郊游,参观博物馆、艺术馆等都可以说是在接受教育,在这些教育形式中,学生不仅获益匪浅,也能够放松自我。

(四)消遣娱乐类体验

消遣娱乐是用欢愉快乐的方式来度过空闲的时间。放松、恢复、表演、娱乐、工艺、艺术、竞赛、音乐、跳舞、戏剧、爱好、读书、户外活动、演讲、写作、志愿活动等是主要的消遣娱乐活动。休闲活动的形式和含义不拘一格,而消遣娱乐的形式则比较具体。人们的生活方式在工业革命后发生较大的改变,工作和休息的区分越来越明确。人需要靠工作来养家糊口,更需要休息来振奋精神,获得工作的精力与体力。因此,人们喜欢在休息时间参与消遣娱乐活动,使自己变得生机勃勃、充满活力。大学生在长期学习后必定会有疲倦感,于是想消遣娱乐,使自己放松下来,以便能够重新投入学习中。先学习然后消遣,然后再学习。

消遣娱乐与休闲有一些共同之处,两者之间的差异主要体现在活动范畴、目的和价值方面(表4-3)。

表 4-3　休闲与消遣娱乐对比

休闲	消遣娱乐
综合性活动范畴	限定性活动范畴
主要满足个人目的	主要满足社会目的
强调内在满足	强调身心重生和社会利益

(五)旅游观光类体验

学术界普遍将旅游定义为在余暇的时间离开常驻地所进行的观光活动。旅游的目的主要是开阔视野、增长见识,旅游的本质是轻松愉悦地出游。通常意义的旅游建立在时间和空间变化的基础上,并且要求旅游者有足够的余暇时间和可支配收入。旅游是一项集审美、愉悦、猎奇为一体的观光活动,而这种活动总是发生在异地,并且具有暂时性。休闲可以在任何时间和空间内进行,旅游只能在异地,这是旅游和休闲的主要区别。

根据休闲体验者的心态不同或是否带有功利因素的标准分类,体验方式也就有差异。同时,每一种休闲体验方式并非独立存在,不同休闲体验方式之间有重叠性。例如,社交性的体育运动主要表现为玩耍;消遣娱乐性的体育运动主要表现为游戏;教育中的艺术创作同消遣结合,则形成了大众文化等。

休闲的功能主要分为生理功能、精神功能、恢复功能、发展功能等几种,从这一分类出发,以上五种休闲体验方式各自处于不同的位置,如图 4-4所示。

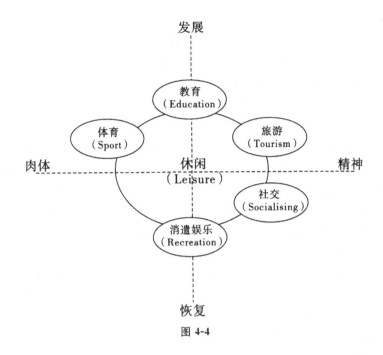

图 4-4

四、休闲体育体验质量的衡量标准——畅爽

(一)畅爽的概念

在休闲学中,畅爽这个概念相当关键。畅爽与陶醉类似,但二者又不同,后者强调客体对主体的影响,前者强调主体的自我实现。

很早以前,古人就清晰地了解和认识到了休闲所带来的心灵上的满足感,这主要从中西方的文学作品中反映出来,如西方的有《游戏的人》(赫伊津哈)、《幸福之路》(罗素),中国的有《诗经》(西周)、《论语》(春秋)、《逍遥游》(庄子)、《水经注》(北魏郦道元)、《永州八记》(唐代柳宗元)、《徐霞客游记》(明代徐霞客)。这些文学作品告诉我们,人们能够从休闲中获得快乐和富有创造力的体验。

美国芝加哥大学奇克森特米哈伊站在社会学、心理学及人类学的角度深入研究了休闲的创造性、产生休闲的动机和人性的发展。"畅爽"这个概念最早也是被他提出的,时间为 1975 年。奇克森特米哈伊这样描述畅爽体验:它是"一种感觉,当一个人的技能能够在一个有预定目标、有规则约束并且能够让行为者清楚地知道自己做得如何之好的行为系统中充分地应付随时到来的挑战时,就会产生这种感觉。这时,注意力高度集中,没有心思注意与此事无关的事,也不考虑别的问题。自我意识消失,甚至意识不到时间的存在。能让人获得这种体验的活动实在是让人陶醉,人们总想做这件事,不需要别的原因,也根本不考虑这件事会产生什么后果,即使有困难、有危险,人们也不在乎"。① 可见,奇克森特米哈伊提出的畅爽理论对休闲主体自我价值的实现有突出的强调,即人们休闲活动前或休闲活动中面临活动本身的挑战性和自身能力约束下所具有的一种心理状态。当参与者心中的目标与休闲的难度一致时,参与者与目标之间的距离在自己可见的范围,那么,参与者就萌生了"挑战"的想法,个人行为跟环境立即形成共鸣,自我意识被环境紧紧攫住,同时,环境也对个人意识的回应有一定的逼迫作用。

参与者要达到畅爽的休闲体验状态,本身要具备一定技巧,而且要参加具有一定难度的休闲活动,只有满足这两个条件,畅爽的体验才会油然而生。因此,畅爽理论也被称为"最佳体验理论"。

美国心理学家亚伯拉罕·马斯洛对奇克森特米哈伊的研究成果做了进一步深化,提出一种"高峰体验"或"高峰表现"的心理体验,即人在实现自我价值和追求人格完善的过程中会体验到一种超越时间和空间并与外部世界融为一体的极度兴奋的心灵满足感。② 这种"高峰体验"总是使人忘我,让人难以言喻。

畅爽理论一定程度上是马斯洛的需要层次理论的突破和补充。马斯洛的需要层次理论主张无论在什么文化背景下,只有先满足了较低层次需要,才会产生高一层的需要,也就是说人只有摆脱贫寒,衣食无忧,才会产生被爱与被尊重的需要,进而产生自我价值实现的需要。但畅爽理论指出,在低层次需要没有满足的前提下,也会获得畅爽感受。

综上所述,畅爽就是指人们在进行各种休闲活动或工作时产生的一种最佳体验,是人在进行自我实现时感受到的一种极度兴奋的喜悦之情。例如,参与者在休闲活动中全情投入,集中了自己所有的意识和精力,潜意识地将所有毫无关系的因素过滤掉,积极回馈休闲活动中的目标,主导休闲活动的环境。这样一来,参与者会不断参加这项休闲活动,反复体验这种畅爽感觉。

(二)畅爽形成的原因

休闲者是否能从休闲活动中感受到畅爽的感觉,直接决定了其休闲活动质量高低。从生理学角度来说,人的大脑中有一块特殊的区域,被称为

---

① 谢卫. 休闲体育概论[M]. 成都:四川大学出版社,2014.

② 同上.

"快感中心"。研究表明,当脑电流对这块区域产生刺激时,一种导致神经兴奋的烈性化学物质就会在大脑中产生,而且这种烈性化学物质比鸦片、海洛因和其他药品产生的刺激性程度都要强。这种生理麻醉剂的刺激使得脑电流连通的回路发生了改变,从而给人们带来兴奋或消极、快乐或痛苦的情绪。这种生理麻醉剂是人们能够在休闲活动中解脱自我,获得畅爽感觉的主要原因。

(三)畅爽的模型

1. 三段式模型

为了对休闲质量的高低进行更为明确的衡量,我们可以引入畅爽模型。学术界认为,界定畅爽的维度各不相同,但奇克森特米哈伊提出的挑战技能模型被广泛接受与认同。

奇克森特米哈伊首先提出了与畅爽有关的三段式模型。奇克森特米哈伊指出,休闲活动本身所具有的挑战性和休闲者自身的技能是获得畅爽感觉的基础。他把挑战中的高挑战和低技巧界定为焦虑,高技巧和低挑战界定为无聊,而把畅爽界定为介于无聊与焦虑之间的情感状态,这种状态令人着迷。即休闲者本身的技能必须与休闲活动的挑战相匹配,才能获得畅感(图 4-5)。

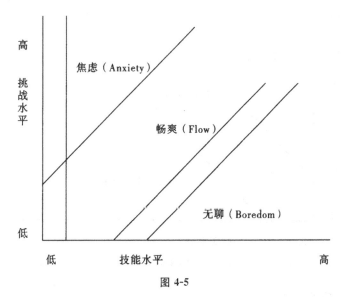

图 4-5

以上模型中,两条射线和横纵坐标轴组成的区域为人们获得畅爽感的有效范围,在这个范围内休闲者的技能和休闲活动的挑战性相匹配,也就是说休闲者可以征服活动本身的挑战性,但这个过程并不简单,要完成这个过程就需要休闲者克服一些困难。而其余的区域则分别表示焦虑和无聊。如果休闲者的技能水平无法与休闲活动的挑战性相匹配,此时就会产生焦虑感;如果休闲者的技能水平高于休闲活动的挑战性,虽然不会产生焦虑感,但畅爽的体验依然无法获得。

获得畅爽的体验是一个循环往复螺旋上升的动态过程。例如,对新手来说,冲浪无法在冲浪板上保持长时间平衡,所以长时间停留在海浪所形成的浪涛中更是不可能,因为缺乏这种技能,休闲者就会焦虑,从而产生对新技能学习、练习的动机,目的是掌握新技能。在不断的实践和挑战中周而复始出现无聊的情绪,接着再挑战,在不断提升技能的基础上获得更丰富、更深层次的畅爽体验。总之,只有当个人技能水平与休闲活动的挑战性水平相互匹配时,个人才能体验到畅爽的感觉。

需要注意的是,三段式畅爽模型中获得畅爽体验的假设是针对那些既不保守行事,也不激进找刺激的"中性人"而言的。所以三段式模型并不能完整讨论人们关于畅爽的体验。风险偏好度高的人选择的任务与活动的挑战性往往超越了个人技能水平,厌恶风险的人选择的任务与活动的挑战性往往低于个人技能水平。由此有人提出了补充三段式模型的四段式模型(图4-6)。

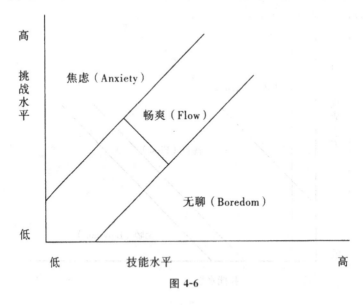

图 4-6

2. 四段式模型

研究发现,畅爽体验凝结了参与者个人的努力和经历。在休闲活动的高难度挑战与个体卓越的能力相匹配的基础上,个人全心投入休闲活动,才可能萌生畅爽体验,获得与平常不同的体验感受。因此,畅爽体验所对应的挑战水平和技能水平比其他体验感受对应的挑战与技能水平高。在这样的背景下学术界提出了四段式模型。

四段式模型指出,获得畅爽体验的基础在于高挑战和高体验,低技巧和低挑战只会使休闲者对休闲活动漠不关心、无动于衷。因此,保持挑战的难度与个体自身技能水平的一致性是参与者获得畅爽体验的根本保障。如果休闲活动挑战的难度超出了参与者个体的能力范围,个体就会产生焦虑感;而难度远远低于个人技能的范围,个体则厌倦休闲活动。

为了对畅爽体验进行更细致的研究,有关学者在四段式模型的基础上提出了九段式模型。在这个模型中,挑战水平和技能水平按照高、中、低的程度划分为三个层次,将这三个层次进行不同的组合得到了更加详细的体验感受。在高技能和高挑战性的共同作用下,休闲者才会有畅爽的体验;在挑战水平和技能水平适中的情况下,休闲者会感到满意;低技能和低水平的刺激下,休闲者产生麻木感。在挑战水平不变的情况下,随着挑战者技能水平的提高,其会依次产生麻木、放松、无聊的情绪;在挑战者技能不变的情况下,挑战水平的逐步提高会使其感到担忧、焦虑。

（四）畅爽理论在休闲质量评价中的运用

构建畅爽模型最重要的意义就是用该模型来评价人们的休闲质量。休闲的目的就是在余暇时间通过参与具有创造性价值的休闲活动,快乐地度过时光,实现身心的休息和恢复,自由的创造,获得纯粹的快乐,即获取畅爽体验。带着快乐的心态去参与休闲活动就是纯粹的快乐。尽管体验创造的价值感纯粹是一种主观的概念,但休闲活动会给休闲者带来纯粹的快乐则成为衡量休闲活动质量的标准。假使休闲活动可以给休闲者带来纯粹的快乐,那么就可以说这是高质量的休闲活动,反之则是低质量的休闲活动。充满乐趣的休闲活动,让人感觉轻松,使人获得消遣。休闲者必须自己乐意在休闲活动中付出热情才能从中获得愉快和满足感。休闲活动能使休闲者的心境变得安适和恬淡,如果休闲者为了其他目的如获胜而参与休闲活动,则休闲就被套上了其他因素的枷锁,休闲者不会在休闲活动中感到轻松与宁静。

畅爽模型的主观指标之所以可以作为衡量休闲和体验质量的重要标准,那是因为畅爽模型的研究对象是参与休闲活动的个人,而活动给人带来的感受,不管是积极的还是消极的,在模型中都能清晰地反映出来。当然,畅爽模型的主观指标也会出现在日常生活中。对于多数人来说,畅爽体验只是瞬间即逝的快乐感受,甚至很多人都不曾体会过。

(五)畅爽与游戏、体育的关系

不仅仅是休闲活动中存在畅爽体验,人的日常工作中也存在。畅爽是一种极端情绪,出现的概率较低。畅爽是矫正和治愈负面体验(无聊、焦虑等)的重要方法。从这个意义上说,畅爽可以促进创造性活动。在纳什的休闲层次理论中也提到,休闲活动的创造性和休闲性越高,被赋予的值就越高。关键是参与这些创造性活动的个人追求的不是名利,而是获得快乐和扩展兴趣。因此,学者在畅爽理论研究中,多从参与各种休闲活动的人群中进行样本采样。

下面主要谈谈畅爽与游戏和体育的关系。

1. 畅爽与游戏

游戏是人创造的为平衡现实和理想的冲突所构建的一种理想世界,而人对于自己创造的世界总是欣赏的,并且能够在其中得到快乐和愉悦的体验。游戏既是儿童的专利,也是成年人休闲的天堂。根据畅爽模型来看,激发畅爽体验需要有一种刺激,而这种刺激来源于休闲活动的挑战性和参与者的技能。

以网络游戏的盛行来说,尽管网络游戏具有消极影响,但是这种虚拟世界能够带给人难以言喻的享受。首先,相对于现实世界来说,网络游戏是一个人为架空的世界。在这个世界里,参与者可以选择不同角色,他们所选的角色往往是自己理想中的形象,可以与现实生活中的身份相同,也可以完全不同。游戏里的角色拥有很多超自然的能力。游戏中的道具、任务、奖励、人际关系等因素让这个源自现实生活,貌似又脱离生活的世界对人们产生巨大的吸引力。这样的元素就可以成为激发畅爽的刺激因素。游戏的音乐、背景画面、人物造型等元素都会给参与者带来审美意义上的享受,所以人们难以抗拒游戏。

2. 畅爽与体育

体育是游戏表现的一种特殊形式,体育是游戏性的身体活动以及建立在这些身体活动之上的其他社会关系和社会活动,体育作用于人自身并导致其产生积极性的变化。不管是竞争性体育活动还是非竞争性体育活动,都具有挑战性,不管是对参与者来说,还是对观看者来说,这种挑战性都存在着刺激感,从而让他们在刺激中体验畅爽。

第五章　休闲体育文化与休闲体育产业发展研究

随着体育产业化发展,人们生活水平的提高和闲暇时间的增加,休闲体育得到了快速发展,并形成了相应的休闲体育文化,同时休闲体育产业也获得了相应的发展。本章就休闲体育文化与休闲体育产业发展进行研究,内容包括休闲体育文化内涵与体系构建、休闲体育教育、休闲体育经营与管理、休闲体育市场营销。

第一节　休闲体育文化内涵与体系构建

一、休闲体育文化内涵

(一)休闲体育文化的概念

"休闲体育文化是人们通过体育运动的方式,在休闲的实践过程中创造并共同享有的、关于这一社会现象的物质实体、价值观念、制度规范及其行为方式的总和。"

从上述对休闲体育文化的界定来看,这一定义主要是从文化的视角进行切入,即将休闲体育作为社会中的一种文化现象来看待,这一文化现象是休闲文化与体育文化的综合。体育文化与休闲文化的内涵都能够通过休闲体育文化表现出来。物质实体、价值观念、制度规范和行为方式等方面的因素是建构休闲体育文化这一表现方式的主要内容。休闲体育文化也正是由这些建构因素综合而成。

(二)休闲体育文化的主要层面

休闲体育文化的层面主要包括物化层面、价值观念层面以及制度规范层面。下面做具体阐述。

1. 物化层面

休闲体育文化的物化层面,其内容非常丰富,主要包括以下两个方面。

(1)人造物

所谓人造物是指,为了确保体育活动得以顺利开展,人们所建构的场地、器材、硬件设施等。对人造物的命名主要是以其功能与作用为依据,如球场、体育馆、球杆、球拍、球等。

(2)自然物

所谓自然物是指经过改造之后的自然物,并不是纯自然物。改造自然物主要是为了更好地使参与体育活动的需要得到满足。常见的自然物有滑雪场、高尔夫球场、游泳池、漂流场等。

体育的形成离不开人类运动本能,同时也需要经过社会化改造,体育是由二者而成。在人类的社会实践活动中,文化的物化形态通过体育这一方式被完美地体现出来。人们在参与休闲体育运动的过程中,在自然世界和人造世界中对自己的有机体进行改造,从而对物态文化的成果加以体验与享受。与此同时,人们在参与过程中也在对体育物态文化进行改造。

2. 价值观念层面

在休闲体育文化价值观念层面中,其主要内容包括人们的休闲观念与体育观念。人们在对休闲体育的功能和作用进行了解和认识的同时,对休闲体育的价值也进行了相应的理解。

对于休闲体育文化价值观念层面的内容,主要从以下三个方面加以阐述。

首先,人们参与休闲体育活动,是将自己对体育的态度与看法通过实际行动表现出来的主要方式。人们如何看待体育的意义、价值及功能能够通过直接参与的行为反映出来。

其次,人们通过参与休闲体育,能够表现出自己对不同休闲方式的倾向性。

最后,人们在参与休闲活动的过程中,不仅能够使自己对体育的了解不断加深,而且能够充分发挥自身的主观能动性,对休闲体育的价值体系进行积极的挖掘与构建,从而使休闲体育的功能不断得到强化与发展。

3. 制度规范层面

社会的制度规范体系的特点,也能够通过休闲体育多角度地表现出来,具体如下：

（1）通过休闲体育文化能够将社会对人们的行为的评判倾向、社会对余暇时间的规定以及社会劳动生产制度和社会发展的水平等体现出来。

（2）社会中每个公民对休闲体育的参与都必须履行一定的准则，体育法律便是公民这一休闲行为的最高法律规范准则，同时体育法律也可以保护公民的参与权利。

（3）为了更好地保障人们参与共同活动的权利，各个休闲体育活动项目都具有自身统一活动方式和规则要求，这样能够对人们的参与行为更好地加以规范。

（4）很久以前，人们就在休闲活动中融入了体育活动这一运动性的休闲方式。在每个人看来，体育活动本身就是一种行动，这一行动主要包括的内容有以下两点：

第一，能够体现出人的自然属性，也就是活，以人的特殊方式来参与运动并能够使人的本能需求得到满足。

第二，休闲活动的运动方法大都已经经过了社会化处理，人们能够通过参与其中来满足自身的其他社会需求。所以说，休闲体育文化是一种社会文化现象。与此同时，人们在闲暇时间参与不同的休闲活动正体现了其价值倾向。

二、休闲体育文化体系的构建

休闲体育文化是休闲文化和体育文化的复合体，主要体现在以下两个方面。

第一，休闲体育是人们以休闲的意识、观念、态度和情感去参与体育活动的一种社会现象。

第二，在众多的活动方式中，人们自愿选择了体育活动作为休闲方式，并在活动中体验和满足其身心的需求。

因此，休闲体育文化是一种特殊的文化形态，它是建立在休闲文化和体育文化两种文化维度基础之上的，具有复合特征和交叉特征。如图 5-1 所示，是体育文化体系的基本构建。

休闲体育文化包含在体育文化和休闲文化之中，换句话说，就是休闲体育文化是一种交叉或复合的文化，其内容来源主要分为两部分，即体育文化和休闲文化。如果将休闲体育文化视为一个整体，那么它的内容结构依然涵盖了文化的四个层面，即物质层面、价值层面、制度层面和行为层面。或者说，作为一个子系统，休闲体育文化应该完全具有与文化母系统同样的结构成分。休闲体育具有健康、经济、教育、人文及促进人的全面发展等价值功能,与现代和谐社会的发展形成了非常紧密的联系。

图 5-1

在当前和谐社会发展中,为了促使休闲体育文化的作用得以继续积极发挥,并加强休闲体育文化的教育,需要采取一些相应的强有力措施,具体如下。

（一）积极开展相关的休闲体育教育

1. 加强休闲体育教育

要充分认识休闲体育教育的社会和个体的价值和意义,尽快将休闲体育教育列入国家和学校教育规划和议程。做到有组织、有计划、有目标地培养学生的休闲态度、行为习惯和价值观,这也是推进素质教育、落实全民健身计划、促进人的全面发展的必然要求。

在学校开设休闲课程,有利于培养学生终身休闲的意识和习惯。以学校为主要活动场所,以学生为主要对象,通过有效利用学校体育场馆设施开展体育活动是责、权、利明确的可持续发展休闲体育模式,是开展全民健身活动,推广终身体育极佳的形式。

2. 培养休闲体育相关人才

通过休闲体育教育,积极培养符合时代发展的休闲体育的专家和休闲经营人才。另外,为了保证休闲体育的科学性,还可以建立休闲体育的相关咨询机构,培养大量的休闲体育指导人员。

（二）组建休闲体育专门组织管理机构

1. 加强体育骨干队伍建设

进一步加强社会休闲体育指导员建设,应主要从以下几个方面进行。

(1)加强社会对休闲体育指导员和休闲体育骨干的培训和使用。

(2)不断提高他们的业务素质和服务能力。

(3)努力发挥他们的中间力量作用。

(4)加强和完善体制检测工作,建立一套科学合理的体质评价系统。

2. 建立相关专门组织管理机构

要发展休闲体育还需要建立一套完善的组织管理机构,从国家到省、市、县要专门设立分管群体工作的部门,再由这些部门组建群众体育协会、体育指导中心、俱乐部,形成广泛的大众体育社会管理网络,有效地组织、指导群众进行科学的健身活动,特别是老年人口的体育工作,是发展休闲体育的重要因素。

(三)正确积极引导人们休闲体育消费意识

1. 积极培养消费主体

引导人们形成正确的休闲体育消费观念,完善休闲体育设施的建设,提供丰富多彩的不同层次的休闲体育服务。为了满足不同消费者的需求,还应根据消费者不同的年龄、职业、收入和兴趣爱好,开发出多类型、多层次的休闲体育消费品市场,从而达到积极引导消费,激发消费者购买体育服务欲望的目的。

2. 加大对休闲体育的宣传力度

作为群众体育的基础,休闲体育是文明、科学、健康生活方式的组成部分。发展休闲体育与我国全民体质的增强,健康水平的提高和生活质量的改善都有着密不可分的关系。因此,各级政府部门要加大对休闲体育的宣传力度,利用各种传媒进行宣传,通过宣传,引导、强化广大群众的休闲体育消费意识,提高参与休闲体育的积极性。增强全民的健身意识,使休闲体育步入一个良好的舆论环境。

(四)对休闲体育消费和服务体系进行加强和完善

1. 制定休闲体育的消费标准

有关部门应制定相应的休闲体育市场管理法规及行业指导价格,其主要体现在以下两个方面。

(1)规范休闲体育市场经营行为。

(2)制定合理消费价格。

2. 完善休闲体育的服务体系

积极完善休闲体育的服务体系,这就要求休闲体育经营者必须从以下几个方面出发。

(1)树立正确的观念,包括"市场营销"、"市场导向"等观念。

(2)从市场现实和潜在的需求出发,加强对休闲体育市场的调查、研究和预测。

(3)重视经营体育外围产业,同时要积极开发和经营一些以服务为主的体育外围产业,如观赏体育、体育知识技能培训以及集休闲、健身、娱乐、商务等于一身的各种俱乐部,以满足大众休闲体育需要。

3. 努力实现体育服务均等化

实现体育均等化服务,能有效缩短发达地区与欠发达地区的休闲体育差距。努力实现体育均等化服务需要从以下两个方面进行。

(1)各级政府应扩大公共财政覆盖农村体育的范围,增加对农村体育的投入力度。

(2)要组织发达地区,采取相关措施,如对口支援、社会捐助等帮助中西部欠发达地区和东北老区发展群众体育事业,以达到逐步缩小发达地区和欠发达地区体育差距的目的。

(五)积极开发和拓展休闲体育市场

1. 重视休闲体育消费的大众化、普及化

休闲体育市场的建立可以刺激人们对体育的需要,人们对体育的需要更能促进休闲体育市场的形成和发展。因此,休闲体育市场与人们的体育需要是密切相关的。由于传统文化的积累,未来的休闲体育消费主流必然是大众型的,因此,休闲体育的主要标志应该是大众的、普及的。为了更好地发展我国的休闲体育产业,一定要注意以下两个方面。

(1)在经营休闲体育项目的选择上,一定要重视大众的消费需求和认同在经营上的重要性。

(2)在经营理念上一定要以人为本,结合实际情况和消费文化,从大众的消费需求和消费条件出发。

2. 转变休闲体育产业经营机制

引导、强化休闲体育市场意识,积极开发休闲体育市场,以达到使大部分体育场馆由事业型向经营型转变,由计划机制向市场机制转变的目标,其

具体做法如下。

(1)对一些已具备条件的体育场馆应逐步实行企业化经营或转变为自主经营。

(2)借鉴西方国家先进经验,构建适应我国国情的、提供休闲体育产品和服务的组织、管理体系和运作机制。

(3)积极促进休闲体育产业在中国的发展,其主要手段包括促进观念更新、制度创新、企业组织创新、产业布局创新和行业管理创新等。

3. 积极开发户外休闲体育项目

在很大程度上,休闲体育的体验质量取决于环境条件。因此,休闲体育的服务机构要把对环境的保护和改善作为首要任务。我国蕴藏着丰富的户外运动资源,利用这些资源可以大力开展陆域、水域、空域多种休闲体育项目。但是,值得注意的是,在大力开展户外休闲项目的同时一定要倡导"生态休闲"的理念,也就是说,为了达到促进社会与人类的可持续发展的目的,人们在进行休闲体育活动时要尽量避免对自然环境的破坏。

(六)增加休闲体育资金投入渠道

不论是休闲体育的发展,还是休闲体育文化的建构,都需要一定的资金投入。对休闲体育的资金投入,离不开国家相关部门的支持和人民群众的支持。

1. 国家相关部门的支持

资金短缺一直是困扰各级政府部门引导和开展群众体育活动的难题。因此,政府部门应对群众体育活动增加财政拨款并形成制度,以用于扩建体育场馆和辅助设施等。

2. 人民群众的支持

对于休闲体育资金的投入,光靠国家财政拨款是不可行的,还需要人们的共同努力。首先,需要相关部门积极引导和鼓励依靠社会力量对群众体育进行赞助;其次,要积极促进国民花钱买健康的思想观念的形成;最后,在国家、社会、个人共同出资出力的条件下,需要人们共同努力做好利国利民的大事。

第二节　休闲体育教育

一、我国休闲体育教育的发展现状

（一）发展较晚，以高校教育最为集中

虽然休闲体育文化在我国有着非常悠久的历史，但在教育方面却开展得比较晚。直到 21 世纪，我国部分高校才开始陆续设置休闲体育相关专业，并且中小学并没有就这一方面开展相应的教育工作。

当前，我国休闲体育市场不断发展，对相关人才的需求量也在日益增加，这就要求高校设置体育休闲相关专业来培养高素质的人才。目前来看，我国高校的休闲体育专业比较重视对学生的休闲体育经营、开发、策划等能力进行培养，在课程设置上不仅对基础技术类课程（高尔夫球、攀岩等）进行了开设，还对游憩娱乐类、资源管理类、服务营销类等相关课程进行了设置，以此来对休闲体育的经营管理人才进行培养。现在，休闲体育专业毕业生的月薪平均在 8 000 左右，且有上升趋势。我国部分高校对休闲体育专业的设置情况具体见表 5-1。

表 5-1　我国部分高校设置体育休闲娱乐专业（方向）的情况①

高校名称	院系与专业（方向）名称	培养层次
北京体育大学	管理学院公共事业管理专业（休闲体育管理方向）、高尔夫球管理方向	本科
中山大学	旅游与休闲学系（运动与休闲管理方向）	本科
暨南大学深圳旅游学院	旅游管理系高尔夫与休闲管理专业	本科
四川旅游学院	运动与休闲系体育服务与管理（体育旅游方向）、社会体育（休闲运动教育与管理方向）	专科

---

① 张德胜，黄启龙．我国休闲体育教育的现状及发展趋势［J］．体育科研，2007（06）.

续表

高校名称	院系与专业(方向)名称	培养层次
广东商学院	旅游与环境学院(休闲与体育旅游方向)	研究生
深圳旅游学院	旅游管理专业(高尔夫与休闲管理方向)	本科
广东海洋大学	体育系社会体育专业(滨海体育休闲方向)	本科
华南师范大学	体育运动与休闲系社会体育专业(运动与休闲经营方向)	本科
	体育人文社会学(体育休闲娱乐方向)	硕士、博士
武汉体育学院	休闲与体育管理系	本科
广州体育学院	休闲与体育管理系	本科
南京体育学院	体育健身与休闲专业、高尔夫球运动专业	专科
……	……	

（二）观念相对较为落后

对于体育来说，其本质功能就是增强体质，一直以来，对于体育活动效果的评价都是以此作为标准的，并将其视为是体育的终极目标和目的。事实上，把体育效果当作体育目的是对体育的一种误解，也正因为这种误解，才使得一些狭义的体育理论不断出现，狭义的体育理论对体育的进步与发展造成了严重的影响。

21世纪是知识经济和信息时代，体育的劳动性在这一新时代中逐渐弱化，但在改善人类生活方式，促进人类健康，提高人类健康幸福指数方面的功能正在不断增强。所以，现代体育改革的重点是摆脱传统的身心对立的体育观，树立身心统一的人文体育观。

（三）理论研究比较薄弱，教育实践比较落后

与休闲体育及其教育相关的专著、学术论文从20世纪末才开始陆续在我国出现，并且研究全面、深入且有创新性的论文与专著目前还很少。高校也是在21世纪初才开设体育休闲专业的，休闲体育教育学术研究的薄弱、教育实践的落后与当前我国休闲运动的发展水平形成了明显的反差。

（四）休闲体育教育师资力量薄弱

在休闲体育教育开展方面，我国的开展时间相对较短，即便是在开展这

一专业及相关专业的学校之中,也大都是从社会体育逐渐衍生出来的,所以在高校中这一专业的师资队伍还不够壮大,并且整体的师资水平也需要得到进一步提高。

（五）体育运动场馆设施不够充足,没有充分利用自然条件

在开展和实施休闲体育教育方面,应遵循因地制宜的原则。就目前来说,我国高校休闲体育教学基本上都是在体育场馆中进行的,这就使得学校现有的体育场馆资源变得非常紧张,使得需求增加同场馆设施缺乏之间形成一种矛盾。与此同时,我国在开展休闲体育教育的过程中,一些优越的自然环境与条件没有得到充分的利用,如空气、阳光、江河湖海、田野、森林、山地、草原等,人们忽略了这些条件在休闲体育教育方面的重要性。事实上,利用这些自然资源是可以对多种休闲运动进行开展的。

（六）缺乏专业人才,从业人员素质差异大

在对休闲体育教育进行开展的过程中,我国既培养休闲经营人才,同时也培养休闲体育的研究人才。通过培养休闲经营人才,能够更好地促进休闲体育产业的不断发展,并使体育专业学生的就业问题得到切实解决,也能够很好地缓解休闲体育的"贵族化"问题。通过培养相关的研究人才,推动休闲体育学术研究的发展,而学术研究成果对实践具有一定的指导价值,能够对人们的休闲体育活动进行科学的指导,从而促进人们生活品位和生活质量的提升。

据调查发现,现在我国参与健身休闲俱乐部的人很少,仅占到总人口的2%左右的比例,而且经营管理休闲体育俱乐部的专业人才也不多。东南部经济发达地区的休闲体育企业虽然比较多,但相关从业人员的素质整体较低。

（七）地区分布不够均衡

休闲体育教育的不断发展同社会经济发展水平、人们的消费观念、消费支出结构等存在着非常紧密的关系。我国当前的经济发展水平、消费水平和消费观念都存在着地区不平衡现象,这也造成了休闲体育以及相关教育在地区分布方面不平衡。目前,长江三角洲、珠江三角洲、环渤海地区的高校是开展休闲体育教育的主要集中地,这些地区的人们休闲意识比较强,参与休闲体育活动的人比较多,休闲体育产业发展良好,因而对休闲体育专业人才的需求量也比较大,高校通过开展休闲体育教育来培养该方面的专业人才,能够促进这些地区休闲体育事业的进一步发展。

二、我国休闲体育教育的发展对策

（一）将休闲体育教学的开展作为实施全民健身计划的重要途径

"全民健身计划"针对的是全体国民，重点针对的是儿童、青少年，在各个地区、各个人群中有步骤地实施全民健身计划，有利于促进国民素质和健康水平的提高，推动我国物质文明与精神文明建设，促进国家和中华民族的繁荣发展，而且对子孙后代也具有积极而深远的影响。

如何动员更多人的参与健身活动，通过采用什么样的方式才能促进计划目标得以真正实现，是我国当前实施全民健身计划所需要重点考虑的内容。在教育改革的背景下，通过休闲体育教育来实施健身计划、实现计划目标无疑是一个有效的方法。全民健身计划目标需要人们持之以恒地参与健身活动才能实现，而人们只有体会到了活动的乐趣才会坚持参与其中。人们怎样才能体会到活动的乐趣，这主要取决于两方面，即活动内容的趣味性和活动的气氛。休闲体育教育能够帮助人们树立休闲意识，引导人们深入体会活动的乐趣，从而使人们坚持不懈地参与健身活动。

（二）进行观念更新，并树立科学的休闲观

对于任何人而言，休闲都是一种充分而完整的人生享受，其对于丰富生活，提高生命的意义具有积极的作用。关于闲暇时间给人带来的积极影响，马克思做了深刻的论述，他指出，节约劳动时间就相当于增加自由时间，即增加个人充分发展自我的时间，而个人的充分发展是最大的生产力，其对劳动生产力的提高又会产生积极的作用。可见，马克思不但对劳动时间的节约十分重视，而且对闲暇时间的价值也给予了高度的重视。对于每个人来说，闲暇都是一生中的宝贵财富，促进个人的充分发展，进而推动社会的进步与发展是这一财富的价值体现。

（二）社会、家庭、学校三方之间进行积极互动

资源共享已成为全球化时代的一个普遍现象，这也能在教育领域之中得以体现出来。高校体育教育同大众体育之间存在着非常紧密的联系，高校应当仅仅抓住这一机遇和社会、家庭进行积极互动，从而更好地实现资源优势互补。例如，在场地设施上，学校一方面可以向外界开放体育硬件设施，为各种青少年、中老年运动休闲比赛的举办提供物质支持，还可以通过

社会赞助的途径来筹集资金,对各种培训班与俱乐部进行组织,从而对学生及周边社区居民的健康与休闲意识进行培养;另一方面,学校可以将街道、公园等公共健身场所和自然资源充分利用起来,从而为学生提供良好的运动休闲环境。

（四）加强学术方面的研究

很久以前,西方国家便开始对休闲及休闲体育进行研究,并获得了非常丰富的研究成果。相对于西方国家来说,我国在休闲体育及相关教育研究方面仍然处在起步阶段,还需要大量的科研人员不断努力,加大研究力度。我们可以对相应的研究机构进行设立,对休闲体育研究刊物进行创办,对实用性的教材或读物进行编写,并对休闲体育用品进行开发和研制,以此来促进休闲体育及其教育的健康发展。

第三节　休闲体育经营与管理

休闲体育产业包含了很多不同的领域,如体育健身休闲产业、体育旅游产业、体育俱乐部,等等,对于休闲体育的经营与管理,本节主要就体育健身休闲产业和体育旅游产业的经营与管理进行论述。

一、体育健身休闲产业的经营与管理

（一）体育健身休闲产业的经营

1. 体育健身休闲项目经营

随着人民生活水平的不断提高和居民收入的增加,体育健身休闲产业作为一种新型产业开始出现。目前,体育健身休闲市场正处于蓬勃发展的阶段。经过对我国健身俱乐部的调查显示,现阶段我国体育健身休闲主要经营的项目有器械健身、体育舞蹈、保龄球、网球、台球、羽毛球、乒乓球、健身气功、游泳、跆拳道以及健美运动等。[①]

从上述这些主要经营项目来看,健身体育的所有内容基本上都被包含在其中了。体育健身休闲市场健身项目的全面性能够从这一主要经营范围

---

① 李万来.体育经营管理概论[M].北京:人民体育出版社,2006.

中反映出来,体育健身休闲产业经营项目全方位发展的总体态势也能够从这些经营项目中体现出来。

经营项目需要配备一定的设施才能顺利开展。现阶段,体育健身休闲市场的设施能够基本满足经营项目的需要,大体而言,设施的配置程度与经营项目是相适应的。

2. 健身休闲服务设施经营

在体育健身休闲产业的健身休闲设施经营中,健身休闲活动的基本服务是必须开展与提供的。除此之外,还要对整体观念加以树立,从整体的视角出发,加强对其他不同类型的健身服务的提供,这些健身服务必须是健身休闲消费者或参加者所需要的,而且是得到广泛认可的服务。充分地发挥健身休闲设施所具备的各种功能是健身休闲服务设施经营的核心。所以,在体育健身休闲产业的经营中,将计划服务、环境服务等设施中的构成条件纳入最基本的服务中,可见计划与环境服务已经受到了高度的重视。

为了促进健身休闲基本服务效果的不断提高,在对健身休闲服务的范围进行规范与确立的过程中,经营者要将一些延伸服务(健身教练的素质、收费、接待、附属设施等以外的)与消费者或参加者心理方面的服务(设施的形象、舒适度、沟通等)考虑在内。从这个角度而言,健身休闲设施经营的发展会直接受到健身休闲设施中的服务构成的影响,甚至是决定性的影响。

(二)体育健身休闲产业的管理

1. 物资管理

在物资管理方面,主要有以下三个程序。

(1)购发物资用品。

(2)各部门负责人向总经理提交本部门所需要的物资用品制定计划。

(3)总经理对相关负责人进行指定,使其计划并预算每月物资用品,主管副总经理审批预算与计划后,总经理指定的负责人采购物资用品,然后以实际工作需要为依据将物资用品有计划地分发给各个部门,各部门负责人签字领取物资用品。[①]

在对物资用品进行采购与分发的过程中,总经理指定的负责人需要做到以下几个基本要求,即物资品种丰富、用品齐全、数量充足、质量高、开支、库存合理、保管妥当。同时,负责人还要准备一个账本,做好相应的入库和

---

① 李万来. 体育经营管理概论[M]. 北京:人民体育出版社,2006.

出库手续的相关工作。在对物资用品进行管理时,管理者要注意整洁、注意安全,并严格遵照相关规章制度办事,非工作人员在进入库房时要获得允许。

2. 行政管理

将内部关系处理好,使各项管理达到标准化与制度化,促进办事效率的提高是促进体育健身休闲产业行政管理不断加强的主要目的。印鉴管理、档案管理、公文管理、库房管理、报刊及邮发管理、办公用品管理等是行政管理的主要内容[①]。

3. 计划管理

(1)制定计划的依据

制定休闲健身体育企业的经营计划时,需要采取的主要方法与遵循的基本要求是统一领导,分工负责与综合平衡。

体育健身休闲产业经营计划得以制定的主要依据包括以下几个方面。

①宏观经济环境(国家及所在地区)。

②市场预测及需求状况。

③企业经营方针和经营目标。

(2)计划制定的程序

在制定体育健身休闲产业的经营计划时,大致程序主要有以下几个。

①了解和明确体育健身休闲企业所存在的价值,除了要以获利作为目的之外,还要对企业对社会所需要承担的责任进行认识,并认识所要付出的贡献,要采取措施促进员工生活水平的提高与收入的增加,给消费者提供更好更全面的服务。

②了解和分析体育健身休闲企业所存在的优势和不足,并采取相应的措施进行有针对性的弥补,并发挥优势。

③对企业周边外部环境的变化进行全面的了解,需要了解的周边环境主要包括消费者消费习惯的改变,政府相关法律法规的制定与变迁等。

④制定明确的企业发展目标和相关方针,同时尽可能地使目标能够数量化。

⑤探索可能的计划执行方案。

⑥对制定的计划方案进行严格贯彻和执行。

⑦评价企业发展的成果,改进不足之处。

---

① 李万来. 体育经营管理概论[M]. 北京:人民体育出版社,2006.

4. 财务管理

重要财务管理计划的制定是财务管理的主要内容,主要包括收支计划、资金调度与周转计划等。收支计划是财务管理计划中最为重要的一项计划,它分为两方面,即收入计划和支出计划。

体育健身休闲企业的管理人员只有对财务计划进行有效的制定与掌握,从数字上对企业的实际运作状态进行明确的了解,才能更好地加强对企业财务的管理,提高管理效率与效果。

5. 服务管理

对于体育健身休闲服务,消费者的满意程度主要通过服务质量来进行衡量,也就是体育休闲健身所提供的服务是否与消费者的期望相符合。服务质量的内容主要包括服务时间、服务设施的保养与维护、服务者的态度等。

在管理服务质量的过程中,体育健身休闲企业必须以顾客的需求为根据,深入调查顾客的满意度,对全面的新的服务加以开发。为了更好地提高体育健身休闲机构服务质量,基本上能够满足不同类型消费者的消费需求,留住消费者,服务机构必须从专业的角度培训服务人员,促进服务人员专业技能的不断提高,以教育、技术以及质量等为依据对服务人员进行严格挑选,对服务人员对业务进行接洽的服务质量与绩效进行充分的了解。

二、体育旅游产业的经营与管理

(一)体育旅游概述

1. 体育旅游的概念

所谓体育旅游是指,以欣赏、观看和参与各类体育活动作为目的的旅游游览活动。[1]

作为一个新型产业,体育旅游是体育与旅游相结合而产生的。自从改革开放之后,体育旅游业随着我国旅游业的发展而得到了良好发展。

体育旅游业是国家旅游业中的一个重要的组成部分,体育旅游兴起的基本条件是体育资源和体育设施,其主要提供的商品形式是体育旅游商品

---

[1]　钟天朗. 体育经营管理:理论与实务[M]. 上海:复旦大学出版社,2004.

与服务。

2. 体育旅游的要素

体育旅游的开展必须要具备三大要素,包括体育旅游资源、体育旅游设施和体育旅游服务。具体阐述如下。

(1)体育旅游资源

能够将消费者的体育旅游动机激发出来,能够运用于体育旅游产业的经营管理活动中,并能够通过这一方式创造经济价值的各种因素和条件就是所谓的体育旅游资源。体育旅游产业生存与发展的基本条件与要素就是体育旅游资源。我国有着十分丰富的体育旅游资源,具体分为自然体育旅游资源、人文体育旅游资源以及可开发的体育旅游资源三类。

(2)体育旅游设施

为接待体育旅游消费者而建设和提供的所有物质设备总称为"体育旅游设施"。体育旅游设施有以下两种类型。

①由宾馆、交通、饭店及各种旅游用品商店等为体育旅游消费者的一系列活动提供服务的部门所构成。

②各种设备,主要是为了与体育旅游消费者不同目的及爱好相适应。体育旅游经营活动开展的前提之一就是基本的体育设备。体育旅游服务的质量会受到体育旅游设施、设备的影响,同时,体育旅游水平也会受到这一因素的影响。

(3)体育旅游服务

体育旅游经营单位为了使体育旅游消费者的旅游活动能够顺利进行而提供的各种服务总称为体育旅游服务。

(二)体育旅游的经营与管理

作为一个新兴产业,体育旅游产业在我国目前发展尚且不成熟,为了促使其快速与健康发展,需要加强对其的经营与管理。经营管理方法具体如下。

1. 杜绝组织有害的体育旅游产品

现阶段,世界上已经开发出来的体育旅游项目有很多。具有很大刺激性与危险性的体育旅游项目也不少,尽管这些旅游项目能够对消费者产生很大的吸引力,但是这些项目在我国的开展是尚且不可取的。除此之外,色情和赌博活动也是体育旅游经营活动中需要严防及杜绝的危险活动。

2. 体育旅游经营活动在国家旅游局统一领导下进行开展

国家的体育旅游资源是体育旅游产业发展的基础,国家旅游业中包括体育旅游业这一重要的组成部分。所以要在规划整个国民经济的发展过程之中纳入体育旅游的发展规划,从而充分发挥体育旅游业对国家旅游业的积极作用,最终实现国民经济的整体发展。

3. 要结合其他相关单位部门来开展体育旅游经营活动

一些国外的体育旅游消费者来我国旅游不仅是为了娱乐与休闲,而且也是为了完成一些附带任务,如科学考察和测绘、收集资料与标本等。这些体育消费者在申请办理体育旅游的同时,也要申报科学考察和测绘的计划,而且要经过我国有关部门审核批准后才能准入。如果我国有关部门没有批准附带科学考察和测绘计划任务的国外旅游爱好者进入我国旅游,则其不能够对旅游地的动植物、岩石、矿物等进行系统观测,也不能对标本进行采集,测绘活动也是不被允许的。倘若有关部门批准这部分国外旅游爱好者进入我国旅游,这些旅游者必须将其所收集的资料样品或副本提供给国家科委和国家测绘局,这主要是为了防止国有资源外流。

第四节　休闲体育市场营销

一、休闲体育产业市场营销的特点

在休闲体育领域,休闲体育文化产业的市场营销方式有很多种,总体而言,这些营销方式都表现出以下几个方面的特点。

（一）全局性

任何一种企业的市场营销战略都是体现该企业发展需要和利益的。例如,怎样预测今后一段时期内休闲体育市场需求发展的变化趋势,并做出相应的对策,发展出一种新的项目和活动内容,推出某些新的服务,这关系到休闲体育行业的发展,这种市场营销的战略决策具有全局性的特点。当然,全局又是由它的一切局部有机地构成的,因此照顾各个局部之间的关系也是战略决策的一项重要任务。

（二）长期性

企业的战略着眼于未来，要指导和影响之后相当长的一个时期。对于任何一个休闲体育企业而言，当前的经济利益虽然重要，但不能只顾眼前的利益，更要重视长远的利益。当然，未来又是以当前为出发点的，任何未来的发展都要以当前为依据和前提。因此，立足当前，放眼未来，协调当前与未来发展的关系，是市场营销决策的关键所在。

（三）系统性

系统性指的是企业各个方面的问题是一个彼此紧密配合的有机联系的整体。系统有层次之分，又有主次和大小之分。对于各种不同层次以及各部门系统的战略，它只能是整体系统战略的一个局部，局部就要服务于全局。对于休闲体育企业内部而言，应该将整个企业的战略作为一个整体系统工程来统筹制定，要争取整体发展效益的最大化。

（四）灵活性

休闲体育企业的营销受到外部环境和内部环境的综合影响。当外部环境产生变化时（如市场需求、政治或经济形势变化、政策与法令变更等），应该不失时机地进行相应的战略调整。企业的内部条件变化也会对市场营销产生影响。战略决策应该适应内外环境变化，对变化做出灵敏而又具创造性的反应。企业战略是以现在为基础而对将来做出的决策，是积极地和有准备地迎接未来挑战的决策。

（五）风险性

任何一种营销决策都不可能是在信息绝对充分的条件下做出的，都是对未来所做的预计性决策，所以具有一定的风险性。由于环境的多变性、复杂性以及企业自身条件的不断变化，使得任何战略决策都具有不确定性和瞬时性的特点。某个机会的价值大小常常取决于企业当时的地位、实力以及素质条件，很多机会常常是瞬时即逝的。机会和风险常常是可以互相转化的，只有及时抓住机遇，抢得先机，才能得到应有的回报。

此外，休闲体育企业的经营管理还应包括市场调研，市场信息的收集与管理和市场预测，市场营销战略、价格和促销策略的制定，市场开发、营销组织与计划和市场营销服务等工作。

二、各类休闲体育文化产业的市场营销

(一)体育健身休闲产业的市场营销

除了一般的营销策略外,体育健身休闲服务产品还应该有符合自身特色的营销策略。这些特色营销策略主要包括以下内容。

1. 无形产品有形化策略

体育健身服务产品属于非实物形态的无形产品。无形产品最大的特点是无法给予消费者一个清晰明确的印象,消费者不通过消费行为就无法了解产品的具体形象和质量规格,就无法感知俱乐部的服务水平和健身效果,因而就无法形成对体育健身产品的感性认识,就可能对体育健身服务产品缺乏信心,对俱乐部的选择犹豫不决。针对无形产品的这种弱点和消费者的心理状况,体育健身经营企业应该采取无形产品有形化的营销策略。

无形产品有形化,是指体育健身经营企业应该向消费者提供体育服务产品的有形线索,指导和帮助消费者了解和识别体育健身产品的优劣。服务的有形线索,首先是指能够提供服务内容和质量等服务信息,使消费者可以通过视觉观察得出初步结论或形成印象的有形物。例如体育健身场馆的装饰装修水平、整体服务环境包括灯光配置、音乐选择、功能分区、卫生状况、健身器材设施的档次和完备程度、各种工具用品的摆放整洁与否、相关休闲服务包括洗浴、按摩、书刊、电视、网络、餐饮、咖啡茶座等的配套状况,服务人员的衣着打扮、精神面貌、态度好坏,有关服务的信息资料和收费标准等等。这些硬件条件和服务信息,在很大程度上可以向消费者显示和传达俱乐部的服务水平和服务质量,帮助消费者形成对俱乐部体育健身服务水平的感性认识。其次是把健身服务过程的各个环节、健身锻炼效果、服务质量标准、企业服务承诺等通过文字、图表、照片甚至电视短片的形式展示给消费者,把原本看不见摸不着的内容变成看得见摸得着的东西,进一步帮助消费者了解俱乐部的服务水平和产品质量,打消消费者的疑虑,坚定其进行体育健身消费的信心,通过无形产品有形化的策略,促进体育健身服务产品的市场营销。

2. 主观标准客观化策略

体育健身服务产品的质量评价一般是主观化的,主要依靠俱乐部服务人员的主观描述和消费者的主观感受,而没有一个客观的评价标准。由于

服务人员与俱乐部的利益关系和表达能力等原因,很容易使消费者产生不信任感;同时由于消费者的心理期望和感受能力等原因,也很容易出现评价不够客观的情况。这两种情况都会影响体育健身服务产品的质量评价和市场营销,这就要求体育健身服务企业能够实行服务标准客观化策略。

体育健身服务包括健身过程服务和健身前后服务两个阶段。健身过程服务是指服务产品的生产和消费过程的服务;健身前后服务是指消费者进入健身场馆开始健身活动和结束健身活动开始休闲这两个时段的服务。服务标准客观化,首先是指这两个阶段的服务过程和服务行为的规范化、标准化。体育健身服务企业应该对健身服务的每一个环节甚至细节做出明确的规范化的规定并公之于众,既让服务人员有所遵循,也便于消费者了解和掌握服务规范和质量要求。例如,对健身前后的服务,就应该从迎宾人员的着装、站姿、精神面貌、接待用语、指引手势,一直到消费者离开时送别客人的服务行为细节,做出明确的规范化的规定。健身过程的服务环节和细节,也应该明确和规范化,尤其要注意服务标准的制定要尽量具体化和定量化,避免含混不清,模棱两可。其次是指对服务质量、效果的评价客观化。健身效果的评价,应尽量采用科学仪器来测试,用测试数据来评价效果。例如经过一段时间的系统锻炼,消费者的心肺功能、身体机能有什么改变,要健身的体质增强没有,要塑身的减肥成功没有,可以使用测定心肺功能的仪器和测定机能的仪器进行测定,然后和确定的标准进行对比,哪些有改进提高,哪些没有改进提高。这种利用科学仪器对服务质量和效果进行客观化测定和评价的做法,使原本主观化的标准变得客观起来,其效果肯定会比仅凭服务人员的主观描述和消费者的自我感受更有利于体育健身服务产品的市场营销。

3. 同类服务差异化策略

不同产品不存在市场竞争的问题,同类产品才存在市场竞争的问题。差异化营销策略就是针对同类产品的市场竞争问题提出来的。差异化策略是建立在科学的市场细分基础上的,而市场细分又是建立在消费者需求的差异上的。所谓同类服务差异化营销策略,就是要避免产品的同质化,尽管大家都是同类企业——体育健身休闲企业,提供的都是同类服务——体育健身休闲服务,但应该根据消费者的需求差异和各自企业的市场定位,存同求异,既保持体育健身休闲服务的性质,又创造各自企业别具一格的产品特色。例如,服务的多元化、个性化、特色化、多功能化等都是差异化策略的表现。

多元化服务是指一个健身俱乐部不仅可以提供不同运动项目的健身服

务,还可以提供不同档次的健身服务项目;在提供体适能项目服务的同时,还可以提供塑身、美容之类的服务,或者提供桑拿、按摩等运动之后的放松服务以及多种形式的运动后休闲的服务等。多元化服务可以为消费者提供多种选择,方便了消费者,有利于吸引更多的消费者。

个性化服务是指根据消费者的不同需求设计产品,提供有个人特色的服务。例如根据每个消费者不同的身体素质、运动基础、健身需求,设计不同的健身服务方案,包括提供运动处方诊断、配备私人教练、进行一对一的服务,或者定期进行运动营养指导等。个性化服务的最大特点是使消费者感到一种品位和档次,一种温馨和满足,有利于培养消费者的忠诚度。

这里需要强调的是质量并不是差异化的标志。任何产品都要特别强调质量,但质量并不能代表特色。

实行差异化营销策略,首先要研究消费者的需求状况和需求差异,然后要进行市场细分,明确本企业的市场定位和目标顾客群,同时还要清楚其他同类企业和竞争对手的市场定位和产品类型,以便有针对性地制定差异化策略。

4. 服务功效优先化策略

消费者购买动机中列于首位的是追求功效动机。通过对大量的消费者调查,发现影响消费者是否购买某种产品的最主要因素是产品的功效,认同产品功效而决定是否购买的消费者占86%,远高于价格、包装等因素。由此看来,任何营销要想取得成功,首要的是有一个功效好的产品。所谓功效,包括使用功效和心理功效。也就是说,要用起来得心应手,看起来赏心悦目,既有使用价值,又有审美情趣。对于体育健身休闲服务产品来说,就是要有很好的健身强体、美容塑身的效果,还要使消费者在健身休闲过程中得到精神愉悦、心情舒畅的感觉。因此,体育健身企业应该把健身产品的功效视为影响市场营销效果的第一因素,优先考虑健身服务产品的质量。在运动项目开设、健身课程安排、锻炼方法组合、服务人员态度、设备器材选购、服务环境布置、休闲和配套服务等方面精心策划安排,尽可能为消费者提供功效优化的服务产品。

5. 重视情感人性化策略

重视情感人性化策略,即满足消费者的情感性需求,推行人性化服务,也称情感营销,就是把消费者个人情感差异和需求作为企业品牌营销战略的核心,通过借助情感包装、情感促销、情感广告、情感口碑、情感设计等策略来满足消费者的情感消费需求,实现企业的经营目标。随着社会文明程度的提高和人们生活方式的进步,消费者对产品的认识和要求不仅包括价格、质量等理性层面的东西,而且越来越强调和重视以个性、品位和文化知识等为主要内容的情感因素,消费者的情感消费需求在不断增加。很多消费者来到体育健身休闲俱乐部,不仅仅是为了强身健体,还可能是为了享受运动的快乐,或者是为了展示品位、娱乐休闲、交友聚会、扩大社交,甚至是为了宣泄情绪、舒缓身心。面对这种新出现的不同于传统消费的需求,体育健身休闲企业的经营者应该有针对性地推出新的服务产品,为顾客提供情感性消费的服务,这样既可以满足消费者的情感消费需求,又可以提高和促进俱乐部的服务水平和产品销售。

(二)体育旅游产业的市场营销

下面主要对体育旅游产业市场营销策划进行阐述。

1. 产品策划

一切旅游活动的开展都需要以旅游产品为基础,体育旅游产业经营的核心部分是体育旅游产品策划。体育产业的其他经营活动策略会受到产品策划的影响。以体育游览为目的的旅游活动就是所谓的体育旅游产品。体育旅游产品的专业性较强。

促进体育旅游业发展的重要举措是不断加强对体育旅游新产品的开发,这也是对体育旅游经营单位生存能力进行评定的一个重要指标。改革与创新后的体育旅游产品都属于体育旅游新产品。不管是对旅游产品进行改革,还是对其进行创新,最后的产品都要优于改革与创新前的体育旅游产品,都要与体育旅游市场需求相符合。因为不管是哪一种类型的体育旅游消费者,其进行旅游消费都是为了满足新颖与刺激的心理需求。因此,体育旅游消费者很容易被"新颖""刺激"体育旅游项目所吸引,自然也就会为这些项目花钱消费。

由此可见,体育旅游经营单位不仅要对普通的体育旅游项目进行开发,而且要对少见的新颖的体育旅游资源进行开发,尤其是开发那些民族民间特色浓厚的体育旅游项目,以此来加强对消费者的吸引力。体育旅游经营单位要重点开发与拓展的业务一定要具有区别于一般业务的特色。这样才能以奇制胜,吸引更多的消费者。

2. 促销策划

我国体育旅游产业发展的时间较短,还有大量的体育旅游资源没有被开发,也就谈不上利用了。所以体育旅游的经营单位要加强对我国的体育旅游资源、设施以及服务的大范围宣传,促进体育旅游经营业务的不断拓展,不仅要开发国内旅游市场,而且要走出去,对国际体育旅游市场进行开发。开发国际市场主要包括两方面:一方面是对国外的体育旅游消费者进行积极的组织,使其来我国参与体育旅游,实施体育旅游消费;另一方面,将我国的体育旅游消费者组织起来,使其参与国外的体育旅游活动。实行走出去的发展战略,才能不断扩大我国的体育旅游市场,也才能进一步提高我国体育旅游产业的效益。

公共关系、促销活动、宣传品以及广告等是实施体育旅游促销的主要手段与措施。要使促销方法对目标市场起作用,只有对体育旅游消费者的特征、体育旅游产品的特征等因素进行全面深入的分析,才能对促销策略做出正确的选择,也才能使以上那些促销手段对目标市场所起的作用得以实现。

(三)体育赛事产业的市场营销

1. 体育赛事概述

(1)体育赛事的概念

体育赛事是一种提供竞赛产品和相关服务产品的特殊事件,其规模和形式受传统习俗、竞赛规则以及多种因素的制约,具有项目管理特征、组织文化背景和市场潜力,能够迎合不同参与体分享经历的需求,达到多种目标与目的,对自然和环境、社会和文化、政治和经济、旅游等多个领域产生冲击和影响,能够产生显著的经济效益、社会效益与综合效益。

(2)体育赛事的分类

依据体育赛事的类别作为其分类标准,并根据赛事水平、规模以及类别三者之间的相互关系,将体育赛事分为以下几种不同类型:超大型综合赛事、大型综合赛事、单项顶级赛事、单项品牌赛事、单项商业赛事和一般赛事。

①超大型综合赛事。超大型综合赛事是指那些周期性明显,并对举办城市和举办地区的整体经济产生深刻影响,在全球范围和广大媒体范围产生巨大回响的体育赛事,如奥运会、亚运会、全运会等。

超大型综合赛事具有表现如下:赛事的规模大、水平高,参与和出席的人数众多,市场目标广大,媒体覆盖面大,公共财经参与度高,对举办城市和地区产生显著的经济效益、社会效益与综合效益,对社会经济、政治、文化、旅游以及城市设施建设等诸多方面产生深远影响。

②大型综合赛事。大型综合赛事是指那些周期性明显,并在举办城市和举办地区产生较大影响,能够吸引众多媒体关注与产生较好经济效益的

体育赛事,如城市运动会、农民运动会、少数民族运动会、大学生运动会等。

大型综合赛事具有表现如下:赛事的规模比较大、水平比较高,组织工作复杂,受重视程度高,媒体关注度高,市场吸引力大,对举办城市和举办地区的社会经济、文化等多方面产生较大的影响。

③单项顶级赛事。单项顶级赛事指的是那些周期性明显的世界单项锦标赛,如世界杯足球赛、世界杯篮球赛、世界游泳锦标赛等。

单项顶级赛事具有表现如下:赛事的名目多、规模比较大、水平最高,媒体关注度高,市场吸引力大,受重视程度高,对举办城市和举办地区的社会经济、文化等多方面产生较大的影响。

④单项品牌赛事。单项品牌赛事指的是那些周期性明显的职业联赛,如 NBA、F1、意甲联赛、英超联赛、澳网公开赛、国际马拉松赛等。

单项品牌赛事具有表现如下:赛事的运作周期长,运作模式相对固定,规模一般、水平最高,媒体关注度高,市场吸引力大,在传统、形象、吸引度以及公开性上,能给主办地、举办地区和目的地带来竞争优势。

⑤单项商业赛事。单项商业赛事是指由企业和中介公司组织举办、政府部门协调、媒体产业参与、提供竞赛产品和相关服务产品的体育赛事,如NBA 中国季前赛、"龙马之战"、邀请赛、对抗赛、擂台赛等。

单项商业赛事具有表现如下:明星效应突出,商业运作明显,规模、时间、地点等随意性强,它以提高举办组织或企业的社会形象为出发点,以追求经济效益为目的,满足和迎合不同参与体分享经历的需求,产生一定的社会效益和综合效益。

⑥一般赛事。一般赛事是指类似大型赛事,规模和水平递减,能够吸引较多观众和媒体,能够产生一定经济效益的体育赛事,如大众体育节、大众登山节、龙舟赛等。

一般赛事的表现如下:体育赛事的规模大、形式多样,组织机动灵活,参与人员广泛,市场亲和力强,易于推广,能够为举办方带来较大的综合效益。

目前,许多顶级国际体育锦标赛属于大型赛事,许多国家体育组织和政府,特别是体育经纪机构较热衷于这种赛事,原因在于其具有潜在的市场吸引力,这种赛事与某种文化或者公众兴趣点相结合会带来较大的市场效益。

(3)体育赛事的特征

一般而言,现代体育赛事泛指国际或国内的各种大型体育竞赛,如奥运会、亚运会、世界杯等。现代体育赛事的特点主要表现为以下三点。

①规模越来越大、资金耗费越来越多。对体育赛事的规模和竞技水平而言,随着现代化和国际化的不断发展,其自身也相应地得以发展和提高。

就世界范围的赛事来看,都有一个明显的特点,即赛事的规模越来越大,特别是世界性的体育大赛,竞赛项目设置、参赛国家和地区以及参赛运动员人数越来越多。因此,举办体育赛事所需资金越来越多,而且耗费巨额资金的体育赛事已成为主流。举办大型赛事尽管所需费用较多,但是其回报也是无法衡量的。

②经营管理手段逐渐市场化。在市场经济条件下,借助市场经济的各种手段是承办大型赛事的必然要求。由于现代体育赛事规模大、耗资多,在政府的投入日益减弱甚至没有的情况下,决定了赛事的组委会必须充分发挥和开拓竞赛的各种经济价值,运用市场经济的基本原则和运行机制对体育赛事的经营活动进行筹划、组织、市场开发和经营管理。通过体育赛事的经营活动及市场开发,不仅能做到收支平衡,而且还可争取有更多赢利,这便是世界各国城市竞相争办现代大型体育赛事的原因所在。

③赞助的作用日益显著。体育赛事所需的巨额赛事经费必须依托社会,单靠政府的拨款是不可能解决的。因此,需要寻求企业公司和商业财团的捐赠与赞助来筹集所需的大部分或全部资金。由于现代体育赛事的举办是全球注目的焦点,赛事本身也是极佳的广告媒体,因此越来越多的大型企业和财团愿意赞助体育赛事,以借赛事的机会来推销产品、开拓市场、提高企业的知名度以及产品的市场占有率。体育赛事赞助作为赛事和经济之间的一个平等互助的结合点,起到了促进赛事和经济共同发展的双重作用。因此,现代体育赛事的赞助作用越来越突出。

2. 体育赛事的影响

(1)体育赛事对政治的影响

实际上体育本身具有一定的政治性特点。从最早的古代奥林匹克运动会开始,人们就认定这是一种"没有硝烟的战争",是和平环境下各国(城邦)竞争的平台。鉴于这种竞争性的存在,使得体育赛事直到今天仍旧被部分人或国家与政治相连,作为政治的一种工具。

在宏观政治层面,体育赛事被有意无意地用来推广特定的意识形态和价值观;在微观政治层面,体育赛事被用来实现个人的政治野心或实现组织的政治目标。拿奥运会这样最盛大的体育赛事来说,政治性更是不言而喻的,历史上也曾经出现过多次在奥运会期间发生的举世震惊的政治事件。

另外,许多奥运会主办地还利用奥运会作为改变政治形象的手段,如1964年东京奥运会和1972年慕尼黑奥运会,主办国日本和联邦德国均试图通过举办奥运会来改变第二次世界大战对自身形象的遗留影响。韩国也利用1988年汉城奥运会来获得在世界政治和经济体系中的新地位,除此之外,韩国也意图将举办汉城奥运会看作改变国际形象和消除朝鲜战争遗留影响的历史机遇。Duffy(1992)认为在经济前景不好时,澳大利亚政府热心支持申办奥运会的重要原因是:申办活动可以将媒体和公众的注意力从诸如经济衰退这样的压力事件上转移开来。

许多国家政府很早就意识到体育赛事对政治的影响,体育赛事能够提升政治家和政府管理下的城市和国家形象。体育赛事能够产生社会凝聚力、自豪感和自信心,在社会稳定中扮演着重要角色。政府和政治家是当今体育赛事这一综合体的重要组成部分。自从罗马帝国的皇帝发现了竞技场能够转移批评,并且能够提高威望开始,精明的政治家们一直对于能够使人民快乐并有利于维持其统治地位的赛事保持着敏锐的观察力。

(2)体育赛事对经济的影响

体育赛事与社会经济发展之间是一种双向驱动的关系:体育赛事一方面为了满足自身生存和发展的需要,吸收大量的社会经济投入;另一方面,又通过自身特殊的"生产"方式,产生经济效益,推动社会经济发展。越来越多的政府官员开始认识到体育赛事在提高举办城市媒体曝光率、促进商贸交易活动、促进基础设施建设、增加经济收入和提高地区生活质量方面的功能。以下以举办奥运会为例,分析各举办地当时的经济受益情况。

奥运会对举办国的经济发展主要是通过以下几方面显示出直接的促进作用的。

①参加奥运会的各种人员的参观与商业活动。

②通信、电子媒介等方面的投入。

③赞助者的广告,文化项目、展览等活动。

④奥运会前的体育活动,奥运会场馆和奥运村的运营。

⑤外来观光者的开支,当地居民与奥运会有关的开支。

⑥奥运会纪念品的生产与发售。

⑦政府收入,对当地长期的益处等。

当然,大型的体育赛事在促进经济发展的同时也存在着一些负面效应,从投资方面看主要体现在以下两个方面。

一个是"虹吸效应",即体育赛事的主办城市将其他地区的资金、人才吸引过来,从而导致对其他地区经济资源的"抽夺"。

另一个是"事后低谷效应",如果举办一次大型体育赛事的相关投资对经济的拉动作用不大,那么在投资期结束后,或者是赛事结束后,投资增长就可能突然失速,从而对经济带来冲击。

(3)体育赛事对文化的影响

文化是人的社会活动的产物。拉丁文"文化"的原意为耕作、培养、教育、发展、尊重等。18 世纪以后,文化含义逐步演变为个人素质,整个社会的知识,思想方面的素养,艺术、学术作品的汇集,以及引申为一定时代、一定地区的全部生活内容等。马克思主义文化理论认为,文化是人类物质和精神财富的总和,是人和自然与社会统一的特殊表现,是人对人类创造力和才能发挥程度的鉴定。

雅典奥运会充分展现了希腊的文化魅力。充满想象力与历史感的开幕式让世界对这个文明古国的传统文化与现代精神留下了深刻而美好的印象。如雅典市长巴科扬尼斯所说:"成功不仅是因为一切都运作得很好,而是因为希腊重新找回了最大和平盛会的精神真谛。雅典奥运会最重要的一点是人的因素。"想办成一届真正以人为本的奥运会是雅典的奥运理想,正是从这种理想出发,雅典在展现自己历史文化魅力的同时,传达着奥林匹克精神的实质。

体育赛事和与此相关的文化活动会给举办地留下丰厚的文化遗产。它不仅拓宽了大众的文化视野,同时也给他们带来了新鲜的思想和观念。1997 年,在澳大利亚悉尼和墨尔本举办的超级相扑锦标赛,就将日本的相扑运动以其强烈的宗教和文化特点介绍给了澳大利亚观众。这已经远远超出了单纯的体育赛事的范畴,它成为一次有着特殊意义的日本和澳大利亚的文化交流。

研究表明,赛事举办地经常只注重体育赛事能带来"感觉良好"的方面,并且因为它会产生令人兴奋的效益,而使举办地居民做好了忍受其带来的不便之处,同时期望其能够长期加快城市建设和改变城市面貌。但是,此类事件也会带来负面的社会影响。例如,1985 年在澳大利亚一级方程式汽车大奖赛举办的五个星期里,交通事故人员伤亡数与近 5 年同期相比增加了34%。相关专家表示说出现这些突增的交通事故的数字可能是由于人们在公路上效仿大奖赛上那种惊险刺激的驾车方式的结果。

(4)体育赛事对就业的影响

从经济发展的角度来看,筹办一次超大型体育赛事需要几年的时间。为此,它还需要有充足的人力资源为多方面的建设提供可能,如兴建各种体育、交通、通信、服务等设施会创造大量的新的就业岗位。因此,不可否认的是,体育赛事的举办可以带来巨大的商机和大量的就业机会。

(5)体育赛事对旅游业的影响

体育赛事在旅游方面最基本和最重要的效应就是吸引旅游者,除了自然环境外,其他诸如亲和性、服务态度和娱乐氛围等也是旅游者非常关注的因素。根据 Gunn 的观点,在目的地将旅游者关注的因素聚集起来更便于旅游促销。体育赛事在时间和空间上对旅游产生的效应主要有以下几个方面。

①增加旅游者数量、支出及停留时间。部分体育赛事,特别是特大型体育赛事能够吸引大量的国外旅游者,对举办地的入境旅游产生较大影响。

赛事的持续时间是影响旅游者支出和停留时间的一个因素。为期一周的赛事显然比仅举办一天的赛事吸引游客过夜停留的能力要强。研究发现,赛事持续10天左右并且跨越两个周末最为理想,这样的时间长度足够创造纪念性效果,同时又可以为媒体和旅游者营造一种充满紧迫感的氛围。

超大型体育赛事(如奥运会)的时间跨度比较大,通常会历经数周或数月,具有利用前期组织和长期宣传以刺激更长停留和更多支出的优势。小型比赛则不具备这种潜力,必须要依靠公共关系和集中的赛前推广来吸引注意力。

②延展旅游季节,拓展旅游市场。旅游的季节性特点是许多地方的旅游业都面临的一个问题,借助体育赛事能够在旅游淡季营造出新的旅游热点。利用赛事来延展旅游季节的效果更加适用于主办地固定的周期性赛事,而像奥运会这种主办地具有流动性的赛事,主办方通常将赛事举办时间安排在当地的旅游高峰时期,反倒加剧了旅游的季节性差异。

③激活静态吸引物和设施。旅游吸引物是指对旅游者具有吸引力,给旅游者以积极效益的旅游地所有因素的总和。举办大型体育赛事和吸引游客的旅游政策与开展会议、会展活动相辅相成。主办体育赛事将有以下激活作用。

第一,在那些缺乏天然吸引物的地区,体育赛事将吸引体育旅游者,而体育旅游者的支出和停留时间要高于其他类型的旅游者。

第二,在那些天然吸引物和接待设施良好但使用率不足的地区,吸引体育旅游者是扩大资源使用率的良好途径。

第三,在那些天然吸引物良好但是接待设施短缺的地区,体育赛事旅游能刺激必要的基础设施建设和升级。

由此可见,体育赛事能够增加主办地的旅游收入,刺激主办地的经济增长。

(6)体育赛事对自然环境的影响

①体育赛事对城市建设的影响。第一是对城市投资风险进行规避。承办奥运会和世界杯这种赛事的好处,就是通过提供一个非常确定的外部需求,减少城市基础设施投资的风险。一个城市的发展水平和竞争力在很大程度上取决于城市的基础设施水平,而城市基础设施的提供又取决于有没有有效的需求。一般来讲,城市对基础设施的需求是随着城市经济水平的提高逐渐出现的。如果一个城市的基础设施投资慢于需求的增长,就会拖

城市经济发展的后腿,使城市丧失发展机会。如果城市基础设施提供超过真实需求,就会导致各种各样的经济问题,甚至是城市财务的破产。而体育赛事的好处就是能够提供一个巨大的外部需求,使得超前提供的基础设施成本的很大一部分被迅速收回,基础设施得以在本地需求水平较低的时候,有一个超前的发展,从而带动城市竞争力的全面提升。在一个充满风险的世界里,确定性是最宝贵的资源。对于规模巨大的基础设施投资来说尤其如此。

第二是对人们的生活质量进行改善。在举办大型体育赛事时,基础设施通常可以改善主办社区的环境和设施,激发该社区作为东道主的强烈动机。可以通过提高一个街区的地理位置和舒适度,来改善人们的生活质量,提高人们的消费水平。人们的消费内容是多方面的,有物质消费,也有服务和文化消费。随着社会生产力的发展,服务和文化消费的比重越来越大,参加比赛和观看比赛就是人们文化消费的组成部分,举办各种类型的体育赛事可以丰富人们的消费内容和数量,提高人们的消费质量和水平。大型体育赛事是城市复兴和扩大旅游基础设施的催化剂,举办大规模的赛事发展了基础设施,改善了人们的生活环境,激励了人们的消费,提高了人们的生活质量。

②体育赛事对环境保护的影响。良好的城市环境无疑是成功举办赛事的有力保障。主办地的环境因素从申办赛事开始就会受到公众的注视,赛事管理者必须谨慎地考虑举办赛事可能对环境产生的冲击和影响。如人群流动和控制、噪声水平、交通和停车等都是考虑的重点。其他主要问题还有损耗、对自然的破坏、当地各种遗产的保护等。

在环境方面,国际奥委会对主办地提出了明确的要求,具体如下。

A. 研究奥运会对环境和社会的影响。

a. 对奥运会会场和附近居民的负面影响要降到最低限度。

b. 保护自然环境和受到影响的生态系统。

c. 供应商和承包商必须遵守环保指导原则。

B. 将比赛地点设在紧密的地区。

a. 所有的比赛场地和训练场地必须设置在奥运村 30 分钟以内的车程。

b. 使用节能设计和材料。

c. 最大限度地使用可再生能源。

d. 保护和重复利用水资源。

e. 尽量减少和避免浪费。

C. 尽量使用无毒物质。

a. 使用可重复利用的包装材料,在就餐场所尽可能使用非一次性餐具和餐盘。

b. 在所有的比赛场地使用可回收垃圾箱。

D. 尽量采用电子方式传输信息,辅之以纸张重复利用措施,以便节约纸张;观众只能乘公交车到奥林匹克运动会场地。

国际奥委会的上述要求影响着各级体育赛事、各级地方政府,确保了环境和体育赛事的协调发展。

(7)体育赛事对信息技术的影响

体育赛事管理是一个系统工程,它涉及场馆建设、城市道路、交通、环境、卫生、安全、餐饮、旅游、商贸、资讯等诸多方面。其中,信息技术的作用就在于它可以应用于多个领域,最大化地提高社会平均效率,增加社会财富,刺激消费与投资,进而推动国民经济的整体发展。因而,无论是从直接还是间接的角度来看,体育赛事对信息产业的发展所起的作用都是极其重大的。

现代体育比赛的规模已经越来越大,随之它对信息技术提出的要求也是越来越高。例如,在现代奥运会比赛中,需要利用先进的数字网络技术、远程音像传输技术以及图像显示技术为赛事提供综合信息服务;需要建立世界领先的信息系统,如计时计分系统、成绩处理系统等;需要利用人工智能技术,消除奥运会的"语言障碍",帮助参与者互相沟通;需要利用智能卡技术,为与会人员注册、安全识别、支付等提供安全、方便的服务;需要提高场馆设施智能化水平,为赛事提供各种个性化信息服务。像奥运会这样的超大型赛事,对赛事管理系统、评论员信息系统、计时计分系统、现场结果运用系统、远程通信网、长途呼叫服务、宽带系统、互联网等都会有很高的要求。

信息产业随着体育赛事的举办获得了一定的发展空间,同时体育赛事也对信息产业提出了更高的要求,要求信息产业不断创新。信息产业必须不断地进行自我优化,提高自身科技创新和开发能力,才能适应需要。承办体育赛事,需要生产大量与赛事直接相关的信息技术产品,有助于成熟技术的广泛应用,并带动一批新兴技术,推动关键信息通信技术的产业化。

3. 体育赛事的营销策划

(1)体育赛事营销的分类

①传统赛事营销。传统体育赛事包括大众体育传统赛事和竞技体育传统赛事两大类。

所谓大众传统赛事,是指那些由国家或地方有关部门按照计划定期举办的,主要内容为非奥运会项目的,主要参加者为业余运动员或体育爱好者的各类普通体育赛事。这类赛事通常都是具有广泛参与性的、人民群众喜闻乐见的大众体育赛事。如全国体育大会、城市运动会、农民运动会、行业或机关运动会等。

传统体育赛事具有规模大、政府支持力度大、社会关注程度高以及商业价值高的特点。传统体育赛事的市场经营和商业运作通常需要具有较高资质的专业经纪公司或体育推广公司,其赛事营销需要掌握较高的赛事运作和市场运作技术。传统体育赛事的营销对象是营销体育赛事本身,它涵盖了赛事营销的全部内容,借助商务合作营销赞助商企业自身及其产品,并通过赛事营销促进城市的发展。

传统体育赛事的营销目标主要包括以下几个方面。

A. 吸引优秀运动员出席或参加赛事。

B. 取得赛事举办城市的政府支持。

C. 吸引主流、强势媒体报道赛事。

D. 吸引品牌企业、商业财团成为赛事赞助商。

E. 吸引公众关注赛事或观看赛事。

F. 寻求与专业公司的合作计划。

所谓竞技体育传统赛事,是指那些由国际体育组织或国家和地方体育组织按照计划定期主办的、主要内容为奥运会项目的、主要参加者为职业或专业运动员的综合性运动会和各运动项目的联赛、杯赛、锦标赛等。这类赛事大多已经形成一定的规模和比较严格的规范,并具有较大的社会影响力。如奥运会、全运会、世界杯、足球中超联赛、CBA职业篮球联赛等赛事。

②商业赛事营销。所谓商业体育赛事,主要是指那些职业体育俱乐部为了推广其社会形象或为了获得商业利润而自己组织,或者委托经纪公司策划组织的各类完全市场化操作的赛事,或者国家和地方体育组织有计划、但缺少资金举办的竞技体育赛事,如各种类型的邀请赛、对抗赛、巡回赛等。

商业性体育赛事和传统体育赛事的主要区别如下。

一是营销目的不同,获取商业利润是商业性赛事的首要目的,其次才是社会效益和事业推广。

二是经营主体不同,商业性赛事的经营主体多为体育经纪公司。

三是营销产品不同,观赏价值很高的赛事或球星多是商业性赛事的营销产品。

因此,体育经纪公司选择、策划和设计商业性赛事的基本原则应该是:自身作为经营主体、获取商业利润以及经营高水平赛事。

商业赛事是当今体育赛事市场中的一类重要赛事,具有很好的发展前景。商业赛事的核心问题就是资金问题,起因和目的都是为了资金。其原因主要有以下几个方面。

第一,对各级各类运动项目管理中心来说,时常缺乏足够的经费用于组织优秀运动员参加更多的高水平赛事。商业性赛事的主办者通常提供经费,邀请优秀运动员参加赛事。

第二,对高水平的职业体育俱乐部和明星运动员来说,商业性质的赛事市场能够使他们获取更大的经济利益,参加商业性赛事通常可以为他们带来高额的出场费和奖金。

第三,对体育经纪公司来说,举办高水平的商业性赛事,以此为平台来吸引更多的赞助商、媒体与公众的注意,并进行市场化的商业运作,从而获取更多的商业利润。

伴随着社会经济的发展,高水平体育赛事的市场需求也在不断发展,社会经济越发达,高水平体育赛事的需求市场就越大,商业赛事的发展前景就越好。赛事策划和赛事营销是商业赛事的核心工作,无论是运动项目管理中心,还是职业俱乐部,均缺乏有市场营销经验的专业赛事策划和营销高手。因此,与专业的体育经纪人和体育经纪公司进行合作是高水平赛事组织者的重要工作。体育经纪人或经纪机构可以凭借其卓越的市场推广能力,进行赛事推广和市场营销。

对于商业赛事营销而言,其关键在于出新和出奇、出看点和卖点:出新和出奇,指的是在创意和策划商业赛事时,就着力推出新颖、奇特的运动项目或项目组合,或创意新颖、奇特的竞赛内容和观众参与方案,或设计新颖、奇特的竞赛规则或竞赛方法,以出新、出奇的商业赛事平台吸引赞助商投资、吸引媒体关注报道、吸引人们参与和观看赛事;出看点和卖点,指的是在设计、策划和组织任何商业赛事活动时,必须紧紧围绕赛事活动能否吸引赞助商、吸引媒体,尤其是吸引现场观众和电视观众,以充分发挥"眼球经济"的市场效应,突出商业赛事强大的经济功能。

除此之外,商业赛事营销还需要注重品牌效应和城市效应,不少商业性质的体育赛事,经过赛事经纪公司或推广公司的精心运作,已经成为著名的传统品牌赛事。如一年一度的足球"丰田杯赛"、国际田联的"黄金联赛"等。

(2)体育赛事营销策划及实施

①体育赛事营销策划及实施的过程。顾名思义,体育赛事营销策划是指相关的策划人员或者策划组织针对体育赛事而进行的一系列战略或策略的谋划。体育赛事营销策划一般包括:确定策划目的、搜集与分析信息、创意的提炼、制定策划方案、方案评估、实施与控制方案和效果评估与修正。

A. 确定策划目的。体育赛事营销策划首先要明确策划的目的,以便在策划的过程中做到有的放矢,这是营销策划的起点也是最基本的要求。大体上来看,体育赛事营销策划的目的一般是追求市场效益和经济利益的最大化,本着这个原则,就要在策划准备过程中做好市场调研,了解大众的体育需求和审美眼光,其策划要有针对性。

B. 搜集与分析信息。明确了策划目的后,就要根据目的搜集与本体育赛事相关的信息和资料。信息和资料的获得可以通过多种渠道。一手资料主要是靠调研获得,二手资料靠主要出版物、报纸、杂志、互联网等获得。信息与资料收集后可以利用 SWOT 分析法分析其赛事组织的外部、内部环境、优势和劣势以及遇到的风险和机遇等,找出制定赛事策划方案的关键因素。

C. 创意的提炼。一个优秀的体育赛事营销策划是有自己鲜明的风格和特色的,这就需要职业策划人员在策划过程中善于捕捉各种各样的信息,开发自己的思维,激发自己的灵感,形成一个优秀的创意。创意是营销策划的一个关键点,也是营销策划应用的核心部分,创意的好坏将直接影响到营销策划的成败。

D. 制定策划方案。通过目标的确定、信息资料的收集和分析、构思创意等,策划方案实际上也就逐渐显现出来。制定策划方案的流程一般包括五个步骤(图 5-2):营销目标设定、营销战略策划、营销战术策划、实施计划、计划控制和评估修正。

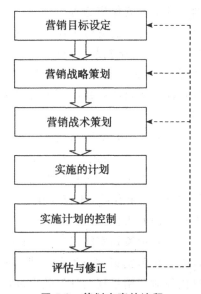

图 5-2　策划方案的流程

以北京中国网球公开赛为例,策划方案制定的具体流程和内容如下所述。

第一,营销目标设定。根据目标确定的方向性原则、客观性原则、系统性原则等,北京"中网公开赛"的市场营销目标是在保证市场效益的基础上促进我国的网球事业的发展。制定营销目标时要把经济效益同消费人群相结合,突出北京"中网公开赛"的特色。

第二，营销战略策划。营销战略策划主要包括市场细分、市场目标化、目标市场定位等。近年来，由于我国网球事业的发展，特别是女子网球的崛起，促使越来越多的人关注和喜欢网球，网球赛事也日益成为大众爱好的赛事之一，基于此，中网公开赛就形成了一个很好的市场购买者群体，这些消费人群会影响到营销决策的行为。

第三，营销战术策划。营销战术策划是在战略方针指导下，细分而成的营销战术。营销策划战术有很多种，常用的有：产品策划、价格策划、促销策划、品牌策划等。针对"中网公开赛"赛事的独特性，策划人员应该着重强调赛事的特色和宣传，树立北京"中网公开赛"自己的品牌，这对我国网球事业的发展起到至关重要的作用。

第四，实施计划。制定了营销战略和战术之后，把战术转化为具体的、明确的内容和方法，就是计划的实施。中网公开赛赛事的计划实施包括赛事组委会机构的建立、营销活动的程序安排、预算以及有关技术设备和人员的选择等。

第五，实施计划的控制。计划的控制是为保证计划顺利实施而制定的一系列措施，比如中网公开赛的安保措施等。

E. 方案评估。为了使营销方案策划达到一定的可行性标准，就要对其进行评估。评估的方法一般有经验判断、逻辑推论、专家评估等。这是必要和必需的。策划方案实际上就是一种事前的预测方案，在执行过程中肯定会遇到各种各样的问题，评估的目的就是要预测到将来会发生的某种情况，争取将风险降到最低限度。

F. 实施与控制方案。中网公开赛赛事营销方案实施过程中要处理好组织内外的各种关系，加强领导，提高执行力度，把营销策划方案落到实处。在策划方案实施过程中，实施人员还应将稳定性与灵活性相结合、程序性与机遇性相结合、交替性与交叉性相结合，不仅要注重赛会组织的经济利益还要遵从大众的意愿，为观众做好服务。

G. 效果评估与修正。营销策划实施以后，要对实施效果进行评估与修正。营销策划的评估，就是将营销策划方案的预期目标与现实中得到的实际目标加以比较，通过比较对营销策划实施的效果进行评价；而营销策划的修正就是当发现营销策划的实际实施效果不理想时，及时地对策划方案进行修正更新，以使营销策划能够达到策划者所希望的目标。营销策划的评估与修正主要包括项目考核、阶段考核、最终考核和反馈改进等内容。

中网公开赛营销策划方案是一个预测性的方案，在实施过程中会碰到诸多不确定因素，这就需要在实施过程中要不断完善策划方案。比如，在中网公开赛开赛前期，策划人员会制定相关的营销策略，然而由于某些不可逆因素像赛事球员的突然受伤等,这时策划人员就应该随机应变,及时地制定相关的策略,将风险降到最低限度。

　　②体育赛事营销策划实施过程中应注意的问题。

　　A. 确保市场营销活动管理向有利方向发展。所谓市场营销活动管理,指的是计划与组织,执行与控制。从市场机会分析和目标市场分析得到信息之后,就要设立赛事营销的目标和战略。从赛事的目标和战略强调无成本或低成本的角度出发,应该尽量避免在没有足够论证的情况下去进行大量的广告或降价行为。赛事的目标需要有相应的战略或行动去支撑,战略的设计需要围绕营销组合的部分或全部要素进行,战略设计要朝向目标市场,并致力于建立积极的关系。这是因为任何行动都有可能给赛事组织带来潜在的成本增加、变故、威胁。

　　B. 制定营销目标和策略的指标要有可行性。体育市场营销的目标应该是特定的、可测量和可以达到的,并且最大限度地增加机会和尽量减少先前机会分析中存在的问题。营销目标应该存在一些可以测量的指标。清楚、准确地确定体育赛事营销目标,是整个营销策划活动实现的前提,营销目标一定要科学合理,通过一定的努力可以达到的,切不可盲目夸大。因此,要想保证营销目标制定的可行性,就要做好前期的准备工作,对体育赛事市场、消费人群以及赛会组织等有一个比较全面和客观的了解,制定的目标才会切实可行。

　　C. 做好营销预算。做出符合实际的赛事组织能够承担的营销预算,计算出目标和战略的成本,并计算出需要多少收入才能够平衡成本。从财政、环境以及人文的意义上评价营销计划的可行性。

　　D. 寻求企业赞助。对赛事运作者来说,寻求足够的财政支持是一项十分重要的任务。如果赛事组织想提供高质量的服务,赛事经费必须得到保障。就目前来说,寻求企业赞助已经成为体育赛事顺利运作的重要保证。

　　E. 制定营销评价标准。在营销计划中指出如何评价目标和战略。

　　F. 注重体育赛事的综合营销方法。在规模和类型上,体育赛事有着明确的区分,故体育赛事营销也涉及许多方面的内容。体育赛事营销内容之间是相互联系的,如寻找企业赞助的成果将影响广告战略,转播协议会影响门票销售,门票销售战略需要考虑赞助商的促销因素。所以,体育赛事营销者必须采用综合的营销方法,才能取得更为显著的效果。

第六章　常见休闲球类运动方法指导与发展研究

休闲球类运动包括很多运动项目,本章以比较常见的足球运动、街头篮球运动、网球运动、羽毛球运动、乒乓球运动为研究对象,分别对这五项球类运动的发展和技术习练进行深入阐析,旨在为这五项运动奠定理论基础,向这五项运动的技术习练者提供实践指导,有效加快这五项运动的发展进程。

第一节　五人制足球运动发展与技术习练

一、五人制足球运动的发展

巴西室内五人制足球正式比赛的首次举行时间是 1955 年,1959 年比赛规则被统一,同时由巴西体育协会在巴西的各个地区开展正式比赛。五人制足球以很快的发展速度在南美洲发展起来,巴西表现出的发展势头最为强劲。著名的巴西特色十一人制足球就是经过五人制足球演变而来的。除此之外,巴西足球的很多运动健将都是在五人制足球中逐步成长和磨炼出来的。尽管现阶段的世界五人制足球运动的中心依旧在巴西,但在国际足联的努力推广下,五人制足球运动的传播范围正在由南美洲和欧洲逐步扩大到亚洲、非洲、大洋洲、北美、中美等地区,在世界各地快速发展。

20 世纪 60 年代,巴西在国内举行五人制足球全国锦标赛。20 世纪 70 年代初,职业足球开始在美国和加拿大流行。1975 年 1 月,第 1 届美国室内足球联赛由北美职业足球联盟组织并成功举行。1978 年,美国室内足球协会正式成立。1981 年,"室内足球国际联合会"正式成立,并在澳大利亚设置了总部。1982 年,经过国际五人制足球协会的(1989 年,国际五人制足球协会被并入到国际足联中)大力推广运作,首届五人制足球世界锦标赛在巴西圣保罗举行,巴西最终成为该比赛的冠军得主。1988 年 4 月,《室内五人制竞赛规则》被正式颁布并执行。此后,在 1989 年至 1996 年由国际足联推广举行的三届足球世锦赛比赛中,巴西均赢得了冠军。

在国际环境的长期作用下,五人制足球同样开始在我国生根萌芽。1984 年,中国首届五人制全国邀请赛在广州举办。1989 年,"纸机杯"室内五人制足球邀请赛在上海举行,参赛运动员为上海、广东和大连三省市的优秀队、业余队以及少年队。1996 年,在第 3 届国际室内五人制锦标赛、亚洲东亚赛区的资格赛中,上海队取得第 1 名。2003 年 7 月 1 日,第 1 届全国室内五人制锦标赛在广州成功举行,同时派遣选出的国家队,在亚洲室内五人制锦标赛中代表中国参赛。为尽快提高我国五人制足球运动的技术水平,同时为不断拓宽五人制足球运动在我国的普及范围,中国足协在中国职业联赛项目中正式纳入室内五人制足球,并规定每年举行一次联赛。2003 年 12 月 20 日,第 1 届全国室内五人制足球甲级联赛实行赛会制并在大连成功举行。2008 五人制足球在我国得到了大范围推广。2009 年中国室内五人制足球国际邀请赛在杭州举行,参赛的队伍有中国、日本、伊朗、荷兰。目前,五人制足球运动在我国各地获得了较好发展,五人制足球运动的参与者不断增加,表现出了良好的发展趋势。

二、五人制足球运动技术习练

(一)踢球技术

1. 脚内侧踢球

以踢定位球为例,直线助跑,两眼看球,支撑脚在球侧后方 10～15 厘米处,脚尖指向出球方向。踢球腿以髋关节为轴由后向前摆动,脚踝外展,脚尖稍翘,以脚内侧部位对准来球(图 6-1)。

图 6-1

2. 脚背正面踢球

踢定位球时,直线助跑,两眼看球,支撑脚在球侧后方 25 厘米左右处,脚尖指向出球方向。踢球脚脚背绷直,保持头部和膝部在球的上方,用脚的鞋带部位击球的后下部(图 6-2)。

图 6-2

踢地滚球时,脚趾需要和出球方向对准,同时要保证击球部位准确无误,由此促使击球时可以发上力。针对速度较快的来球,运动员要想把初速度对击球方向产生的影响消除到最小,可以采取加大摆踢力量与调整出球方向这两种方法。

3. 脚背内侧踢球

踢定位球时,斜线助跑,助跑方向和出球方向约成 45°角。支撑脚在球侧后方 25 厘米左右,脚尖指向出球方向。用脚背内侧踢球的后下方。踢球时脚背要绷直,脚趾扣紧,脚尖指向斜下方(图 6-3)。

图 6-3

踢地滚球时,要对身体和出球的角度做及时调整,从而为踢球腿摆踢发力提供便利。

转身踢球时,助跑最后一步应当略微带一些跨跳动作,支撑脚的脚趾与膝关节应当努力向出球方向转动,击球点应当位于球的侧前部,同时通过扭转腰为做完摆踢动作发挥协助作用。

4. 脚背外侧踢球

以踢定位球为例,助跑、支撑脚的位置和踢球腿的摆动与脚背正面踢球的动作要领一样,只是在踢球腿前摆时,膝关节向内转动,脚趾内扣,脚外侧基本与地面垂直,用脚外侧部位击球的后中部。

(二)传接球技术

1.传球技术

对于五人制足球运动而言,传球技术是最基础和必须掌握的技术。原因在于传球技术不但是集体配合的重要基础,而且是完成战术配合、争取时间、争取空间、突破对手防线、创造射门时机的有效方式。传球时需要注意的要点是:第一,传球应当快速、简练;第二,后场应当尽可能减少横回传的次数,在风雨天气必须尤为重视;第三,在传球前,运动员应当对周围情况做到心中有数,对同队队员以及防守队员的意图进行准确预见;第四,传球时不可以把自身意图显露出来。

2.接球技术

(1)脚内侧接球

①脚内侧接地滚球。支撑脚与来球方向正对,微屈膝关节,稍向前倾上体,身体重心放在支撑脚上。接球脚提起(约一球高),大腿外旋,膝关节稍屈,脚掌与地面平行,脚内侧对准来球。当脚接触来球时,快放大腿,用脚内侧作为切面与来球前缘相切,切后随即微微上提,将来球挡在身体前并使其缓缓向前滚动(图6-4)。

图6-4

②脚内侧接反弹球。支撑脚快速踏在球落点的侧前方;接球脚提起,膝关节外转,脚内侧对准球的反弹方向。在脚内侧触球瞬间,要稍下压,以缓冲球的反弹力量,把球接在脚前(图6-5)。

③脚内侧接空中球。脚尖稍翘起,脚内侧对准来球。当触球的一刹那,迅速后撤或下压,以缓冲来球的力量(图6-6)。

图 6-5

图 6-6

（2）脚背正面接球

支撑脚应充分发挥保持身体平衡的作用,接球腿弯曲膝盖并朝前上方抬起,保证脚背和来球是对准的。当球和脚背接触时,小腿和脚腕都需要放松下撤,一方面让来球力量得到缓和,另一方面保证球落在身体前方（图 6-7）。

图 6-7

（3）大腿接球

接球腿大腿抬起,以大腿中前部对准下落的球,当球接触大腿时,顺势向下撤腿,使球落在下一个动作所需的位置上（图 6-8）。

（4）胸部接球

①挺胸接球。身体正对来球,两脚前后或左右开立,两膝稍屈,上体略后仰;当胸部与球接触时,脚跟提起,憋气,同时向上挺胸,使球在胸部轻轻弹起（图 6-9）。

图 6-8

图 6-9

②收胸接球。身体和来球呈正对关系,两脚左右开立或前后开立,两臂自然张开,挺胸积极迎球。在胸部和球接触的一刹那,应当在最短时间内缩胸和收腰,借助胸扣压球使来球力量达到最大限度地缓冲,最终让球落地(图 6-10)。

图 6-10

(三)运球技术

运球是指在跑动过程中,运动员借助脚来连续推拨球,从而保证球能够一直在控制范围中的触球技术动作。在五人制足球运动中,运球是一项相对基础性的动作,运球的显著作用是调整进攻方向与进攻节奏。以脚部的具体触球部位为依据,能够把运球技术划分成脚背运球、脚内侧运球以及运球过人三种。

1. 脚背运球

（1）脚背正面运球

上体稍前倾，步幅不宜过大，运球脚提起，髋关节前送，膝关节稍屈，提踵，脚尖下指，在着地前脚背正面部位触球后中部将球推送前进。

（2）脚背内侧运球

身体稍侧转并且自然协调放松，上体前倾，步幅小，运球腿提起外展，膝微屈外转，提踵，脚尖外转，使脚背内侧正对运球方向，在运球脚落地前用脚背内侧推拨球，使球随身体前进。

（3）脚背外侧运球

运球时身体保持正常跑动姿势，步幅不宜过大，上体稍前倾，运球腿提起，髋关节前送，膝关节稍屈，提踵，脚尖绕矢状轴向内旋转，使脚背外侧正对运球方向，在运球脚落地前用脚背外侧推拨球的后中部。

2. 脚内侧运球

脚内侧运球要求在运球前进时支撑脚位于球的侧前方，始终领先于球，肩部指向运球方向，支撑腿膝关节微屈，重心放在支撑腿上，另一条腿提起屈膝，用脚内侧推球前进，然后运球脚着地。

3. 运球过人

运球过人是一项比较有难度的技术。面对当前足球运动的凶悍防守，没有很好的爆发力与快速变向能力的进攻球员，往往很难达到过人的目的。然而，突破过人依然是进攻战术中的一种发起方式，过人成功则意味着对方防守被直接撕开，能够为射门得分创造最佳时机。拨球过人和拉球过人是运球过人的常见类型，具体如下。

（1）拨球过人

拨球利用脚踝关节向侧的转动，来达到脚背内侧或脚背外侧触球，将球拨向身体的侧前方、侧方、侧后方。在过人时若使用拨球，还要在拨球后立即跟上推球，使球按预定方向运行。

（2）拉球过人

将前脚掌放在球的上部或侧上部，另一脚放在球的侧后方支撑，然后触球向后下方用力将球拉回。回拉球的常见目的是在躲开或引诱对方出脚抢球的一刹那，拉回球让对方抢球落空，促使对方身体重心伴随抢球脚朝前移动，在对手无法返回的一刹那用最短时间把球推送出去并越过防守者。

（四）头顶球技术

头顶球的简称是"头球"，该技术就是运动员借助头的前额部分将球击到预定目标的动作。虽然头球力量较小，但对于停球、传球、近距离射高空球或半高球时，头球仍然是能发挥有利影响的"工具"。由此可知，头球同样是五人制足球运动中不容忽视的一项技术。头顶球技术的常见类型如下。

1. 前额正面顶球

前额正面顶球指用由额肌覆盖着的额骨正面部分去击球。

（1）原地顶球

身体与来球的方向正对，眼睛盯紧来球，两脚左右或前后分开站立，稍微弯曲膝关节，在两脚间的支撑面上支撑身体重心，自然地张开两臂，当球运行到快要通过重心垂直于地面的垂线时，用力将两腿蹬地，向前快速摆体，下颌微收，在触球前的瞬间颈部快速振摆，用前额正面击球的中部把球顶出（图 6-11）。

图 6-11

（2）跳起顶球

选好起跳位置，掌握好起跳时机，起跳脚积极蹬跳发力，手臂协调向上提摆，以加强起跳力量（图 6-12）。

2. 前额侧面顶球

（1）原地顶球

身体和来球略微侧对，两脚形成前后开立姿势，身体朝侧后方略微弯曲，把身体重心置于后腿上，两臂自然张开，眼睛牢牢盯着来球。在盯球时，运动员的后脚应当使劲蹬伸向出球方向，然后身体随之朝触球方向转动侧摆，颈部应当通过侧甩来发力，从而借助前额侧部的力量把球顶出。

图 6-12

（2）跳起顶球

动作类似前额正面的跳顶，只是在起跳上升阶段，上体应向出球的相反方向回旋转体。当重心升至最高点时，上体向出球方向侧加速转动，摆体侧甩，可利用脚的侧下蹬加快侧摆速度，用前额侧部将球顶出（图 6-13）。

图 6-13

（五）守门员技术

守门员技术是指守门员组织发动进攻时运用的具体方法以及围绕球门使用的有效防御性动作的总称。守门员技术包括很多种，这里仅对接球技术、扑球技术以及托球技术展开详细分析。

1. 接球技术

（1）接地面球

①跪撑式。一般来说，跪撑式往往用在向侧移步接球时。当守门员接身体左侧的球时，右腿应当跪撑在左脚周边，左腿和右腿之间的距离应当不超过球的直径，两手掌心朝上，前迎触球后把球抱在怀里（图 6-14）。接身体右侧的球时，动作相同，方向相反。

②直腿式。守门员面对来球,弯腰时伸直两个膝盖,两腿分开,两腿之间的距离不可以超过球的直径,两手掌心朝上,前迎触球后把球抱在怀里(图 6-15)。

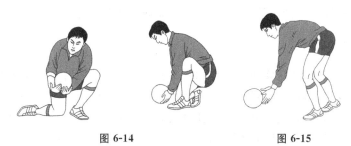

图 6-14   图 6-15

(2)接高空球

与来球面对,两臂向上伸,两手的拇指保持相对,使之呈八字形,其余四指稍微弯曲,手掌与球相对。在最高点手与球接触的瞬间,手指、手腕要经过适当的用力来缓冲来球并接住球,顺势转动手腕弯曲肘部,下引把球抱在胸前(图 6-16)。

图 6-16

2. 扑球技术

(1)扑两侧球

两眼注视来球,身体重心置于两腿之间,两脚时刻准备蹬地,集中精力。扑球的时候,异侧脚的内侧向侧方向用力蹬,同侧脚膝部弯曲迎球跨出,上体顺势压扑以使重心前移倒地的速度加快,同时将双臂伸出把球接住,稍微向内扣腕关节,用手掌挡压球对球进行控制。与球接触后手臂弯曲把球收到胸前,快速抱球起身。侧倒的过程中小腿、大腿、臀部、肩和手臂外侧依次缓冲与地面接触。

（2）扑脚下球

两眼注视并准确判断对手即将起脚射门的具体方向，扑球时降低身体重心来出击迎球，当对手起脚射门的一瞬间，守门员在最短时间内倒地侧扑封堵球路，接住或挡出球，在此之后立即做屈膝团身动作。

3. 托球技术

在临近球门的防守中通常使用托球技术，托球通常用来接那些射门力量大、角度刁、与球门横梁或立柱贴近的球。通常会采取单臂托球，目的在于有效增加触球距离。守门员在托球时，应当伸出和球距离较近的那侧手臂来迎球，触球瞬间朝后仰手腕，借助掌根部顶推发力，使球托向侧方或上方（图 6-17）。

图 6-17

第二节　街头篮球运动发展与技术习练

一、街头篮球运动的发展

街头篮球起源于美国，是美国城镇贫民区的黑人青少年时常参与的篮球运动。很多时期，街头篮球被称之为街球或街场，这不仅是一种盛行于城市的篮球比赛形式，还是嘻哈文化的一个重要分支。在此之后，随着街头篮球运动的持续发展，逐步发展成了全球范围内十分流行的三人篮球比赛，同时对运动者的个人技术提出了很高的要求。第一次街头篮球出现在美国的密歇根州洛维尔镇的大众篮球节上。在那个时期，街头篮球还是一个相对模糊的概念,在篮球技术、音乐、舞蹈风格三者充分结合的影响下,使街头篮球逐步发展成了拥有独特魅力的街头文化。绝大多数人认为,只要出现在街头的篮球比赛或篮球游戏都叫街头篮球。

街头篮球着重突出了篮球运动的自由性与创意,观赏性与自由性极高,技术花哨、动作顺畅、过人劲爆是街头篮球的显著特征。对于欧美国家来说,街头篮球不只是一项体育运动,同时是集体育、音乐、舞蹈、表演于一身的文化娱乐活动。随着街头文化的逐步发展,出现了当前五对五的街头比赛,但街头篮球的主流依旧是三对三比赛。

和街头篮球相比,三人篮球已经具备正规的组织手段以及统一的竞赛规则,三人篮球是五人篮球的压缩板。三人篮球起源于街头篮球,其本质就是街头篮球的正规化与标准化,半场三对三形式是三人篮球的主要形式,同时确立了明确规则,所以说三人篮球也叫"没有街头文化的街头篮球"。因为文化氛围不足,所以街头篮球文化未能在我国得到有效发展,但三人篮球的传播效果比较理想。

自三人篮球传入我国后,其在我国很多大中城市的传播速度十分快。2000年,"阿迪达斯街头三人篮球赛在我国几个城市同时开始,总决赛位于上海市的港汇广场,吸引了成千上万人。2004年,肯德基(中国)携手中国篮协共同创办了肯德基全国青少年三人篮球冠军挑战赛,同时把三人篮球运动推广到我国各个地区。2012年,中国肯德基在北京举办了首届"百佳争鸣肯德基三人篮球训练营"。2013年,肯德基(中国)邀请了来自9个国家和地区的12支三对三篮球劲旅齐聚上海,共同参加了首届"肯德基国际三人篮球挑战赛",并且为我国青少年篮球爱好者提供了一个走向国际赛场的大型舞台。

三人街头篮球不只是一项综合性的游戏活动,而是一项具备现代化特征的竞技体育项目,其具备相对夸张且富有创意的篮球风格,当前形式随意的街头篮球同样深受广大群众的喜爱。街头篮球作为一项竞技体育运动,重要意义在于其是一项尤为关键的竞技项目,在强者对抗拼斗的过程中,不仅展现了生命的活力,还对人们战胜困难、赢得胜利有激励作用。

二、街头篮球运动技术习练

(一)"Z"字摆脱

1."Z"字摆脱接球技巧动作分析

启动、急停、再启动、加速、接球,不仅是无球队员在有防守的情况下取得球的有效手段,还是保证运动员脚步动作熟练和扎实的重要基础,也是其获得球的重要基础。当防守较紧时,外线前锋队员可以采取这种方式来摆脱动作。进攻队员应当跑动到和球距离较远的方向,倘若防守队员未能跟上,就可以借助反跑技术动作来接球上篮,因为有反跑的可能性,所以防守队员肯定会紧随其后,进攻队员借助急停和拉出就能够获得球。

2."Z"字摆脱技巧动作方法

(1)进攻者向左侧跑动,远离传球者,并将防守者带离原位置。

(2)进攻者位于圈顶三分线外1~2米处,传球者位于右侧前锋位置,防守者张左臂封堵传球路线。

(3)当防守者跟随进攻者离开原防守位置时,进攻者采用两步急停,突然返回圈顶,接同伴传球。

3."Z"字摆脱技巧动作练习方法

在存在防守的情况下,获得球的一种基础技术方法就是"Z"字摆脱技术动作。这项技术动作主要适用于存在防守,但防守并非很紧的情况。前锋队员的技术要点与后卫队员的技术要点一样。

具体来说,第一步是在没有防守的情况下练习摆脱动作,对急停与上步要球的动作要点进行深刻感受;第二步是在第一步练习符合要求的前提下,完成存在防守的中速练习;第三步是在第一步练习和第二步练习符合要求的前提下,完成和实战密切联系的一对一个人攻守技术练习,对运用技战术的时机和方法进行全面掌握,达到可以熟练运用的要求。

(二)"V"字摆脱

1."V"字摆脱接球技巧动作分析

相对于"Z"字摆脱,"V"字摆脱对防守队员的威胁更大,当无球进攻队员向篮下跑动时,必然带动防守队员的跟防,再向三分线外启动、加速接球。在当代攻击性防守的情况下,无球进攻队员需要在有利的进攻区域接球,一般都要采用"V"字摆脱。

2."V"字摆脱进攻接球技巧动作方法

(1)进攻接球者位于篮板左侧45°角三分线外1~2米处,传球者位于圈顶后卫位置,防守者力图不使进攻者接到球,贴近进攻者,张左臂封堵传球路线。

(2)无球进攻者向上做虚晃接球动作后,向底线反跑,防守者紧跟无球进攻者向底线跑动。

（3）在无球进攻者跑到限制区底线周边的位置时,防守者应当充分发挥卡位的作用,不要让无球进攻者继续移向限制区,避免双方产生一定的身体接触。

（4）进攻者借助两步急停以及身体接触产生的反弹力,出其不意地返回左侧45°角三分线外,将同伴的传球成功接住。

（5）作为防守队员,应当在最佳时间段内再跟上进攻队员,从而使防守位置维持正常。

（6）在无球队员接到球之后,应当马上完成持球队员的"三威胁"动作,从而为完成下一个技术动作做好充足准备。

3."V"字摆脱进攻接球技巧动作练习

"V"字摆脱技术动作是在有防守的情况下获得球的一种基本技术方法,通常是在有防守,而且防守又很紧的情况下采用。后卫队员和前锋队员的技术要领相同。

具体来说,第一步是在没有防守的情况下认真练习急停摆脱动作,对急停动作与上步要球动作的动作要领进行深刻感受;第二步是在符合第一步练习要求的前提下,高质量完成有防守的中速练习,对存在防守队员的情况下身体接触后的用力进行体会;第三步是在达到前两步练习要求的情况下,完成和实战密切联系的一对一个人攻守技术练习,促使运动员更加熟练地掌握技战术。

（三）运球摆脱急停跳投

1. 运球摆脱急停跳投技巧动作分析

在街头篮球比赛中,当对方顽强防守时,持球队员运球个人摆脱投篮或上篮是判断其技术水平的关键指标之一。运球摆脱急停跳投技巧是后卫队员必须熟练掌握的一项重要技术,就当前的美国职业赛来说,很多优秀球员都熟练掌握了这项技巧动作,同时将其当成得分的一种有效措施。运球摆脱急停跳投是街头篮球比赛中的一项基本技术。

2. 运球摆脱急停跳投技巧动作方法

（1）持球者从球场左侧45°角三分线外向罚球线附近运球。

（2）在接近限制区右脚落地的同时,脚尖内扣,膝关节内收,身体向左半转。

（3）当转身时右手向左拍球，球向左反弹，同时在以右手回扣住球的前上部，身体做向左侧突破的假动作。

（4）右手扣住球，左脚蹬地，身体再次转向右侧，右腿斜前跨步，向罚球线附近加速，两步急停，左脚落地，右脚跟上，双膝弯曲，身体正对球篮。

（5）单脚起跳，抬臂、伸肘、压腕、指尖拨球，投篮出手。

3. 运球摆脱急停跳投技巧动作练习

持球队员在做动作前，要假设有防守队员，加速和变向要突然，动作结构分解为向右加速，右脚急停，左脚上步，向左假突破，右手拉球，身体呈交叉状，再突然向右变向、加速突破急停跳投。

（1）行进间左右手提前变向运球练习。

（2）行进间急停变向运球练习。

（3）行进间急停变向投篮练习。

（4）完整动作练习。

（四）体前 Cross Over 摆脱急停跳投

1. 体前 Cross Over 摆脱急停跳投技巧动作分析

体前 Cross Over 摆脱急停跳投大体可以分解成四个要点，分别是晃、变、加速、急停跳投。从表面看这项技术比较简单，但实际操作中的难度很大，运动者必须熟练掌握控球技术，熟练运用控球技术可以大大增加其他人的防范难度。体前 Cross Over 摆脱急停跳投技巧是外线队员技术储备中一定要具备的武器，运动员在日常应当反复练习，用心进行揣摩，如此在比赛中才能彻底打败对手。以美国篮球职业联赛为例，骑士队的凯里·欧文对这项技巧形成了全面掌握，由于其能够熟练使用，所以常常会让防守队员想不出应对的方法。

2. 体前 Cross Over 摆脱急停跳投技巧动作方法

（1）持球者从球场左侧45°角三分线外向限制区附近运球。

（2）在进入三分线内左脚落地的同时，脚尖内扣，膝关节内收，身体向右半转，右脚跨步向圈顶方向变向。

（3）当转身时右腿向侧做弓箭步跨步，身体前探，右臂向侧大幅度伸开，用手指、手腕扣住球的前上部，向左手方向拍球。

（4）球向左反弹，同时再以左手回扣住球的前上部，向左运球，身体做向左侧突破动作。

（5）当接近底线时，左手推球，左腿蹬地，右腿前跨，在底线处两步急停，右脚落地，左脚跟上，双膝弯曲，身体正对球篮。

（6）双脚起跳，抬臂、伸肘、压腕、指尖拨球，投篮出手。

3. 体前 Cross Over 摆脱急停跳投技巧动作练习

持球队员在做动作前，要假设有防守队员，加速和变向要突然，右脚上步，向右假突破，右手拉球幅度要大，球要压低，身体呈半蹲状，再突然转向，向左变向、再加速突破急停跳投。

（1）行进间左右手体前变向运球练习。

（2）行进间急停变向运球练习。

（3）行进间急停变向投篮练习。

（4）完整动作练习。

（五）背后 Cross Over 运球

1. 背后 Cross Over 运球技巧动作分析

运动员眼睛应当紧盯对手，同时手中玩耍不同类型的球技。运动员每次接触球应当清楚球所处的位置以及跑动方向，所以说运动员无需再看球，看对手同样十分重要，可以让其在身体后侧随意跳动，这就是背后 Cross Over 的优点。在比赛过程中，球应当躲藏在运动员身体后面，身体在前更有助于迷惑对手，通过晃左突右和闪右走左两种方式来增加对手防范的难度。

2. 背后 Cross Over 运球技巧动作方法

（1）持球者双脚平行开立，身体保持正直，双膝弯曲，重心下降，以左手运球于身体左侧后部。

（2）以手指、手腕拨球，将球拍到两腿之间，右手放到身后准备拍球。

（3）当球运到体后右侧时，再交由右手继续将球拍到左侧。

（4）从背后可以更清楚地观察到背后交叉运球的动作方法。

3. 背后 Cross Over 运球技巧动作练习方法

从表面看这个动作比较简单，但实际上难度比较大，运动员不仅要具备良好的球感，还要具备较高的控球能力，也要准确判断球的落点以及反弹方向，另外要对相关技巧进行持续摸索和掌握。具体来说，第一步是原地体前变向左右手运球；第二步是在高质量完成第一步的情况下，原地体后左右运球，通过眼睛余光来看球；第三步是不看球的情况下，完成体后交叉变向运球。

第三节 网球运动发展与技术习练

一、网球运动的发展

针对网球运动的发展,这里着重对中国网球运动的发展概况进行深层次分析。

19世纪后期,网球运动被其他国家的传教士与商人传入我国,最开始是在教会学校中开展,后来传播范围逐步扩大到我国一些大型城市和通商口岸城市。

（一）新中国成立前网球运动的发展

从整体来分析,新中国成立前的网球运动发展水平比较低,这里从竞技网球运动和大众网球运动两个方面展开分析。

竞技网球运动方面,1910—1948年,第1届到第7届全国运动会中,网球比赛一直被列入正式比赛项目。但前两届比赛中女子是不允许参加的,从第3届才开始设女子项目。1915—1934年,我国网球运动技术水平不断提高,开始参加各种重大赛事。在历届远东运动会的比赛中,男子网球取得了较好的成绩,以邱飞海、林宝华为主力的中国队夺得了第8届远东运动会的冠军;女子网球队则只参加了第6届和第10届远东运动会的表演赛。1924—1946年,中国选手参加了六次戴维斯杯网球赛。这一时期,网球水平较高的运动员主要有邱飞海、许承基等。

大众网球运动方面,该阶段的网球运动依旧是一项贵族运动项目,参与人数十分有限,大众网球运动的水平还很低。

（二）新中国成立后网球运动的发展

自新中国成立之后,我国网球运动经历了十分曲折的发展过程。

1. 网球运动的曲折发展阶段

1953年,中国网球协会成立,同年,首次全国网球表演赛在天津市举办。1956年,网球被列为全国运动会正式比赛项目,规模也越来越大。这一时期,一些高水平的网球运动员涌现出来,男子运动员主要以朱振华、杨福基为代表,女子网球运动员主要以戚凤娣、徐润珍为代表。

1960—1976年,受特殊因素的影响,我国各项事业遭受重创,网球运动的发展也陷入低谷。

1980年,中国网球协会正式成为国际网球网联的会员,随后我国大中城市开始大范围推广网球运动,广大群众积极参与网球运动。为尽可能让人们喜爱和参与网球运动的需求得到满足,我国相继提出了一系列支持政策,大众网球运动的场地设施也得到了有效完善。

2. 网球运动的稳步发展阶段

进入21世纪之后,我国再次加大发展网球运动的力度,竞技网球运动和大众网球运动都取得了比较理想的发展成效。

就竞技网球运动来说,我国网球运动训练以及竞赛体制越来越完善,同时在联系我国网球运动员具体情况的基础上来开展训练、组织参赛,使我国网球选手的运动水平获得了较大提升,运动成绩不断提高。在第21届世界大学生运动会网球赛上,我国选手李娜首次冲出亚洲。2003年6月,在维也纳职业女子网球赛上,孙甜甜、李婷、晏紫、郑洁首次包揽WTA双打冠亚军。在2004年第28届雅典奥运会网球赛场上,李婷、孙甜甜勇夺女子双打金牌,中国人第一次在奥运会网球赛场上夺得女双冠军,具有非常重要的历史意义。在2006年1月澳大利亚网球公开赛上,郑洁、晏紫获得了女子双打冠军。2011年,李娜在法国网球公开赛女单比赛中夺冠。2014年1月25日,李娜勇夺澳大利亚网球公开赛女单冠军,成为亚洲首位网球大满贯得主。此后伴随着李娜退役以及部分网球老将年龄增大,我国竞技网球运动表现出了青黄不接的发展状况。但就近两年来说,我国不仅大力发展体育事业,同时对网球运动选材投入了很大关注,很多网球新秀正在不断成长,具体包括王蔷、徐诗霖等,今后我国网球运动水平必将再攀高峰。

就大众网球运动来说,近两年的发展尤为迅速。其一,在竞技网球运动的带领下,促使我国大众网球得到进一步普及和发展,网球运动进入广大群众的生活中,逐步转变成了深受群众喜爱的一种运动形式,这在很大程度上推动了我国网球运动的发展;其二,在我国大力实施《全民健身纲要》的背景下,有效增强了广大群众的体育锻炼意识,网球运动体育设施基础得到了有效改善,大众网球运动在我国成功掀起了新的运动高潮。

二、网球运动技术习练

(一)击球技术

1. 正手击球技术分析

运动员右手握拍,左肩对网,左臂屈肘前伸,身体保持平衡,左脚与底线约成45°角,右脚与底线平行。当右手引拍到两肩在一条直线上的时候,拍头向上略高于手腕,拍面要保持平放,拍头指向身体后面。在击球时,应当把肩关节当成轴,手腕呈关闭状态,通过大臂挥动来带动小臂、手腕以及球拍,击打的全过程球拍面都需要和地面呈垂直关系或稍微开一点。球拍由后引开始至朝前挥击应当是一个完整动作。在球拍击中球的瞬间,应使网球拍中点击在球体水平轴的后部。当球拍和球撞击之后,持拍手的手臂应当继续朝前方尽可能随挥,进而保证球拍停在左肩的后上方(图6-18)。

1　　2　　3　　4　　5

图6-18

2.反手击球技术分析

(1)反手上旋球

反手上旋球,即当对方来球飞向你反拍时,迅速转肩转体,扶拍颈的左手帮助右手握拍换成反手握拍,向后引拍,重心移向左脚,屈膝降低重心,右脚向左侧前方跨一步,在右脚的左侧前方击球,拍面稍向后倾斜,拍触球时,应尽可能地保持球与拍弦的接触时间,手腕绷紧,击球时,前肩应当如同卷曲的弹簧被放开那样,进行平滑转动,该放开动作能够对拍头出去的速度产生影响,同时会让力量对击球产生作用,做完击球动作之后,严禁球拍停止朝前,而应当继续朝前上方完成随挥动作,直至挥拍至运动员身体的右前上方,此后面对球网为下次击球做好充足准备。

(2)反手平击球

球速快、球的飞行路线相对平直、球落地后的前冲力量较大是反手平击球的优势;准确性不高、出现下网或出界的可能性大是反手平击球的劣势。如果对方来球飞向反拍,则运动员应当马上转体转肩并引拍,并且让右脚朝左前方跨出,扶拍颈的左手帮助右手换握成反手握拍并将拍拉向身体的左后方,重心移向左脚,左脚掌转至与端线平,右肩或右背对着球网,拍面几乎与地面垂直,球拍触球时,手腕绷紧,挥拍击球的路线是从后向前上方比较平缓的挥击,左臂自然展开,保持身体的平衡,击球后,球拍应随着惯性挥至右肩上方。高质量完成完整的随挥动作之后,应当恢复成准备姿势。

（二）发球技术

1.平击发球

平击发球要求右手持拍,侧对球网站立,使前脚与端线保持45°,指向右侧网柱,身体重心在左脚上,左手托住球拍的拍颈,手臂稍弯曲并保持在胸部的高度。双臂同时稍下放,在其最低点抛球手臂与击球手臂分开,但以不同的速度向上摆动;同眼高时,将球抛出,击球臂向后、向下、向上引拍,身体重心移至右腿上;在手臂伸展到最高点时,身体重心又移到左腿上,同时,通过髋关节前移,降低身体重心;左腿支撑身体向前、向上运动。击球肩膀转向前面,前臂旋内,充分向前、向上伸展击球臂,在最高点击球,击球一刹那,让拍面与地面呈垂直关系。击球后注意做好随挥动作,将球拍随挥至身体的左侧,以稳定身体重心,保持平衡(图6-19)。

1　　　2　　　3　　　4　　　5　　　6　　　7　　　8

图 6-19

2.切削发球

切削发球和平击发球的技术动作存在很多相似点,唯一区别是切削发球的力量更加显著,一定要努力让球拍往后,当球拍位于运动员的背后时,肘关节应当平击发球抬起的高度高,如此方可保证发出球的力量,球拍接触球的瞬间,球拍是由后侧擦击球,从而让球出现侧旋,使球的命中率得到大幅度提升,球发出后跟进动作应当在身体左侧下方结束,此类球发出后飞行轨迹会转变成弧线形,控制落点的难度会变小。

（三）接发球技术

1.握拍

针对握拍方式,运动员应当结合自身习惯做出最合理的选择,东方式正手握拍和东方式反手握拍都可以。对于习惯正手击球的运动员来说,等待对方发球时采取正手握拍法,但对方发球时经常发你的反手,因而选择东方式反手握拍更有优势,尽管由反手握拍转变成正手握拍的难度较小,但一定不可以把球拍握得过紧,只要自我感觉良好就行。

2. 准备姿势与站位

正确的准备姿势与站位是两脚自然开立与肩同宽,双膝稍屈,脚跟离地,重心落在前脚掌上,拍头约与腰同高并指向对方,两脚不停地轻轻跳动或身体微微晃动,双眼认真关注对方抛球的高度、方向和拍面等。如果对方拍面有角度即为切削发球,可准备向边上移,要是判断不出角度,可以用耳朵听,因为平击球的声音比旋转球要大得多,这样便于以最快的速度到达接发球的位置上。站位的左右位置,从理论上讲,应站在发球员与左右落点连线夹角的分角线上,这样站位,正反拍接发球距离相等,不会出现明显的空档,或者站在略偏于反手位置上。确定前后位置时,运动员一定要全面参照对手的发球方式以及发球力量,接良好的大力发球只需要站在底线后面的1~2米的位置,接其他发球往往建议运动员站在底线前后。因为第二发球的速度往往比较慢,同时常常落在进网的位置,因而运动员应当朝前踏进一大步,针对发球相当软的情况,则建议运动员加大向前进的步数。

3. 击球

针对对方发出球的动作,接球员应快速预测击球点并迅速起动,立即做出转体引拍动作,但是要注意后摆距离应短一些,根据对方不同的发球来调整幅度的大小,握紧球拍,手腕固定,并向击球方向踏出异侧脚,同时,向前迎击球,击球点是在体前侧胸部高度处,对着球击出的方向,送出球拍,尽量加长球拍接触的时间,要像打落地球那样,做好随挥动作。针对快速来球,回球时往往会选择阻挡式动作,这和截击球打法存在很多相似点,严禁做过大挥动。原因在于接球时完成正常引拍击球动作的时间远远不足,能够做到的仅仅是控制好球拍拍面,握紧球拍,绷紧手腕,将球挡回去。不管是快速来球,还是速度较慢的旋转发球,均要求接球员牢牢盯住球,在球离开发球员手部之前直到球被拍击到的全过程中,两眼均不可以离开球。

4. 随挥跟进

击球后很少有随挥动作,拍头竖起,顺势结束在较高处,身体重心在前脚掌上,脚跟离地,准备对方下一次回击,并立刻移动到自己场地的中央,或随球上网。

（四）截击球技术

1. 正手截击球

运用正手截击球的常见情况是来球飞向正手。在这种情况下,网球运动员所占的最佳位置是网前 2～3 米,准备姿势和一般击球大体相同,只是应当尽可能举高球拍,保证球拍和眼部高度大体一致。做截击动作时一定要把后摆动作控制在合理范围,击球点应当始终处于身体前面的位置,球拍和球接触的一刹那手腕应处于固定状态,用最大力量握紧球拍,稍微加上朝前推击的动作(图 6-20)。

图 6-20

2. 反手截击球

对于运动水平较高的网球运动员来说,掌握反拍截击比掌握正拍截击的难度更小一些。因为挥拍简单、不烦琐、身体不会对其产生制约,运动员一定要保证反应快速、准备动作敏捷。如果球来到反拍一边,运动员应当借助扶拍手朝后方拉球拍,与此同时要完成转肩动作,球拍开始完成短暂后摆,拍头高于握拍手,眼睛看球,如果运动的时间相对充足,可以上步击球以增加力量,球与球拍接触时,握紧球拍,手腕绷紧,在身体前面 15～30 厘米处撞击球,向前撞击时,两只手的动作就好像在拉一个长的橡皮筋,保持身体的平衡。为更快的恢复到准备状态,击球动作完成后将球拍对着球撞击方向送出去,缩短随挥动作。

3. 近身截击球

对方击球朝着运动员身体中央快速飞来的球就是近身球。这种朝身体飞来的空中球在网前截击时经常遇到。把球拍放在身体的前面用反拍截击,保持手腕笔直和绷紧,拍面在体前正对着球截击是对付这种"追身球"的最佳办法。如要加力截击,身体向左转,没有后摆动作直接把球击出,击球后,身体前倾,球拍对准球落地的方向,随挥出去(图 6-21)。

1   2   3

图 6-21

4. 中场截击球

本方发球线周边的截击球就是中场截击球,多适用于发球上网战术中。绝大多数情况下,中场截击球都是腰部以下部位击球,原因在于和网的距离比较远,通常难以完成跨步深蹲的迎前截击动作,另外要准确判定击球点以及拍面角度,拼尽全力回击至对方深区的空档,由此为运动员在最佳时间内占据网前主动位置提供便利。

第四节 羽毛球运动发展与技术习练

一、羽毛球运动的发展

针对羽毛球运动的发展,这里立足于规则的发展、组织的发展、技战术的发展三个方面进行阐析,具体如下。

（一）羽毛球竞赛规则的发展

在羽毛球运动刚刚兴起时，竞赛没有对人数、分数、场地做出明确限制，只要运动员用球拍互相对击球就可以。在羽毛球持续发展的情况下，羽毛球运动的竞技性同样在持续加强，逐步出现了对该项运动的分数限制、场地限制以及人数限制。比赛时，一人或两人为一方，中隔一网，用球拍经网上往返击球，使球落到对方的场地上，或使对方击球失误而得分取胜。

1877 年，英国出版了世界上第一本羽毛球规则。规则内容很简单，只是规定了场地呈长方形；中间挂网的高度、双方对击的要求；没有单打、双打的区别。由于当时社会信息发展并不完善，人们对于这项新兴的运动的了解也不够深刻，因此每个国家所制定的规则和场地的标准也不尽相同。1893 年，由英国的 14 个羽毛球俱乐部一致倡议组成了正规的羽毛球协会，并修订了规则。1901 年，该协会修订羽毛球规则。

随着人们观赏水平的提高，羽毛球运动技战术得到了一定的发展，出现了单、双打场地的区别及发球区的规定，以及发球得分及发球得分后的换区等规则。为了使比赛激烈、精彩，又规定了双方打满 13 平、14 平，女子单打打成 9 平、10 平时要进行加分比赛。2005 年，世界杯赛事率先实施"21 分制"，同年 12 月国际羽联在吉隆坡理事会议上做出了决议，将在国际羽联举办的各项赛事中试行新的记分方法：具体方法为与排球比赛相类似的每局 21 分制记分，三局两胜制。当比分为 20 平时，采用先净胜得 2 分者获胜，当比分到 29 平分时，仅加赛 1 分，得到 30 分者获得最后胜利。除此之外，发球权由得分一方持有，同时把过去仅有发球一方能够得分的赛制转变成了每球得分。

（二）世界羽毛球运动组织的发展

世界上第一所羽毛球俱乐部是 1875 年在英国成立的军人俱乐部，发展到 1893 年，英国已有 14 个羽毛球俱乐部，他们在一次会议上正式成立英国羽毛球协会。当时，英国羽毛球协会对羽毛球运动的开展、提高和传播起了积极的推动作用。这项运动迅速向世界其他国家传播。20 世纪二三十年代，加拿大、丹麦、马来西亚等国也相继成立了羽毛球协会。

1934 年，由英格兰、法国、爱尔兰、苏格兰、荷兰、加拿大、丹麦、新西兰和威尔士 9 个羽毛球协会共同协商成立了国际羽毛球联合会（简称国际羽联）。第一任主席是汤姆斯，总部设在伦敦。国际羽联的成立直接推动了羽毛球在世界范围内的迅速发展。

成立国际羽联，不但能对羽毛球技术发挥推动作用，而且能对羽毛球战术发挥推动作用。除正常开展过去的全英羽毛球锦标赛之外,1948年和1956年相继增设了世界男子团体锦标赛和世界女子团体锦标赛,此外先后举办了世界羽毛球锦标赛和羽毛球世界杯赛等,成功举办这些赛事为世界羽毛球运动向前发展提供了巨大动力。在那个时期的政治因素的制约下,我国以及部分国家未能加入国际羽联,所以许多国际性羽毛球比赛难以反映出羽毛球运动的世界级水平。

1978年,在香港成立了世界羽毛球联合会(简称世界羽联),先后举办了两届世界羽毛球锦标赛,我国共荣获8项冠军,这让我国在世界羽坛的地位迅速攀升,后经努力,1981年,国际羽联和世界羽联正式合并,组成了国际羽毛球联合会(简称国际羽联),使世界羽毛球运动产生了新的飞跃,出现了欣欣向荣的景象。目前,加入国际羽联的国家和地区已经多达一百多个,国际奥委会已经将羽毛球比赛列入奥运会正式比赛项目,羽毛球运动迎来良好的发展前景。

(三)羽毛球运动技战术的发展

从开创到现在,羽毛球运动技战术的发展经历了由简单到全面、由全面到快速灵活、由快速灵活到多变的发展历程,产生了几次大的飞跃。

第一次飞跃是指开创时期,该时期世界羽坛基本被英国运动员垄断,尽管英国运动员存在技术单一、打法陈旧、战术变化较小的劣势,但他们的技术水平始终领先其他国家的运动员,为羽毛球运动大范围传播贡献了很大力量。直至1939年,丹麦和加拿大等国家的选手借助良好的体力以及进攻型战术对英国选手的地位造成了很大的冲击,英国选手独自称霸世界羽坛的局面被画上了句号。在第36届全英锦标赛上,英国运动员仅获一枚混双金牌;第37、38届全英锦标赛冠军全由丹麦运动员获得。

第二次飞跃是20世纪50年代到20世纪60年代中期,该阶段是羽毛球运动技战术全方位发展的关键阶段,男子技术优势由欧洲逐步转移至亚洲,最终产生了亚洲人称霸世界羽坛的局势。20世纪50年代,马来西亚和印度尼西亚为代表的运动员绝大多数情况下借助拉和吊两种方式来有效控制球的落点。从1958年开始,羽毛球技术开始向快速、灵活的方向发展,以印尼的陈友福为代表,其以较快的速度运用下压抢网和加强扣杀上网的技术打败了以技术性为代表的打法,从此开创了印尼控制世界羽坛的局面。从1958—1979年,印度尼西亚共七次荣获汤姆斯杯。在这期间中国虽然没有与世界各个国家进行正式的比赛较量,但是其技术与战术水平提高的非常快,已经具备世界先进水平,主要的代表运动员有汤仙虎、侯加昌,他们的"快""准""狠""活"的技术风格很快压倒了印尼队和欧洲队,为推动世界羽毛球运动发展做出了巨大贡献。中国的快攻技术也开始被国际羽坛接受,并在世界范围内推广。

第三次飞跃是 20 世纪 80 年代,世界羽坛技术与战术向快速进攻、全面、多变的方向发展。主要代表的国家如中国、印尼、印度、丹麦、马来西亚、韩国等,运动员的打法更全面、变化更多、速度更快、特长突出、攻守兼备而各领风骚,技术已达到炉火纯青的地步,世界羽毛球运动技战术进入了巅峰期。当时的代表人物有林水镜、韩健、栾劲、苏吉亚托、普拉卡什、费罗斯特、陈昌杰等。尤以林水镜的"快""狠",费罗斯特、韩健的"控制对方后场的进攻""加强防守""创造条件抢攻"成为后人学习的典型。到了 90 年代,又出现了新的技术。主要代表典型有:印度尼西亚年轻集团军和韩国的凶狠拼杀作风,马来西亚西德克兄弟的拉、吊技术以及中国吴文凯、刘军为代表的快攻型打法,此时中国运动员开始在世界羽坛上称霸。

分析羽毛球运动的发展历程可知,这项运动的技战术正朝着"快速、全面、进攻和多拍"的方向发展。具体来说,快速是指出手动作、步法移动、判断反应、战术变化等方面的速度在持续加快;全面是指技术全面、同时兼顾进攻与防守、控球水平较高、运动员身心素质都比较高;进攻是指借助技术优势达到先发制人的目标,持有积极主动的作战态度,以抢攻为主要内容;多拍是指在战术不断变化的情况下,在很多次攻守回合中来大幅度提升控球水平,尽可能减少失误次数,尽全力抢占主动,对羽毛球比赛的局面进行有效控制。

不管是现阶段的发展状况,还是总体水平,亚洲羽毛球运动的实力依旧处于领先位置,男子羽毛球运动是中国、印度尼西亚、马来西亚、韩国并驾齐驱,我国依然维持着强劲势头。与此同时,欧洲的丹麦和瑞典依旧处于奋起直追的状态,再展雄风的可能性很大。女子羽毛球运动仍旧是中国、印度尼西亚、韩国鼎立在世界女子羽坛,依旧维持着很大的优势,同时欧洲的瑞典、丹麦、英格兰正在逐步崛起。显而易见,世界羽毛球运动的格局正在向多元化的方向发展,欧亚对抗的局面正在逐步形成,世界羽坛将会呈现更加激烈的争雄局面。

二、羽毛球运动技术习练

(一)发球技术

发球是羽毛球运动中一项重要基本技术。发球是组织进攻的开始,高质量的发球会给接发球方造成困难,甚至致使对方接发球失误。发球可分为正手发球和反手发球两种。

1. 正手发球

(1)正手发后场高远球

发球时,左手持球,自然弯曲置于胸前,右手持拍向右后上方摆起,身体重心前移,右脚跟提起,身体放松。左手放球使其下落,在右臂向前上方挥动的同时,右脚蹬地,腰腹向正前方转动。使下落的球与拍面在身体右侧前下方的交叉点碰触,球触拍面的中上部。击球瞬间,握紧球拍,闪动手腕,向前上方鞭打击球,在击球的同时,手臂随击球后的惯性自然往左肩上方挥起,身体重心也由右脚移至左脚。击球后,重心下沉,微屈双膝,随时准备回击对方的来球(图6-22)。

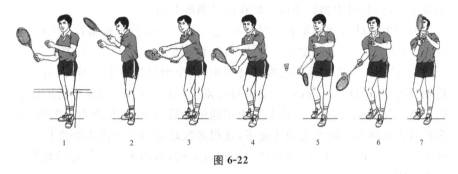

图 6-22

(2)正手发后场平高球

对于正手发后场平高球而言,站位、准备姿势、引拍时的轨迹都和发高远球大体一致,具体区别是在发平高球的一刹那前臂应当加速带动手腕发力,拍面微微推向前上方,动作幅度应当比发高远球小一些。完成发球动作后,运动员应当在最短时间内准备好回击。

(3)正手发后场平快球

发球时,站位稍靠后些(以防对手迅速回球到本方后场),击球时要充分利用前臂带动手腕的爆发力快速向前方击球,使球从对方肩稍高处越过,迅速插入对方反手后场或空当处。击球后,收拍到胸前,回动至中心位置。

(4)正手发网前球

正手发网前球时,应当使站位略微向前。握拍时尽可能保持在放松状态,将上臂动作控制在合理范围内,身体重心置于左脚,提起右脚跟。在击球时,应当通过前臂来带动手腕,从而保证拍面由右侧向左侧斜切击球,科学控制用力,保证球正好可以贴网而过,最终落到对方前发球线的周边。完成击球动作以后,运动员应当还原为准备姿势。

2.反手发球

(1)反手发平球

对于反手发平球来说,发球时球拍挥动方向应当和反手发网前球相同,不同之处是击球的一刹那要求运动员手腕抖动并突然发力,此外拍面应当做"反压"动作。

(2)反手发网前球

发球时,小臂带动手腕发力,球拍由后向前推送,拍面呈切削式击球,使球过网后急速下落在对方场区的前发球线附近。

羽毛球规则指出:发球时,发球员"两脚都必须有一部分与地面接触,不得移动,直至将球发出"。在击球瞬间,"发球员的球拍必须先击中球托,与此同时,整个球要低于发球员的腰部";"拍杆应指向下方,从而使整个拍框明显低于发球员的整个握拍手部"。初学者首先须弄懂这些规则,以免发球违例。

(二)接发球技术

接发球是相对于发球方说的,还击对方发过来的球叫接发球。

1.站位

单打的接发球站位离前发球线约 1.5 米,在右发球区要站在靠中线的位置,在左发球区则站在中间稍偏边线位置,主要防备对方发球攻击反手部位。双打接发球时站位可靠近前发球线,因双打的后发球线距离前发球线比单打短 0.76 米,发高远球易被扣杀。由此可知,双打接发球应当把重点集中在对付对方发网前球上。

2.准备姿势

单打接发球应当把左脚和右脚分别置于前方和后方,侧身对网,后脚脚跟微微提起,略微弯曲两个膝盖,收腹含胸,持拍在右侧前,两眼紧紧盯住前方。双打接发球和单打接发球的准备姿势相同,不同之处是身体重心可以任意置于一只脚上,球拍的举起高度应当高于肩部,此外要做到全神贯注。

3.接球

在接球时,首先要提高后场击球能力。在比赛中,当对方发平快球时,可采用平高球、平推球、劈吊、劈杀还击,以快制快,掌握主动;也可用高远球还击,充分做好再次还击的准备;对方发网前球时,可用平高球、挑高球、放网前球、平推球还击,有机会还可以用扑球还击。

对于羽毛球运动的接发球技术而言,球路对运动员运用接发球技术和接发球战术具有直接性影响。具体来说,发球抢攻是使用频率最高的战术,运动员应当在最短时间内发现对方意图,坚持避强就弱的原则,在最佳时间段内运用放网与平推球进行还击,落点应当尽可能拉远和对方站位间的距离,从而对对方进攻产生限制。针对对方连续发球抢攻的情况,负责接发球的羽毛球运动员必须保持冷静,对球实施有效控制,最大限度地减少对方抢攻机会。

（三）击球技术

1. 后场击球

（1）高球

①正手击高球。首先要判断好来球的方向和落点,侧身后退,使球处在自己的右肩前上方的位置。左肩对网,左脚在前,右脚在后,重心在右脚上。左臂屈肘,左手自然高举,右手执拍,手臂自然弯曲,将球拍举在右肩上方,两眼注视来球。击球时,右上臂后引,随之肘关节上提明显高于肩部,将球拍后引至头部,自然伸腕（拳心朝上）。然后在后脚蹬地、转体收腹的协调用力下,以肩为轴,上臂带动前臂快速向前上方甩腕,在手臂伸直的最高点击球。击球后,持拍手臂向左下方挥动并收拍至体前,与此同时,左脚后撤,右脚向前迈出,身体重心由后脚移至前脚上（图6-23）。正手击高球也可起跳击球,按上述要求做好准备动作,然后右脚起跳,随即在空中转体,并完成引拍击球动作。击球动作应在球由空中最高点落下的一刹那完成。

图 6-23

②头顶击高球。头顶击高球和击正手高球的动作要点大体一致,不同之处仅仅是击球点偏向左肩上方。当羽毛球运动员准备击球时,身体应当

朝左侧倾斜。在击球过程中,运动员应当充分发挥上臂的带动作用让球绕过头顶,自左上方朝前加速挥动,一定要把手腕的爆发力全部发挥出来用来击球。在落地时,左脚朝左后方摆动幅度应当适度增加一些(图6-24)。

图 6-24

③反手击高球。反手击高球主要适用于对方把球击到己方左后场区。第一步是对对方来球方向与来球落点进行准确判断;第二步是用最短时间把身体转到左后方并移动步法;最后一步用右脚前交叉跨到左侧底线,背对网,身体重心在右脚上,使球处在身体右上方。击球前,迅速换成反手握拍法,持拍于右胸前,拍面朝上。击球时,以上臂带动前臂,通过手腕的闪动,自下而上地甩腕,将球击出。在最后用力时,要注意拇指的侧压力与甩腕的配合,以及两腿蹬地转体的全身协调用力。

(2)吊球

①正手吊球。击球准备和前期动作同正手击高球。只是击球时拍面稍向内倾斜,手腕快速切削下压动作,击球托的后部和侧后部。若吊斜线球,则球拍切削球托右侧并向左下方发力;若吊直线球,则拍面正对前方向下切削(图6-25)。

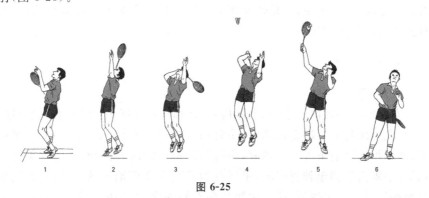

图 6-25

②反手吊球。反手吊球和反手击高球的击球准备以及前期动作相同，不同之处是击球过程中对拍面的掌握情况以及运用力量的情况有所不同。在吊直线球时，运动员应当借助球拍反面切削球托的后中部，以对方右半场网前作为发力对象；在吊斜线球时，运动员应当借助球拍反面对球托左侧实施切削，以对方左半场网前作为发力对象。

（3）杀球

①正手扣杀球。正手扣杀球和正手击高球的准备姿势大体相同，不同之处是最后用力方向是向下的。当运动员的右脚完成起跳动作之后，身体后仰成反弓后收腹用力，靠腰腹带动大臂、大臂带动前臂、前臂带动手腕，形成鞭打向下用力，球拍正面击球托的后部，无切击，使球沿直线向前下方快速飞行。当运动员完成击球动作后，必须马上还原成准备姿势（图6-26）。

图6-26

②反手扣杀球。通过准确判断对方来球，迅速移动到合适的击球位置，最后一步右脚向左后侧跨出，背对球网，反手握拍，持拍手屈臂将球拍举至左肩上方准备击球。当球落到右肩上方适当高度时，以肘关节为轴，用肩力及大臂带动小臂，手腕、手指快速用力向后击球。击球瞬间握紧球拍，手腕快速用力向前下方扣压。

3. 中场击球

（1）正手抽平球

右脚向右侧迈出一小步，上体稍向右侧倾，正手握拍，手臂向右侧上摆，屈肘，左脚跟提起。准备击球时，小臂稍后摆带有外旋，手腕由稍外展至后伸，使球拍引至后下方。击球时，小臂急速向右侧前方挥动，并由外旋转为内旋，手腕由后伸至伸直闪腕，手指握紧拍柄高速挥拍击球，由后向右侧稍平地抽压过去。击球后，持拍手顺势向左侧挥摆，左脚向左前方迈一步，准备迎击来球(图 6-27)。

图 6-27

(2)反手抽平球

右脚向左前跨一步,上体左转,右手反手握拍向左身前收,屈肘并稍上抬,小臂内旋手腕外展,球拍引向左侧。击球时小臂在向前挥拍的同时外旋,手腕由外展到伸直闪腕,手指握紧拍柄,拇指前顶,迎球挥拍,击球托的底部。击球后球拍顺势盖过去,并随身体的回动收回到右侧前。

2. 前场击球

(1)放网前球

①正手放网前球。运动员侧身对右边球网,右脚朝右侧前方大跨一步,进而产生弓步。运动员应当采取正手握拍姿势,球拍朝右前上方斜举,对来球路线以及来球落点做出精确判断。运动员在击球时,右臂应当自然朝后侧伸,手腕也随之微微朝后伸,小臂微微朝外侧旋转,手腕从后侧伸到略微内收转动,右手握拍保持相对轻松的状态,借助食指和拇指把球拍牢牢夹住,通过对球托底部进行轻微击打将球轻送过网。羽毛球运动员完成击球动作后,应当即刻还原成准备姿势。

②反手放网前球。反手放网前球和正手放网前球的准备动作一样,不同之处体现在反手放网前球需要先进行左前场转体,然后完成右肩对网、反手握拍以及反拍迎球三个动作。击球时,前臂前伸、外旋,手腕内收至外展,轻击球托底部把球轻送过网,击球后,还原成准备姿势。

(2)勾对角线球

①正手勾球。移动至右网前,球拍随上臂向右前方斜平举,同时前臂稍有外旋,手腕稍后伸,右手握拍将拍柄稍向外捻动,使拇指指腹贴在拍柄的内侧宽面,食指的第二指节贴在拍柄的外侧宽面上,保证掌心处于空出状态。在击球时,运动员应当使前臂微微朝内侧旋转,同时朝左侧拉收,手腕应当从微伸过渡到内收抖腕,手腕需要保证拍面角度被控制在合理范围,对球托右侧下部实施击打,保证球能够顺着网的对角线飞到对方

的网前角落。运动员完成击球动作后,应当在最短时间内还原成准备姿势(图 6-28)。

图 6-28

②反手勾球。移动至左网前,反手握拍,上臂前伸拍子平举。击球时,拍面正对来球,肘部突然下沉,上臂稍外旋,手腕后伸闪腕,拇指与中指向右转动拍柄,其他手指突然握紧拍柄,拨击球托的左侧下部,使球飞越过网至对角处。当羽毛球运动员完成击球动作后,球拍应当朝右侧前回收成准备姿势。

(3)扑球

①正手扑球。左脚先蹬地随后右脚发力蹬跃,使身体向球网右侧腾空跃起,球拍正对来球。同时前臂前伸稍外旋,腕关节后伸,放松握拍。击球时,前臂带动手腕和手指快速抖动发力。如球离网带上沿较近,可采用手腕从右向左将球压下的"滑动"式扑球方法,避免球拍触网犯规。完成击球动作后,运动员要对身体重心实施有效控制,球拍应当在惯性作用下回收成准备姿势(图 6-29)。

②反手扑球。右脚跨至左前蹬跳上网,身体稍右侧前倾,反手握拍上举至左前上方。击球时,手臂伸直并外旋,拇指顶压拍柄上端,假如来球靠近网带上沿,可将手腕外展由左向右拉切击球,以防触网。击球后,落地缓冲,回收球拍于体前。

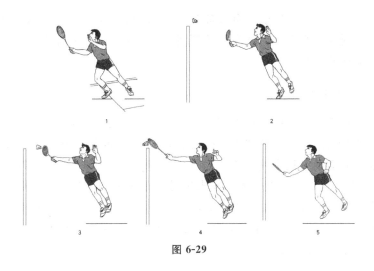

图 6-29

第五节　乒乓球运动发展与技术习练

一、乒乓球运动的发展

第一次国际乒乓球比赛于 1926 年 1 月在柏林成功举行,与此同时顺利召开了以德国、英国、奥地利、匈牙利乒协为代表的座谈会,会议决定成立国际乒联。自国际乒联成立之后,乒乓球运动的竞赛规则得到了统一,世界乒乓球锦标赛按期举办,通过这两个方面推动了乒乓球运动的发展。乒乓球运动的发展主要经历了以下四个时期。

(一)欧洲的全盛时期

欧洲的全盛时期具体是指 1926—1951 年,在此期间举办了 18 届世界乒乓球锦标赛,共计 117 个冠军,但其中的 109 个冠军都被欧洲运动员夺得,削球是欧洲乒乓球运动员在这个时期采取的主要打法。分析世界乒乓球锦标赛最开始的阶段可知,攻球打法在很长时间内都处于领先位置,同时由此产生了很多冠军。然而,在人们对规则的理解越来越深入后,发现以削搓为主的打法更为稳健,利于争取比赛的胜利。于是,以守为主的"蘑菇战术"开始在世乒赛中盛行,比赛时间越来越长,严重阻碍了乒乓球运动的发展。为了消除这种状况,国际乒联于 1937 年对规则进行了重大修改,将球网降为 15.25 厘米,球台增宽至 152.5 厘米,使用弹性较大的硬球,限制比赛时间等。这些改革有效抑制了"蘑菇战术",削攻结合与以攻为主的打法逐渐发展起来。但从宏观角度进行分析,攻球技术依然没有达到削球技术那样的水平。

（二）日本称雄时期

日本称雄时期具体是指 1952—1959 年,日本队的直拍全攻打法对占据领先地位的欧洲削球打法产生了巨大的冲击,同时取得了很大的反响,1952年日本球队借助直拍全攻打法成功获得 1952 年世乒赛的四项冠军。从此之后,在世界乒坛上占据优势的欧洲削球逐渐被亚洲攻球替代。积极创新是日本队能够取胜的关键原因。日本队不但对球拍做了革新,而且对打法进行了大胆创新,海绵球拍尤为显著的优势是大大增加了击球力量,这是突破稳健削球最关键的因素。

（三）中国迅速崛起时期

中国迅速崛起的时期是指 1961—1969 年。自新中国成立之后,我国乒乓球运动的发展十分迅速。尤其是 20 世纪 50 年代,我国在全国各地大力开展群众性的乒乓球运动,对提升我国乒乓球技术水平产生了极大的推动作用。中国于 1952 年 3 月正式加入国际乒乓球联合会,并于 1953 年第一次参加世乒赛,到 1959 年我国优秀运动员容国团第一次夺得世界锦标赛的男子单打冠军,标志着我国乒乓球运动在世界的崛起。20 世纪 60 年代共举行了五届世乒赛,中国队参加了第 26、27、28 届世乒赛,共获 21 个冠军中的 11 个,占全部锦标的 52%。具有"快、准、狠、变"独特风格的中国近台快攻打法,把世界乒乓球运动推向了一个新的发展阶段。

（四）欧亚对抗时期

欧亚对抗时期是指 1971 年至今。自 20 世纪 70 年代开始,世界乒乓球技术的发展速度十分快,欧洲运动经过为期 20 年的探索之后,把中国快攻与日本弧圈的双重优势充分结合在一起,弧圈结合快攻以及快攻结合弧圈的崭新打法应运而生,给参与比赛的亚洲选手带来了猛烈的冲击。第 31 届世乒赛,瑞典运动员本格森夺得男单冠军。第 32 届世乒赛,瑞典男队获得男子团体冠军,世界乒坛进入欧亚对抗时期。

1981 年第 36 届世乒赛,中国队囊括了全部冠军和 5 个单项的亚军,开创了世界乒乓球历史的新纪录。第 37 届世界乒乓球锦标赛男团决赛中,中国队击败瑞典队夺得冠军。中瑞两队开始了长达 20 年的对抗。20 世纪 80年代末至 90 年代中期,中国男队滑入低谷,女队遭遇困境。欧洲选手连续三届夺得代表最高水平的男子团体和男子单打冠军。第 43 届世界乒乓球锦标赛中,中国队打了漂亮的翻身仗,包揽了七项冠军。2008 年北京奥运会中,马琳和张怡宁分获男女金牌。2011 年,中国男子乒乓球获得了世界杯男单冠军(张继科),又在 2012 年获得了世界乒乓球团体锦标赛冠军(马琳、马龙、王皓、张继科、许昕)。2015 年第 53 届世界乒乓球锦标赛,运动员丁宁以 4 比 3 战胜刘诗雯夺冠,中国队连续 11 次获得世乒赛女单金牌,运动员许昕/张继科也以 4 比 2 战胜队友夺得冠军,中国乒乓球队第 16 次拿到世乒赛男双冠军。这些骄人成绩的背后都是我国运动员与教练员长期为之奋斗的结果,同时彰显了我国乒乓球运动的旺盛生命力。虽然我国乒乓球运动表现出了源源不断的生命力,但是欧洲和亚洲仍旧维持着激烈竞争、相互对抗的态势。

二、乒乓球运动技术习练

(一)发球技术

1. 正手平击发球

正手平击发球适合初学者作为一种最基本的发球方法来学习。练习正手平击发球应当达到的基本要求是速度应控制在一般速度,应当稍上旋。动作是站位近台中间偏左处,抛球的同时向右侧上方引拍,上臂带动前臂向前平行挥动,拍形稍前倾,在球的下降期击球的中上部向前方发力,使球的第一落点在球台的中段附近。

2. 正手发右侧上旋急长球

正手发右侧上旋急长球球速快、落点长、角度大、冲力强。球的飞行弧线低且向左偏斜,具有较强的右侧上旋。如图 6-30 所示,左脚稍前,身体略微向右转,当球向上抛起的同时,执拍手随即向右后上方引拍,拍形稍前倾,腰向右转。针对球下降到网高的情况,应当把肘关节当成轴,上臂发挥带动前臂的作用并从后方挥动至左前方,在接触球的一刹那应当充分发挥手腕的弹击力量,随后变化成拍面发斜线和直线,促使隐蔽性大大增强,与此同时身体重心应当从右脚移至左脚。

3. 正手发下旋加转球与不转球

正手发下旋加转球与不转球球速较慢,前冲力小,主要用相似的发球动作制造旋转变化去迷惑对手。动作左脚在前,右肩侧对球台,持球向上抛球,同时,持拍手臂将拍引至后上方略比肩高,肘部后移,带动手腕旋内,球拍呈横向拍面垂直,身体重心后移。当球回落时,肘关节加速运动,前臂带动手腕猛然加力旋外,在胸腹前偏右一臂距离处,拍形后仰用球拍下部靠左的部位,触球中后位底部,加大力摩擦球体,击球后,随势将身体重心移至前脚。"切"球愈薄,发球愈转。

图 6-30

4. 反手发急球

比赛中为能很好牵制对方,可偶尔使用一个反手急球。可反手发急球再突变为正手,作为主要战术的配合。左手把球向上抛起,同时右臂外旋,让拍面稍前倾,上臂自然靠近身体左侧,向左后方引拍。球从高点下降至低于网高时,击球左侧中上部,触球的瞬间前臂要加速向右前上方横摆,手腕控制球拍应加力摩擦球,腰部配合向右转动。

(二)接发球技术

1. 站位与判断

（1）选择站位

乒乓球运动员选择站位时需要把对方站位情况考虑进去,思考自己选择的站位能不能顾及对方来球的任何一个落点。通常情况下,当对方站在球台左半台时,本方需要与其相同;当对方站在球台右半台时,本方同样要转变为球台中间偏右位置。运动员要想充分照顾球台的所有部位,同时要想为前后移动接长短球提供便利,建议中间站位确定为距离球台30～40厘米。

（2）判断来球性能

①方向的判断。运动员需要着重判断的两项因素分别是对方发球时的

挥拍击球方向以及挥臂方向。一般情况下,斜线球与直线球是对方所发来球的主要类型。发斜线球时拍面要向侧方向偏斜,手臂应向斜前方挥出;发直线球时,拍面与手臂向前挥出。

②旋转的判断。对于旋转的判断来说,可供考虑的方面有:第一是板型,通常发上旋球时,板形比较竖,发下旋球时比较平、斜;第二是出手,发上旋球和不转球一般出手比较快,下旋球的出手相对要慢一些;第三是弧线,上旋球和不转球的运行一般较快,发短球时容易出台,弧线低平,下旋球运行比较平稳,弧线略高,发短球时不容易出台。

2. 接发球方法

(1)接下旋球需要用搓球的方法回接。

(2)接下旋长球需要用搓球、削球、提拉球回接,搓或削时多向前用力。

(3)接上旋球需要正反手攻球或推挡回接,拍面适当前倾,击球的中上部,调节好向前的力量。

(4)接近网短球需要用快搓、快点或台内突击回接,主要靠手腕和前臂的力量。

(5)接转与不转球时,当无法准确判断时可以轻轻地托一板或撇一板,但必须对弧线与落点进行有效控制。

(6)接左(右)侧下旋球时,通常搓、削回击相对稳健。回接时拍面角度要稍后抑,稍向上用力。拍面所朝方向(来球方向)向左(右)偏斜以抵消来球的左(右)侧旋。如用推、攻网接,除注意拍面角度和所朝方向(来球方向)外,还要加大向上摩擦球的力量。

(三)攻球技术

1. 正手快攻

正手快攻站位较近、动作小、球速快,借球反弹力进行还击,能缩短对方的准备回击时间,争取主动,为进攻创造有利条件,也可直接得分。如图 6-31 所示,站位在球台中间或偏左,身体离台约 50 厘米。左脚稍前,身体重心放在右脚上,两膝微屈,收腹含胸,身体稍向右转;右臂自然弯曲,前臂后引,将拍引至身体右侧,略偏后,同时前臂内旋,使拍面稍前倾。来球从台面弹起后,在上臂带动下以前臂和手腕为主向左前方或左前上方挥拍迎球,同时,腰、髋带动上体向左转动,在来球的上升期,以前倾拍形迎击球的中上部。当球拍击球的一刹那,应当着重借助前臂与手腕的力量朝左前方或左前上方发力击球,腰部同样需要协助用力。完成击球后,运动员的手与臂借助惯性朝左前方或左前上方挥动,并且在最短时间内还原为准备姿势。运动员在完成动作的过程中,应当使身体重心由左脚转移至右脚。

图 6-31

2. 反手快攻

站位近、动作小、球速快、通过发挥球的反弹力实施还击是反手快攻的显著特征。反手攻打上旋球时,右脚稍前,同时身体左转,右肩前顶略下沉,肘关节靠近身体,上臂与前臂夹角约为130°。向左侧方引拍,使拍略高于来球,以上臂带动前臂由左后方向右前方挥动,手腕配合外旋,在来球的上升后期或高点期击球的中部或中上部。反手攻打下旋球时,拍形垂直或略后仰,以肘关节为轴,以前臂发力为主在来球的下降前期击球的中部或中下部。球拍多摩擦球,制造一定的上旋。

3. 正手扣杀

正手扣杀动作大、力量重、球速快,攻击性强;在还击半高球时,就可以充分发挥击球的力量。如图 6-32 所示,站位在球台中间或偏左,多半在近台位置;左脚稍前,两脚距离比其他攻球稍宽,身体重心放在右脚上,两膝微屈,收腹含胸,腰、髋及上体稍向右转;右臂自然弯曲,前臂后引,将拍引至身体右侧偏后,同时前臂内旋,使拍稍前倾。来球从台面弹起后,腰、髋带动身体及上臂向左转动,与此同时,上臂积极发力带动前臂和手腕向左前方挥拍迎球,在来球的高点期,以前倾拍形猛击球的中上部。球拍击球瞬间,以上臂和前臂为主向左前方发力击球,腰、髋亦积极协助用力。运动员完成击球以后,手与臂应当借助惯性挥向左前方,并且用最短时间还原为准备姿势。在完成动作的过程中,身心重心需要由左脚转移至右脚。如果来球下旋,则拍形不可以过度前倾,应当对球的中部进行击打,此外要适度增大向上的力量。

图 6-32

4. 正手拉攻

对于正手拉攻来说,基本特点是站位较远、动作速度慢、挥击方向是从下到上,球速相对慢些,运动员应当借助主动发力来击球。如图 6-33 所示,站位在球台中间或偏左,身体离球台 50～60 厘米。左脚稍前,身体重心放在右脚上,两膝微屈,收腹含胸,身体稍向右转;右臂自然弯曲,前臂后引并下沉,将拍引至身体右后下方,同时前臂外旋,使拍面稍后仰。当来球弹到高点时,运动员应当充分发挥上臂的带动作用,重点借助前臂朝左上前方挥拍迎球;当来球处于下降期时,运动员应当使球拍后仰对球的中下部实施迎击。当球拍击到球的一刹那,应当重点借助前臂的力量朝左前上方发力,进而达到摩擦击球的目标,同时让球上旋。

图 6-33

(四)搓球技术

1. 快搓

快搓的显著特点是回球速度快、弧线低、存在下旋力。

正手快搓,右脚稍前移,身体靠近球台。来球在身体左侧时,可运用反手搓球。击球时,上臂迅速前伸,前臂跟随向前,拍形稍后仰,利用上臂前送力量,在球上升期击球中下部。

在用正手搓身体右侧球时,身体稍向右转,手臂向前右上引拍,然后前臂和手腕向前下方用力,在上升期击球中下部来抵消球的右侧旋力。还可以用侧身攻球、反手攻球或削球来回接右侧上旋球。但注意拍面应稍向右偏斜,其他动作要领与接左侧上旋球相同。

搓球或削球都适用于对方发来右侧下旋球的情况。运动员在接球时,应当让拍面微微朝右侧偏斜,除此之外剩余动作的动作要点和左侧下旋球一样。当运动员需要用正手位回接右侧下旋球时,抽球回接是其能够选择的一种方法,最切实有效的方法是拉抽。要想提升接球的准确性,运动员应当让拍面微微朝右侧倾斜,同时应当适度增加提拉力量。

2. 慢搓

(1)正手慢搓

如图 6-34 所示,左脚稍前、身体稍向右转。击球前手臂向右上方引拍。然后前臂带动手腕向左前下方用力搓球,在球的下降后期击球的中下部。直拍选手反手搓应当重点让食指与中指发力,拇指需要协调发力。对于横拍,则需要将拇指协调发力与食指协调发力有机结合在一起。

(2)反手慢搓

右脚稍前,身体离台约 50 厘米,持拍手臂向左上引拍,击球时前臂和手腕向前下方用力。同时配合内旋转腕动作,拍形后仰,在球下降期后段击球的中下部,击球后前臂顺势前送。横拍搓球,拍形略竖一些,击球后前臂向右下方挥拍。

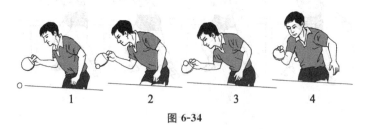

图 6-34

(五)削球技术

1. 近削

近削的基本要求是站位较近、动作幅度小、击球点高、回球速度快、协调落点变化能够有效调动对方,寻找反攻机会直接得分。运动员适宜采用近削的情况是对手拉球旋转较弱或者攻球力量较小。

(1)正手近削。正手近削和远削存在很多相同点,不同之处是正手近削需要以向上引拍为主,拍形近似垂直或稍稍后仰,整个动作以向下为主,略带向前向左,在来球的上升后期或高点期触球的中下部(比远削偏中部),其动作速度比远削要快。

(2)反手近削。反手近削和正手近削大体一样,不同点是方向相反。当运动员选择使用反手近削时,应当适度加快引拍动作,不然会出现来不及的感觉。

2.远削

远削的基本要求是动作较大、球速较慢、弧线长、击球点较低、旋转变化是主要变化,同时要配合落点变化。通常情况下,远削适用于在远台回接旋转强烈的弧圈球。作为一名削球运动员,远削是其必须掌握的入门技术。

(1)正手远削。站位离台1米以外,左脚稍前,两膝微屈,身体略向右转,重心下降移至右脚。前臂向右后上方引拍(约与肩高),拍形后仰,在来球的下降后期击球的中下部。上臂带动前臂向左前下方挥动,身体重心移至左脚,随势挥拍前送的动作稍大,然后迅速还原。

(2)反手远削。反手远削和正手远削大体一样,唯一不同的是方向相反。

第七章　民间体育休闲运动方法指导与发展研究

随着人们休闲生活时间的不断增多,民间体育具备了更好的开展空间,且深度融合于人们的休闲生活之中,这就促进了民间休闲体育的发展与传播。民间休闲体育有助于促进人们身心健康,丰富人们的余暇生活,改善人们的生活方式,提高人们的生活质量,能够使人们全面放松下来,获得愉快与轻松的体验。本章主要就民间体育休闲运动习练与发展进行研究,包括太极拳、养生气功、优秀民间民俗运动(跳绳、毽球),从而为人们参与民间休闲体育活动提供科学指导。

第一节　太极拳发展与动作习练

一、太极拳运动发展概述

作为中国武术的一个优秀拳种,太极拳运动在中华民族传统文化中占据着非常重要的地位,可谓东方文化的瑰宝,中华武苑的古老奇葩。太极拳运动既简单又高深,集练气、蓄劲、健身、养生、防身、修身于一体,这也是其在民间流传甚广的主要原因。

人们历来关注太极拳的起源,所以民间有很多关于太极拳起源的传说。根据现代史实相关文献资料中的记载了解到,明末清初时期,太极拳已经在河南农村开展,温县陈家沟和赵堡镇开展得最多,代表人物是陈王廷和蒋发。有学者和史料研究证实这两个代表人物对太极拳的最初传习是真实可信的。

据研究考证,明末清初最早传习太极拳的是河南温县的陈王廷。陈王廷广泛学习古代导引养生术和经络学说,深入研究道家的《黄庭经》,在此基础上参照戚继光的《拳经》,博采众长,最终将陈式太极拳创编出来,到目前已有近四百年的历史。陈王廷创编的太极拳综合了各家拳法之长,引入了导引吐纳,采用了腹式呼吸方法,因此在练习时汗流浃背而不气喘,而且能够促进练习者爆发力量的增强,使气血畅通运行。同时,陈王廷又在太极拳创编中引入了经络学说(以阴阳为基础),这就使得太极拳这一内功拳法内外双修,身心并练,意识、呼吸、动作结合为一,同时形成了动作松柔缓慢,练劲养气,刚柔相济,内外相合,上下相通,快慢相兼,形意结合等特点。

根据赵堡镇太极拳资料记述,蒋发22岁赴山西省太谷县向王林桢学习太极拳,七年后回乡授徒传艺,从此使太极拳在河南发扬光大。

太极拳从产生之初到之后很长的一段时间内,都只是在河南农村开展。1840年爆发的第一次鸦片战争使人们看到了火器的威力,因此在军事领域开始应用火器,而逐渐淘汰了冷兵器,这在一定程度上削弱了武术的军事功能。但武术除军事功能外,还具有保健、修身养性等功能,而且这些功能逐渐得到了人们的关注与重视,这就促进了武术运动开展范围的增加与拓展。咸丰年间,太极拳家率先提出了练习太极拳的基本宗旨——"详推用意终何在? 益寿延年不老春"。同时,清末一些王公贵族和八旗子弟,把武术作为闲暇活动的主要内容之一。他们根据自己的爱好聘师府邸设教,或亲自从习,或督教子弟,促使保健和自娱性武术在上层社会广泛传播。

近一百多年来,太极拳的发展空前的迅速,主要体现在技术不断提高,内容日渐丰富,流派逐渐增加。19世纪初,河北永年人杨露禅拜陈家沟陈长兴为师学习太极拳,后来回到老家传习这项运动。同治初年,杨式太极拳创始人杨露禅受荐至京师任旗营武术教师,他根据当时清朝王室贵族、达官显贵的体质相对较弱的特点,将陈式太极拳套路中缠丝劲及窜、蹦、跳、跃、发劲等难度较大的动作如金刚捣碓、掩手肱拳、当头炮、踢二起等做了些删改,简化了太极拳姿势,使太极拳的动作更为柔和,后经其三子杨健候修改成中架子,再经其孙杨澄甫的修改而成为目前流行的杨式太极拳。从太极拳的发展演变历程可以看出,社会和练习者的需要是太极拳不断演变的根本驱动力,太极拳自身的主动改造恰恰是在"舍己从人"这一指导思想下积极回应时代发展需求的表现。

随着太极拳的不断发展与流传,参与这项运动的人越来越多,不同流派的太极拳争相斗艳,发展势头迅猛,其中具有代表性的有以下几个流派。

第一,吴式太极拳。由吴鉴泉创编而成,师承其父全佑杨式拳架,在教学上不断发展,逐步修润和充实。在慢架中,去掉重复和跳跃动作,使拳架更加柔和规矩,成为连绵不断,符合太极阴阳理论的功架,特点更加明显,从而自成流派,一直流传至今。

第二,武式太极拳。创始人是武禹襄,其向陈青萍学艺,整理、完善太极拳理论,使之成为指导太极拳发展的经典论述。他还在杨式大架和陈式小架的基础上演变成现在的具有姿势紧凑,动作舒缓,左右手各管半边,不相逾越,出手不过足尖等特点的武式太极拳。原来有跳跃动作,到四传郝月如改为不纵不跳。

第三,孙式太极拳。创始人孙禄堂先生以自身武功为基础,通过数十年研究修悟形意拳、八卦拳、太极拳,运用易理参以丹经对这三门武学之精髓进行有机融合后创建而成。

新中国成立后,传统体育受到了党和国家的高度重视,在这一有利的环境中,太极拳得到了进一步发展,几乎全国各地都有人在练太极拳。当前,仅北京市公园、街头和体育场就设有太极拳辅导站数百处,吸引了大批爱好者。卫生、教育、体育各部门也都把太极拳列为重要项目来推广和开展,并出版了上百万册的太极拳书籍、挂图。很多科研部门对太极拳都进行过深入地研究,通过医学、生理、生化、解剖、心理、力学等多学科的研究证明,在防治高血压、心脏病、肺病、肝炎、关节病、胃肠病、神经衰弱等慢性病方面,太极拳发挥着重要的作用与功能。

目前,太极拳运动已走出国门,走向世界,且在国外有良好的群众基础与广阔的发展市场,深受国外友人的喜爱。欧美、东南亚、日本等国家和地区,都有从事太极拳活动的爱好者。据不完全统计,仅美国就已有30多种太极拳书籍出版,许多国家成立了太极拳协会等团体,积极与中国进行交流活动。从这一方面来看,太极拳发挥了重要的社会功能与作用。

二、初级太极拳基本技术习练指导

(一)手型

在太极拳运动中,主要有以下三种手型。

1.拳

五指卷曲,拇指压在食指、中指的第二指节上。手指自然握拢,不要握得太紧。

2.掌

五指微屈,自然分开,掌心微含,虎口成弧形。避免手指僵直和弯曲松软。

3.勾

五指第一指节捏拢,屈手腕,手指和手腕保持松活自然。

（二）手法

太极拳的常用手法有以下几种。

1. 贯拳

两拳自下经两侧向前上方弧形横打,与耳同高,臂稍屈,拳眼斜向下,力达拳面。

2. 冲拳

拳自腰立拳向前打出,高不过肩,力达拳面。

3. 搬拳

屈臂俯拳,向上、向前,以肘关节为轴,前臂翻至体前,肘微屈,拳心斜向上,力达拳背。

4. 推掌

（1）单推掌
掌须经耳旁臂内旋向前立掌推出,掌心向前,指尖高不过眼,力达掌根。
（2）双推掌
两掌自胸前同时向前推出,掌指向上,宽不过肩,高不过眼,力达掌根。

5. 搂掌

掌自体前经膝前横搂至膝外侧,停于胯旁,掌心朝下,掌指朝前。

6. 云手

两掌在体前上下交替呈立圆运转,手高不过眉,低不过裆;两掌在云拨中翻转拧裹,肩不可上耸;两掌云转与转腰胯,移动重心协调配合;并步时两脚之间保持10～30厘米的距离。

7. 将

稍屈臂,掌心斜相对,两掌随腰的转动由前向后划弧将至体侧或体后侧,切忌直着回抽。

8. 棚

手臂成弧形,前臂由下向前棚架,横于体前,肘关节稍低于手,掌心向内,与肩齐平;力达前臂外侧。

9. 挤

后手向前手的前臂内侧贴近,两臂同时向前挤出;前挤时两臂要撑圆,前臂高不过口;力达前手的前臂。

10. 按掌

两掌同时由后向前推按,同时不要将两臂伸直,手心向前,手指不能比头高,手腕微塌,同时弓腿、松腰。

(三)步型

太极拳运动的步型主要有以下几种。

1. 并步

两脚平行,左右分开 20 厘米左右,脚尖向前,全脚着地,重心放在两腿之间或任意一腿。

2. 弓步

前腿屈膝前弓,膝盖与脚尖上下相对,大腿斜向地面,前脚脚尖直向前;后腿自然蹬直,脚尖斜向前方约 45°～60°,两脚掌完全着地,两脚跟之间横向距离约 10～30 厘米。

3. 偏弓步

前腿屈膝前弓,膝盖与脚尖上下相对,大腿斜向地面,前脚脚尖向外撇斜约 15°;后腿自然蹬直,脚尖斜向前方 45°～60°,两脚全脚掌着地,两脚跟之间横向距离约 10 厘米。

4. 独市步

一腿独立支撑重心,稍屈膝;另一腿屈膝前提,大腿高于水平,小腿及脚尖自然向下。

5. 仆步

一腿屈膝下蹲,脚尖略外展,整个脚掌着地;另一腿直膝,脚尖里扣,整个脚掌着地,以仆出腿的脚尖和下蹲腿的脚跟在一条直线上为宜。

6. 虚步

后腿屈膝下蹲,膝的朝向和脚尖的朝向相同,后脚全脚着地,脚尖外撇约为 45°～60°;前脚以脚跟或脚前掌着地,脚尖指向正前方,前腿保持微屈膝;后腿支撑大部分体重,两腿的虚实比例约为 1 ∶ 9;两脚间的横向距离最多为一拳的宽度。

7. 提步

一腿屈膝下蹲,支撑整个重心;另一脚脚尖向下,收控在支撑脚的内侧。

（四）步法

常见的太极拳步法有以下几种。

1. 进步

自然直立,并拢脚跟,脚尖外摆;右腿屈膝支撑身体重心,左腿屈膝提左脚,向左前方上步,脚跟着地成左虚步;左腿支撑身体重心,整个脚掌着地,脚尖向前成左弓步;右腿支撑身体重心,屈膝向后坐,伸直左腿,左脚上翘成左虚步;身体稍向左侧转,左脚外摆,重心向左腿移并屈左膝,左脚整个脚掌着地,同时屈右膝,提右脚跟,前脚掌向内辗转;重心全部移到左腿并屈膝,屈右膝,提右脚,并收到左脚内侧;稍向右转上体,右脚向右前方上一步成右虚步;重心向右腿移动,整个脚掌踏地,脚尖向前成右弓步,两眼注视前方。

2. 退步

自然直立,脚跟并拢,脚尖外摆;右腿屈膝支撑重心,左腿屈膝,左脚提起向左后方撒步,前脚掌先着地,左脚慢慢开始支撑重心并屈膝后坐,右脚以脚掌为轴扭直,脚跟离地,微屈右膝成右虚步;右脚提起后退一步,脚前掌轻落地,上体继续向右侧转;身体重心随之后移,右脚全脚掌踏地,左脚以脚掌为轴扭直,脚跟离地,稍屈左膝成左虚步。

3. 上步

一脚向前迈出一步,脚跟先着地,然后过渡到全脚掌着地,身体重心随之前移。

4. 跟步

后脚向前收拢半步。

5. 开步

一脚侧向分开一步或半步,如起势的左脚移动。

6. 侧行步

自然直立,两脚左右稍开且保持平行,脚尖向前,屈膝下蹲,右腿支撑身体重心;屈左膝上提,脚跟先离地,左脚离地提起后,向左侧横跨一步,脚尖着地,逐渐使整个脚掌着地,成横弓步;左腿开始支撑身体重心,同时屈右膝提右腿,脚跟先离地,全脚提起后向左侧横收右脚,向左脚靠近,脚尖先着地,然后全脚掌着地,成小开步,两脚间距 10 厘米左右。

(五)腿法

1. 提腿

一腿屈向前或向上提起,脚尖离地且高于支撑腿踝关节。

2. 蹬脚

一腿独立支撑身体重心,微屈膝;另一腿屈膝上提,脚尖翘起,以脚跟为力点蹬出,腿自然伸直,高过腰部。

(六)身型和身法

太极拳的基本躯干姿势要注意以下几方面。

1. 头

虚领顶劲,避免偏歪,下颌微内收。

2. 肩

保持松沉,避免后张或前扣。

3. 肘

自然下垂。

4. 胸

自然舒松,微内含。

5. 腰

松活自然,避免后弓或前挺。

6. 背

舒展拔背,避免驼背。

7. 脊

中正竖直,避免歪斜。

8. 臀胯

臀向内收敛,避免后凸,胯不可左右歪斜。

9. 膝

屈伸自然柔和,避免僵直。

第二节　养生气功发展与功法习练

一、五禽戏发展与功法习练指导

(一)五禽戏发展概述

远古时代,因为中华大地江河泛滥,湿气非常严重,所以患有"重腿"关节疾病的人越来越多,为了解决这一问题,有人发明了具有"利导"作用的"舞"。"以利导之"是我国远古时期气功导引的萌芽。这种"舞"主要就是模仿飞禽走兽动作、神态进行的,有关方面的记载主要出现在我国考古文物和历代文献中。《吕氏春秋·古乐篇》记载:"昔葛天氏之乐,三人操牛尾,投足以歌八阕:一曰载民,二曰玄鸟,三曰遂草木,四曰奋五谷,五曰敬天常,六曰达帝功,七曰依地德,八曰总万物之极。"从这个记载就可以看出,这种歌舞就是在模仿飞禽走兽。《庄子》中有"吹呴呼吸,吐故纳新,熊经鸟申(伸),为寿而已矣。"的描述,"熊经鸟伸"也说明了古代养生之士是通过模仿动物姿势来练气功的。

人们对于华佗是五禽戏的创始人这一说法没有太大争议,基本都认同。

西晋时陈寿的《三国志·华佗传》:"吾有一术,名五禽之戏,一曰虎,二曰鹿,三曰熊,四曰援(猿),五曰鸟。亦以除疾,并利厥(蹄)足,以当导引。"南北朝范晔《后汉书·华佗传》中也有类似的记载。《三国志》和《后汉书》都为前四史之一,是古人公认的正史,这些巨作的权威性更是毋庸置疑。但是这些史书只是对华佗编创五禽戏做了记载,至于五禽戏的具体动作是什么,却没有详细描述,这就给现代人的考证带来了困难。

现存最早的五禽戏的具体描述见于南北朝名医陶弘景所著的《养性延命录》,他对五禽戏具体动作的描述形式主要是文字记载,没有相应的图片,因此人们习练起来存在一定难度。在后来明代周履靖的《夷门广牍·赤凤髓》、清代曹无极的《万寿仙书·导引篇》和席锡蕃的《五禽舞功法图说》等著作中,出现了五禽戏动作的图文描述,详细描述了五禽戏的习练方法。但相比于《养性延命录》中所记载的五禽戏还是有明显不同的。"五禽"动作均为单式,排序也变为"虎、熊、鹿、猿、鸟"。但其文字说明不仅描述了"五禽"的动作,而且还有神态的要求,并结合了气血的运行。

五禽戏巧妙地将动物的肢体动作与人体的呼吸吐纳有机结合起来,从道家的"熊经鸟伸"之术发展而来,最终成为具有中华民族特色的传统保健养生功法。现代医学研究表明,五禽戏能够使人体的肌肉和关节更加舒展,肺与心脏功能不断提高,促进人体心肌供氧量的改善、心肌排血力的提高以及组织器官的正常发育,因此是人们闲暇时健身锻炼的好方法。

(二)五禽戏功法习练

1. 猿功

(1)预备:双脚并拢而立,均匀呼吸,集中精神,放松肢体,保持一分钟后开始呼吸运动。

(2)双手中指指尖相触置于小腹下,掌心朝上,呼吸一次。双手向肚脐处移动,但不触脐,移动到位后,呼吸一次。

(3)两手向小腹下移动,然后向前方举起。

(4)目光随指尖的移动而转动,伸直两肘,手心朝下。双手放下至小腹下,然后再次上移到肚脐的位置,两手分别置于左右肋处,肘部正直向后。

(5)接上式,两脚分开而立,伸直双膝,两手侧平举。

(6)两手平行相交于体前。两手背反转向下,手变拳(轻握即可)。

(7)迅速缩回两拳,并置于两肋处,手不触碰肋。

(8)最后收回双脚,身体保持正直,两拳收到胸前位置。

(9)两拳绕到背后,指尖朝下(图7-1)。

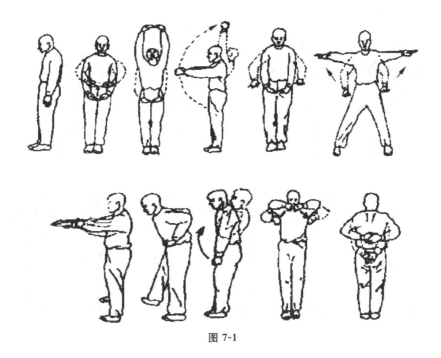

图 7-1

2．鹿功

（1）预备：身体直立，双脚左右分开同肩宽，脚尖稍微朝内，脊背伸直，微挺小腹，头向前倾，双手中指指尖于肚脐处触碰，掌心朝上，注意避免手碰到肚脐，呼吸一次。

（2）双手上抬靠近胸，但不触胸，呼吸一次。

（3）双手变合掌并上伸到头顶，伸直两肘，向后仰头。双掌正直下移到胸部，同时呼气。

（4）两掌置于两侧肩胛之际，掌心朝前，指尖向上。保持，连续呼吸五次。

（5）双手侧平举，手心朝下，在体前相交而覆，同时吸气。

（6）吸气毕，双手掌变拳，左右脚并拢。

（7）两拳移向后方腰眼中间位置，左拳在上，右拳在下，拳背与背脊紧贴，同时呼气，保持，呼吸九次。

（8）慢慢将两拳提到腋窝处，直至两肘与肩在同一高度，同时吸气。

（9）双手向两肋移动，拳为掌，同时呼气。然后两掌从腋窝处向后背移动，移到腰眼中间时两只手掌重叠交叉，直插尾闾（图 7-2）。

图 7-2

3. 虎功

(1)并足而立,用左脚跟抵右脚弓,"丁"字站立。十指交叉于胸前,掌心朝上,双手从右髋骨处绕脐慢慢移到左髋骨。双手避免触到髋骨。

(2)两手向胸部上移,呼吸一次。

(3)两手上移,同时翻手,掌心朝下,同时吸气,上举双手到头处,然后从左向右移,目随手动。

(4)上述姿势微停,双手再从右向左移,目光随手的移动而变化。

(5)双手从头向下移动到膝处,掌心朝下,同时屈膝下蹲,左脚跟抬起,双足仍成"丁"字形,右脚支撑身体重心。

(6)两手不停,绕到右膝处。

(7)双手不停绕到左膝,上体同时左转,移动时吸气。

(8)左臂伸直并向后画半圆,手臂触耳,手心朝前,指尖朝上。右臂肘部于肋际弯曲,掌心朝下,注意呼气。

(9)右臂向前方伸展,手指尖下平掌与肩齐,再尽量向后方平行移动,同时转体。

(10)双掌为拳,右手拳心朝上,左手拳心朝下平引返前,拳与肩保持同一高度,臂与耳相贴,右拳放在右肋处,同时呼气。

(11)左拳下按并迅速收回与右拳相触。

(12)身体直立,两拳移至胸前且与两肘成一条直线,同时吸气。

(13)两拳从肋部向背后绕动,同时呼气,手指慢慢分开,向下直插(图 7-3)。

图 7-3

4．熊功

(1)熊功功法姿势与虎功相同,刚开始时,仍以十指交叉,两手心反转向下做拱手状上伸。

(2)放下双手,斜绕到胸部,双手合掌,左手上,右手下,右肩右腰朝后面扭转。保持这个姿势连续呼吸五次。

（3）双手向小腹部下移,移动到位后,向上伸展左手,手心朝内,力向后拗,右臂于肋际屈肘,手心朝前,伸直手指并使其朝下,保持这个姿势连续呼吸九次。

（4）双手握拳向胸部移动,拳与肘呈一条直线,同时呼气。

（5）两拳绕到背后,指尖朝下(图7-4)。

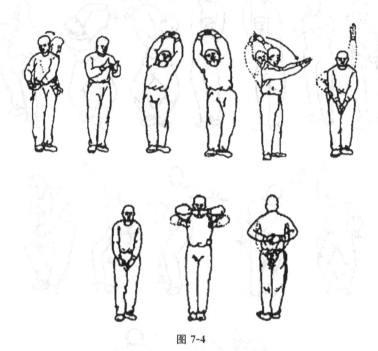

图 7-4

5. 鹤功

（1）双脚左右开立,屈膝直背。双手在肚脐处十指交叉,手心朝上。

（2）双手向上移动,呼吸一次。

（3）双手向外翻转同时向上伸臂,注意吸气,伸到头部后方呼气,保持,连续呼吸五次。

（4）双手握拳分别置于两肋,手指与肩在一个高度,保持,连续呼吸九次。

（5）伸直双腿,双手拳变掌向两侧举起,掌心朝上,保持,连续呼吸五次。

（6）同时收回手脚,手握拳置于胸前。后面动作参考猿功结束动作(图7-5)。

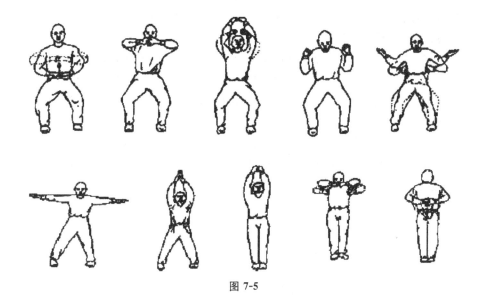

图 7-5

二、易筋经发展与功法习练指导

(一)易筋经发展概述

易筋经是一种通过活动肌肉、筋骨,促进人体经络、气血通畅,从而增进健康、防治疾病、延年益寿的一种传统健身法。易筋经最早起源于我国古代秦汉的导引术。据考证,导引是由原始社会的"巫舞"发展而来的,到春秋战国时期已为养生家所必习。《庄子·刻意篇》中记载:"吹呴呼吸,吐故纳新,熊经鸟申(伸),为寿而已矣。此导引之士,养形之人,彭祖寿考者之所好也。"《汉书·艺文志》中也有关于导引内容的记载,这说明导引术在古代十分兴盛。湖南长沙马王堆汉墓出土的大量帛画画有各种导引动作,这充分说明易筋经源自我国传统文化。

历史文献中记载,易筋经的创始人是达摩,而且有关记载指出达摩除了早期传习易筋经外,还传习洗髓经和少林武术。另外,八朝时流传的《汉武帝内传》等小说中记载有东方朔"三千年一伐毛,三千年一洗髓"等神话,这或许就是"洗髓经""易筋经"名称的由来。

据文献记载,达摩所传的禅宗主要是少林寺,少林寺的僧侣在传习与弘扬易筋经文化方面发挥了重要作用。由于禅宗的修持方法是打禅静坐,坐久则气阏滞,须以武术、导引术来活动筋骨。所以,六朝至隋唐年间,在河南嵩山一带盛传武术及导引术。少林寺僧侣也借此来活动筋骨,习武健身,并在这个过程中不断补充、修改、完善,使之逐渐发展成独特的习武健身方式。最终定名为"易筋经"。

《易筋经》在流传过程中被民间篡改,发现流传至今最早的易筋经十二势版本,载于清代咸丰八年潘蔚辑录的《内功图说》中。总的来看,传统易筋经从中医、宗教、阴阳五行学说等视角阐述了功理、功法,并逐渐形成了不同流派。

综上所述,易筋经格调古朴,蕴涵新意,具有普及性、科学性。各动作连贯协调,动作伸筋拔骨,刚柔相济;呼吸自然,动息相融;以形导气,意随形走;易学易练,对于身心健康非常有利。

(二)易筋经功法习练

1. 第一式——拱手当胸

(1)并步自然站立,注视前方。

(2)左脚向左一步移动,两臂前平举。

(3)屈膝下蹲,同时屈肘,两掌合拢于胸前(图7-6)。

图 7-6

2. 第二式——两臂横担

两臂侧平举,掌心朝上(图7-7)。

图 7-7

3. 第三式——掌托天门

（1）屈肘，掌心靠向耳旁。

（2）两腿站直，提脚跟。同时将两掌上托到头顶前上方，两臂伸直（图7-8）。

（3）双手自然落于体侧，脚跟慢慢着地。

图 7-8

4. 第四式——摘星换斗

左摘星换斗势动作方法如下（图7-9）。

（1）双手成拳状，两臂侧上举。拳变掌，向前下方直视。

（2）左转身体，弯曲膝盖。右臂向上举起做"摘星"姿势。

（3）直膝转体。右手向头顶右上方摆；左手背与命门轻轻贴住。

（4）保持片刻，两臂自然落下。

图 7-9

5. 第六式——倒拽九牛尾

右倒拽九牛尾势动作方法如下（图7-10）。

（1）做好右弓步准备动作，左手内旋伸直并握拳；右手举到与肩齐高时握拳。

（2）重心后移，左腿膝部弯曲，向右转腰。

（3）重心前移，做弓步动作。左转腰部，两臂一前一后伸展。

重复 3 遍（2）（3）的动作。

（4）双脚恢复自然开立姿势，两臂收回到身体两侧。

图 7-10

6. 第五式——出爪亮翅

动作如图 7-11 所示。

（1）左右臂侧平举，两掌于体前怀抱，随后两手变柳叶掌。

（2）扩胸松肩，两臂前伸，掌心慢慢朝前，成荷叶掌。

（3）放松手腕，弯曲肘部，收臂，成柳叶掌。

重复 3～7 遍（2）（3）的动作。

图 7-11

7. 第七式——九鬼拔马刀

右九鬼拔马刀动作方法如下（图 7-12）。

（1）上体右转。左右手分别向前、后方向伸展。上体左转，右肘向左绕头半圈；左手摆向头左后方。向右转头。

（2）上体右转，扩胸展臂。

（3）屈膝左转体，收回右臂，含胸；尽可能向上推左手。

重复 3 遍（2）（3）的动作。

（4）直膝转体，双臂自然侧平举。

图 7-12

8. 第八式——三盘落地

动作如图 7-13 所示。

（1）双脚开立，屈膝下坐，屈肘，两掌下压。

（2）双臂侧平举。身体慢慢直立。

重复 3 遍（1）（2）的动作。第 1、2、3 遍分别为微蹲、半蹲和全蹲。

图 7-13

9. 第九式——青龙探爪

左青龙探爪动作方法如下（图 7-14）。

（1）双脚开立。两手握拳于腰间。右拳变掌伸直并外展。

图 7-14

(2)右掌成"龙爪",平直伸向左前方,躯干90°左转。

(3)"右爪"变掌,屈体下按右掌,直至到达左脚外侧。从左向右转体。

(4)挺身直立。

10．第十式——卧虎扑食

左卧虎扑食动作方法如下。

(1)右脚尖内扣,左脚收回。身体90°左转,两手于腰间握拳。

(2)左脚前移,两拳变"虎爪"向前扑按。

(3)从腰到胸部逐节屈伸躯干,两手同时绕环一周。然后上体下俯,两手撑地。后腿屈膝,挺胸、抬头、瞪目。

(4)起身,两手在腰间握固。向右180°转体,以丁字步姿势站立。

右卧虎扑食动作同左卧虎扑食势,方向相反(图7-15)。

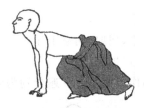

图 7-15

11．第十一式——打躬势

(1)左脚向左迈三脚宽的距离,屈膝成马步。两臂向头顶上举,然后下移屈肘抱在脑后。

(2)上体前俯,胸与大腿相贴近,头向下低。两腿伸直,双手食指、中指、无名指在脑后交替轻弹数次(图7-16)。

(3)起身,屈膝成马步。两手在脑后十指交叉。

重复3遍(2)(3)的动作。

图 7-16

12. 第十二式——掉尾势

(1)双手展臂前伸,十指交叉,翻掌前伸。俯身抬头,双手下按(图7-17)。

(2)向左后方向转动头部,向左前方向扭臀。

(3)还原体前屈。

(4)向相反的方向转头、扭臀。

(5)还原体前屈。

重复3遍(2)～(5)的动作。

图 7-17

第三节　优秀民间民俗运动发展与技能习练

一、跳绳运动发展与技能习练指导

(一)跳绳运动发展概述

跳绳运动在我国民间非常流行。关于跳绳起源的记载有很多,古代对跳绳有不同的称呼,唐代称之为"透索",每年八月十五日以"透索"为戏。宋代称之为"跳索"。明代《帝京景物略》称之为"跳白索",生动地描述了儿童参与跳绳活动的场景:"童子引索略地,如白光轮,一童跳白光中,日跳白索。"清朝《有益游戏图说》称其为"绳飞",直至民国初年,才统一称为跳绳。

跳绳运动在近代以来发展较快,在绳子的制作上,由质地粗糙而且笨重的草绳或麻绳发展成轻便的绳子,短绳两端有手柄,摇绳更方便。而且绳子的颜色鲜艳、明朗,更具有趣味性,更具人性化,也因此而吸引了大量的爱好者参与其中。为了更好地对这个项目进行组织和推广,世界各地先后成立了世界跳绳联盟、欧洲跳绳总会、中国跳绳网、中国香港跳绳总会、美国跳绳网等组织和网站,这在一定程度上说明跳绳已经不是单纯的游戏,其已经具备了作为一个独立运动项目而存在的特征,这些组织和网站会定期组织跳绳比赛,为跳绳爱好者提供良好的表现平台与机会。特别是在我国的第7届全国民族传统体育运动会上,设立了跳绳表演比赛,取得了很好的效果。

(二)跳绳技能习练

1.单摇跳

(1)单摇双脚交换跳

以前摇两脚交换跳为例,跳绳者先从体后向前摇绳一回环,单脚跳起,两脚交替(图 7-18),也可以向前方做跳绳跑。在原地两脚交换跳时,小腿屈膝向上抬,左右脚依次蹬地并交替放松。

图 7-18

(2)两臂体前交叉摇绳跳

跳绳者向前摇绳,当绳从体前方向下落时,两臂在体前顺势交叉摇绳,脚跳过绳后,将绳摇到头上,两臂左右分开,摇跳一次,如此一摇一交叉摇绳跳(图 7-19)。

图 7-19

2．双摇跳

应先做几个前单摇跳,使向前摇绳回环有了初速度,再突然加快摇绳,双脚同时向上高跳,每跳跃一次向前摇绳两回环。为顺利完成动作,需加强摇绳与跳的配合,高速快摇。

3．带人跳

(1)钻绳洞

两人一组,甲摇绳带乙,甲乙齐跳 3 次后,甲放慢摇绳并抬高左臂,乙弯腰从甲的左臂下快速钻跑到甲的身后(图 7-20),甲乙再齐跳 3 次。在第四次摇绳时,乙再从甲的右臂下快速钻到甲的身前(图 7-21)。

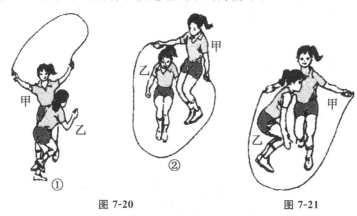

图 7-20   图 7-21

(2)一人带一人摇跳

一人摇绳,另一人从背后或体前趁机跑入跳绳,也可以趁绳摇到头顶上方时,从摇绳者的体侧跑至体前或体后,同时还可以原地或行进间做共同移动的跳跃(图 7-22)。

图 7-22

（3）双人双摇跳

两人直体上跳，避免弯腰，被带者可用双手扶在带人者的腰部，以便将起跳和落地时机以及跳绳节奏把握好（图7-23）。

图 7-23

（4）双人外手摇绳带人跳

三人一组，两人并立，用外侧手握绳的两端，配合摇跳，熟练后可在中间、前、后带人一齐跳（图7-24）。

图 7-24

4. 跳长绳

（1）跳长绳拾物

两人摇绳，一人或多人跳绳，跳绳者快步上绳，边跳边将小物品（如小石子、沙包、毽子等）放在地上，然后再跳一次，捡起物品，反复进行（图7-25）。

（2）二长一短跳绳

三人一组，两人保持一定的距离，双手各持一条长绳交错摇动，跳绳者持短绳进入长绳，双手举绳，避免绳拖地，跳几次长绳后，摇跳短绳。第一次跳起时,要同时跳过自摇的短绳和其中一条长绳,再跳跃一次时,要同时跳过短绳与另外一条长绳,反复进行(图 7-26)。

图 7-25

图 7-26

（3）长短绳齐摇跳

三人一组,两人保持一定的距离摇长绳,跳绳者持一条短绳,在长绳向上摆起时,其带短绳跑进,自摇短绳跳跃,短绳与长绳的节拍要保持一致(图 7-27)。

（4）跳长绳耍球

两人保持一定的距离匀速摇绳,一人或多人跳绳。跳绳者持球上绳,边跳边拍球,拍球动作要连续进行(图 7-28)。

图 7-27

图 7-28

(5)集体跑 8 字跳长绳

两人保持一定的距离摇一根长绳,跳绳者在其中一名摇绳者身后按照半月形排好。先排头上绳,跳一次绳,直线跑出,绕过另一个摇绳人,回到队尾。接着第二个人上绳,跳一次跑出,排在队尾。依次进行(图 7-29)。

图 7-29

二、毽球运动发展与技能习练指导

(一)毽球运动发展概述

毽球运动是民间非常流行的一项民族传统体育项目,其是从我国踢毽活动发展而来的。踢毽活动源于汉代,在六朝、隋唐时期逐渐盛行,发展历史已有2 000多年。有关踢毽的历史记载有很多,如《事物纪原》(宋代高承):"今日小儿以铅锡为钱,装鸡羽,呼为鞋子,三五成群走踢,有里外兼、拖抢、耸肩、突肚、佛顶珠、剪刀、拐子各色……"这说明南宋都城临安(今浙江杭州)当时非常盛行踢毽子。《武林旧事》:"以经营毽子为食者,则有数十家之多……"这足以说明踢毽子的普及性。明清时,民间踢毽水平已经达到了一定的程度。《客余茶话》(清代阮葵生):"千态万状,高下远近旋转承接,不善铢黍,其中套数家门凡百十种。"《帝今岁时记胜》:"手舞脚蹈,不少停息若首若面,团转相帮,随其高下,动合机宜,不致堕落……"

近代时期,踢毽子在我国民间依旧十分流行,而且是学生喜闻乐见的一项休闲娱乐项目。新中国成立后,广州市体委制定了《网毽竞赛规则》。随后,网毽运动在全国各地迅速开展起来。1984年国家体委有关部门进一步对"网毽"运动进行挖掘、改进,对毽球竞赛规则进行调整与完善,"网毽"正式定名"毽球",并被列入国家比赛项目,有关部门定期举办不同规模与类型的毽球比赛,如全国毽球锦标赛、全国甲级联赛、全国职工毽球赛及全国大、中、小学生毽球比赛等。毽球正式成为全国少数民族传统体育运动会竞赛项目是在1995年,被列入全国农民运动会竞赛项目是在1996年。2016年,第8届全国农运会在吉林省松原市举行,各地毽球队员踊跃参与,相互交流,促进了毽球运动的传播与发展。

(二)毽球技术习练

1. 发球技术

(1)正面脚内侧发球

双脚前后开立,发球时,左手垂直向上轻抛球,球约在左脚内侧前方40厘米处下落;发球队员重心前移,右腿、髋、膝关节外翻,屈膝向前摆动,当身体重心超过人体垂直面后,支撑脚向后蹬地,身体重心快速前移,右髋、膝关节猛力外翻,加力前推,右脚踝关节背屈用脚弓内侧中部把球发入对方场区,而后发球脚迅速着地,身体保持平衡(图7-30)。

（2）正面脚外侧发球

两脚前后开立，左脚在前，抛球于右脚前，右腿由后向前摆动，足踝内转，用脚外侧加力将球击入对方场区（图7-31）。

图 7-30   图 7-31

（3）正面脚背发球

双脚前后开立，左臂自然前伸，掌心于体前托球。发球时，左手垂直向上轻轻抛起球，球约在右脚前方40厘米处下落；发球队员向前移动身体重心，左脚踝关节绷直，抬大腿、踢小腿，在离地面20厘米高度击球，把球发到对方场区（图7-32）。

图 7-32

2. 传接球技术

（1）脚背传接球

两膝微屈下蹲，重心随之下降，接球时，一脚支撑身体重心，另一脚主动插入球下，脚背与地面基本呈水平，当球快落到脚背上时（离地面10～15厘米），适度伸膝，踝关节背屈，脚的跖趾关节以勾踢动作把球向上踢起。

（2）膝盖传接球

一腿支撑身体重心，另一腿以髋为轴，大腿上抬屈膝上提，插于来球下方。在膝关节上 10 厘米处接球,使球落在身前或直接拱入对方网前,原地拱、转身或移动上步拱球均可(图 7-33)。

（3）胸部传接球

准确判断来球,移动到位。来球偏低时,屈膝接球,来球偏高时,跳起接球。击球时,两臂微屈,自然落在体侧,身体自然挺胸、伸膝,身体重心上移,给球向前上方一个作用力,使球呈小弧度飞行下落。由于胸部活动范围小,一定要将球的飞行方向控制好,可根据具体情况通过左右转体,压肩动作来调整球的飞行方向(图 7-34)。

图 7-33　　　　　图 7-34

（4）肩部传接球

当来球到达肩侧时,屈膝下蹲,重心下降,快速沉肩插到球下方。在垫球瞬间蹬伸腿、耸肩,将球垫落在身前或直接垫入对方场区(图 7-35)。

（5）头部传接球

以助跑起跳前额正面传接球为例。直线或斜线助跑 2~3 步,左(右)脚跨出最后一步,步幅稍大,右(左)脚要迅速并上落在左(右)脚侧方,双脚用力蹬地起跳,上体后仰,张开双臂,使身体腾空成反弓形,目视来球。在击球瞬间快速收腹。上体前屈、甩头,用前额正面将球顶出(图 7-36)。

图 7-35　　　　　图 7-36

3. 攻球技术

(1)头部攻球

站在限制线后 1.5 米左右的位置,与球网正对,对二传的传球情况进行观察,根据不同的传球弧度和落点采用不同的助跑方式来起跳,上体挺胸展腹、扭腰、向后预摆头,使身体呈反弓形。当球在头顶 10 厘米左右时,收腹转腰带动屈颈"狮子摆头"动作,用头在前额抽击球,将球攻入对方场区。落地时,先前脚掌着地,慢慢全脚掌完全着地,同时顺势屈膝,及时缓冲,做好下一次接球的准备。

(2)脚背攻球

以里合脚背倒勾攻球为例进行分析。

背对球网,屈膝重心下移,对二传来球进行判断,将准备姿势调整好。助跑起跳要充分,协调有力地完成摆腿和摆臂动作,并准备向左侧转体。起跳腾空后,摆动腿膝外展,向左转体,击球腿由外向内里合摆腿,使身体向左旋转。击球时,当球落在左肩上方时,膝关节快速发力,踝关节勾踢将球攻入对方场区。击球后摆动腿先落地。

4. 拦网技术

(1)原地拦网

拦网队员在网前 30~40 厘米处做好准备,两脚左右开立,与肩同宽,两膝微屈,收腹,上体稍前倾,两臂自然落在身体两侧,双眼注视攻球者。对方攻球时,用力蹬地起跳,提腰、收腹、挺胸以迎球。

(2)移动拦网

观察对手击球点,网前滑步移动到位。两脚左右开立,与肩同宽,两膝微屈,收腹,上体稍前倾,两臂自然落在身体两侧,双眼注视攻球者。当对方攻球时,及时移动并选择主要封堵线路,两脚蹬地起跳,将球拦至对方场地。击球后,身体自然下落,屈膝缓冲。

(三)毽球战术习练

1. 进攻战术

(1)①号队员配合战术

第一,正面头攻二传球的配合。当②号队员起球到位后,①号队员移动到正面头攻的最佳位置,③号二传队员把球传起。①号队员直线助跑正面头攻球(图 7-37)。

第二,侧面头攻二传球的配合。当①号队员(或②号队员)起球到位后,③号队员担任二传来传球,①号队员斜线助跑侧面头攻球(图 7-38)。

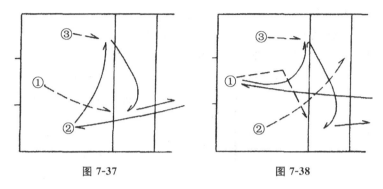

图 7-37　　　　　　　　　　　图 7-38

第三,外摆倒勾配合。当对方发球给②号队员时,②号队员一次起球到位,③号二传队员传球给迅速移动到网前的①号进攻队员倒勾(图 7-39)。

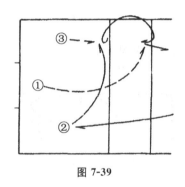

图 7-39

(2)②号队员配合战术

第一,前踏二传球的配合。①号队员起球到位后,③号队员迅速移动到网前担任二传,并把球拉开传到②号队员体前上方,②号队员前踏进攻(图 7-40)。

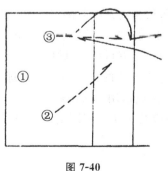

图 7-40

第二,倒勾的配合。①号队员一次接起到位,②号队员移动到网前倒勾,③号队员担任二传把球传给②号队员,进攻,①号队员起球后,移动到限制区内保护(图7-41)。

第三,外摆倒勾配合。当①号队员起球到位后,③号二传队员把球传给移动到网前的②号队员外摆倒勾进攻(图7-42)。

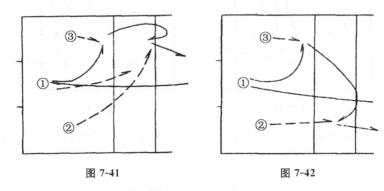

图 7-41　　　　　　　　　　　图 7-42

(3)二传队员配合战术

第一,自传自攻配合。②号队员接起给③号二传队员,二传队员自传网前高球,突然上步抬腿正面脚掌踏球(图7-43)。

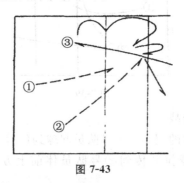

图 7-43

第二,前踏助攻配合。当对方把球发给①号队员时,①号队员一次起球给③号二传队员,②号队员移动到网前倒勾吸引对方封网队员的注意力,①号队员准备打拉开前踏干扰对方。此时二传队员,利用第一次击球的机会突然反球高出网面,朝网前上方自传,并助跑前踏攻球(图7-44)。

第三,直接一次传组织进攻配合。当对方发球到3号位中、前场,且难度较小时,3号位的二传队员运用2次击球机会直接组织进攻,②号队员确定自己没有起球任务后应及时移动到网前倒勾进攻,①号队员迅速移动到限制区内保护(图7-45)。

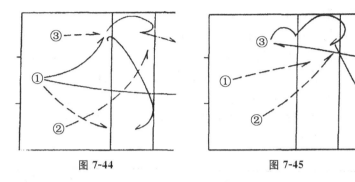

图 7-44 图 7-45

第四,突然助攻配合。当对方发球到 2 号位中前场,且难度较小时,②号队员运用二次击球,突然一次传给 3 号位的二传队员③号,二传队员③号用正面脚掌踏球把球攻入对方场区(图 7-46)。

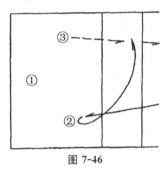

图 7-46

(4)封网队员配合战术

第一,封网队员担任二传的配合。当二传队员上网封堵时,后排防守队员把球防起到中间网前,担任封网队员的二传迅速转身后撤,并把球传给移动到网前的后排队员前踏进攻(图 7-47)。

第二,里合倒勾的配合。在防反中,当③号队员两次击球防起,落点又在②号队员体前时,担任辅助二传任务的②号队员可把球传给完成封网落地后转身准备倒勾的队员里合倒勾进攻(图 7-48)。

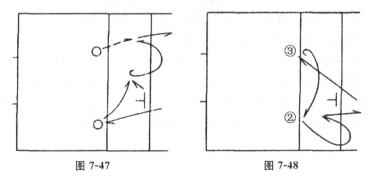

图 7-47 图 7-48

（5）其他配合战术

第一，倒勾与正面踏球进攻的整体配合。①号队员一次接起到位，②号队员迅速移动到网前准备倒勾，①号队员起球后向2号位移动，准备打拉开踏球进攻，③号队员考虑战术需要传集中的倒勾球或拉开球（图7-49）。

第二，倒勾队员自传调整后自攻配合。③号队员一次传组织因传球离网太远，上网准备倒勾的②号队员做一个倒勾假动作对对方造成干扰，然后自传自攻（图7-50）。

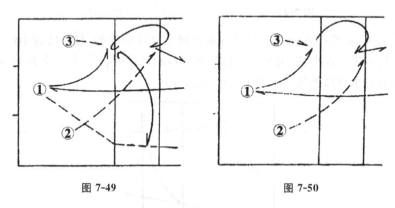

图7-49   图7-50

第三，拉开前踏的配合。当对方把球发向②号队员时，②号队员一次起球给③号二传队员，①号队员移动到网前倒勾对对方封网队员造成牵制，二传队员突然分球拉开给②号队员前踏攻球。要求起球应一次到位，二传第一次击球时将人与球的关系调整好，前踏队员移动到进攻位置，随时做好两点进攻的准备（图7-51）。

第四，双倒勾配合。当②号队员起球时，①号队员及时移动到网前靠3号位做主攻倒勾的准备，②号队员起球后，快速移动到网前稍靠2号位形成双倒勾的站位形式，③号二传队员考虑实际需要而选点传球、接发球、起球和二传。第一次传球的弧度应稍高一点，使倒勾队员有比较充分的移动时间，靠3号位的①号倒勾队员通常以强攻为主，靠2号位的②号队员主要是进行小弧度、快速的进攻，如果二传队员能比较隐蔽地分球，而且能够有效配合，可将对方的封网成功突破（图7-52）。

第五，立体配合。当②号队员接球并给③号队员传球后，迅速移动到网前做好倒勾准备，①号队员移动到位后，2步或3步助跑头攻③号二传的传球。二传弧度应稍低一些，离网约1.2米左右。头攻队员对传球进行准确判断，及时迅速地起动，斜线助跑前冲起跳，向对方场区攻球（图7-53）。

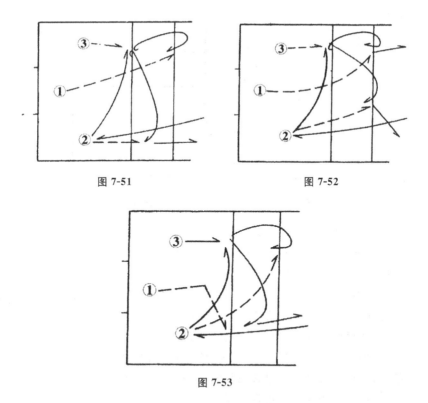

图 7-51　　　　　　　　　　　　　　　　图 7-52

图 7-53

2. 防守战术

(1)堵中放边防守阵型的站位与配合

当对方进行直线进攻,线路变化幅度较小时,采用堵中放边防守阵型的站位,即网前两名队员对中路进攻全力封堵,迫使对方变斜线进攻的防守站位。

配合时,两名封网队员与进攻点正对,二人尽可能紧贴起跳在空中内靠,将间隙缩到最小。起跳后注意身体平衡的控制与保持,不要相互干扰对方。后防队员随时做好向两侧移动防守的准备(图 7-54)。

(2)堵边放中防守阵型的站位与配合

堵边放中防守阵型的站位与配合如图 7-55 所示。在对方线路变化幅度较大,特别是对方集中传球,中间进攻时常采用这一阵型,即网前两名队员对两边斜线进攻全力封堵,把中间直线攻球留给后排队员防守。

配合时,两名封网队员向内移动,将起跳点选好,间隙在 40 厘米左右,后排防守队员正对间隙防守,依据对方攻球线路的长短来取位。使用该防守阵型时,后防队员必须熟练掌握防守技术,迅速移动,且防守预判能力达到一定水平。

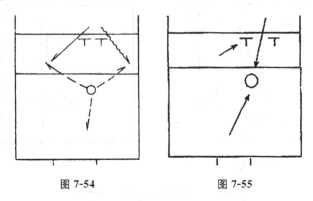

图 7-54　　　　　　　　　图 7-55

（3）二封一防防守阵型的站位与配合

对方攻球速度快、落点近、线路变化多、后排不易防守时，采用二封一防防守阵型，即两名队员上网积极封网，另一名队员留后防守的阵型。

堵边放中和堵中放边是双人封网时最常用的两种配合方式。集体封网时要进行准确定位，确定以谁为主，做好配合。

第一，如果对方在 2 号位靠边处组织进攻，以 3 号位防守队员为主。

第二，如果对方在 3 号位靠边处组织进攻，以 2 号位防守队员为主。

第三，如果对方从中间进攻，以经验丰富队员为主定位。

（4）二传向前传球后跟进保护配合

当①号队员倒勾攻球时，②号队员移动到其身后进行保护，二传队员③号传球后，迅速向倒勾队员体前附近移动，做好保护的准备（图 7-56）。

（5）一人保护，一人留中场配合

①号队员移动到倒勾位置佯攻，③号二传队员把球拉开给②号队员前踏进攻，倒勾队员及时转身进行保护，③号队员不需要保护倒勾队员，此时应及时后撤中场，以防对方向后场进攻（图 7-57）。

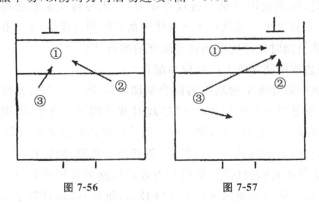

图 7-56　　　　　　　　　图 7-57

第八章　惊险刺激类体育休闲运动方法指导与发展研究

在 21 世纪的今天,形式愈发多样的体育休闲运动方法出现在人们的生活之中。除了常见的一些休闲体育运动外,还有一些惊险刺激十足的项目也逐渐获得更多人的青睐。首先,这些项目开展的地点带有一定的惊险性,如水上、冰上、空中等,即便是在陆地上进行的项目,其开展的方式也足够刺激。众多惊险刺激类体育休闲运动满足了不同人群的休闲体育需求,显然这已经成为休闲体育运动中不可缺少的重要组成类别。因此,本章就重点对这些项目的技能习练进行指导。

第一节　陆上运动项目发展与技能习练

一、攀岩

(一)攀岩运动概述

攀岩(Rock-Climbing)运动发展到今天已经有了 100 多年的历史。起初它只是一种人们日常常见的行为能力,其真正被作为一种专门的运动要追溯到 19 世纪的欧洲。1865 年,英国登山家埃德瓦特首次使用钢锥、铁链和登山绳索等简单设备,成功地攀登上险峰,成为攀岩运动的创始人。而现代意义上的攀岩运动则是在 20 世纪 50 年代末和 60 年代初兴起的。

(二)攀岩运动技能习练

1. 身体姿势

身体自然放松在攀岩的过程中是很重要的。在攀岩时,要做到以三个支点稳定身体重心,而重心要随攀岩动作的转换移动,这是攀岩能否稳定、平衡、省力的关键。要想身体放松就要根据岩壁陡缓程度,使身体和岩壁保持一定距离,靠得太近,会影响观察攀岩路线和选择支点。

动作要领:在攀登时,上、下肢要协调舒展,攀岩要有节奏,上拉、下蹬要同时用力,身体重心一定要落在脚上,保持面向岩壁、三点固定支撑、直立于岩壁上的攀登姿势。

2. 手臂动作

手在攀岩过程中是抓住支点、维持身体平衡的关键,手臂力量的大小直接影响攀岩的质量和效果。因此,一个优秀的攀岩运动员必须有足够的指力、腕力和臂力。对初学者来说,在不善于充分利用下肢力量的情况下,手臂动作就显得尤为重要。

动作要领:手臂的用力在人工岩壁攀登和自然岩壁攀登时情况不同,前者要求第一指关节用力扣紧支点的同时,手腕要紧张,手掌要贴在岩壁上,小臂也要随手掌紧贴岩壁而下垂,在引体时,手指(握点)有下压抬臂动作,其动作规律是,重心活动轨迹变化不大,节奏更为明显。但攀登自然岩壁时其动作就变化很大,要根据支点不同采用各种用力方法,如抓、握、挂、扣、扒、捏、拉、推压、撑等(图 8-1)。

图 8-1

3. 脚部动作

两腿的力量能否充分利用会直接影响攀岩运动员攀登技术的发挥。只靠手臂的力量,攀登不可能持久。

动作要领:两腿外旋,大脚趾内侧靠近岩面,两腿微屈,以脚踩支点维持身体重心,在自然岩壁支点大小不一和方向不同的情况下,要灵活运用(图 8-2)。但要切记,膝部不要接触岩石面,否则会影响到脚的支撑和身体平衡,甚至会造成滑脱而使膝部受伤。另外,在用脚踩支点时,切忌用力过猛,并要掌握用力的方向。

图 8-2

4. 手脚配合

对初学者或技术还不熟练的攀岩者来说,上肢力量显得更为重要,攀登时往往是上肢引体,下肢蹬压抬腿而移动身体。如果上肢力量差,攀登时就容易疲劳,表现为手臂无力、酸疼麻木,逐渐失去抓握能力,失去抓握能力后,即使有好的下肢力量,也难以维持身体平衡。

动作要领:学习攀岩,首先要练好上肢力量,上肢又要以手指和手腕、小臂力量为主,再配合以脚腕、脚趾以及腿部的力量,使身体重心随着用力方向的不同而协调地移动,手脚动作的配合也就自如了。

5. 节奏控制

攀岩讲究节奏,讲究动作的快慢和衔接。每个动作做完,身体都有一定的惯性,如果上一动作正确到位身体平衡,就可利用这一惯性直接冲击下一支点。

动作要领:在攀岩的过程中,动作要连贯但不能毛躁,上升时一定要由脚发力,不能为求快而手拉脚蹬,动作必须连贯做实,一般做一两个连贯动作后稍稍停顿一下,调整重心,观察、选择路线。

6. 借助上升器的攀岩

动作要领:在上方将主绳一端固定好,将另一端扔至峭壁下方。下方固定拉紧。后继攀登者双手各握一只分别与双脚相联结的上升器,并将它们卡于主绳上,与双脚协调配合,不断沿主绳上攀。还可利用双主绳,将上升器分别卡于两根主绳上向上攀登。也可利用一根主绳,将分别连接身体和双脚的两个上升器卡于主绳上,利用腿部的屈伸动作,沿主绳向上攀登。

7. 利用抓结的攀岩

抓结是一种绳结,抓结攀登是在没有上升器的情况下采用的攀登方法。其连接方法是用两根辅助绳在主绳上打成抓结(手握端),另一端打成双套结(连脚端),不断向上攀登。

动作要领:抬腿提膝使拉紧了的辅助绳松弛,将上升器沿主绳向上推进到不能再推为止,脚随之下蹬,身体重心移到上升一侧,另侧也如此动作,反复进行,直到登顶。在操作过程中,需维持好身体平衡,可利用岩壁的摩擦力向上抬腿,始终保持面朝岩壁姿势,动作要协调,有节奏。

二、蹦极

(一)蹦极运动概述

蹦极的起源来自于一个有趣的传说。那是在遥远的公元 500 年前后,在西太平洋瓦努阿图的 BUNLAP 部落中,有一位土族妇女为逃避丈夫的虐待,爬上了可可树,用一种当地具有弹性的蔓藤牢牢绑住脚踝,她威胁其丈夫要从树上跳下来,随后爬上来的愚蠢丈夫也说要跟着跳下去。于是,柔嫩的蔓藤救了女人的命,而暴虐的丈夫则命丧黄泉。该部落为了纪念这位勇敢的妇女,将绑藤从高处跳下发展为一种风俗习惯。他们依山建起一座由树桩和蔓藤捆扎而成的高 20~30 米的高塔,每当男子即将成人之际,就要被绑上绳子从这个高塔上一跃而下,以示他们已经变得勇敢与成熟,并向他们信奉的图腾祈愿部落的平安和丰收。

(二)蹦极运动技能习练

1. 蹦极运动装备

(1)弹跳绳

一般蹦极地点都有专业弹跳绳,旧式弹跳绳没有安全绳的后备系统。新式弹跳绳采用"双保险",为防意外,弹跳绳的设计皆按人体下降速度及反弹高度精确地分为轻绳及重绳,安全系数较高。

(2)扣环

扣环的作用在于其是连接弹跳绳与弹跳者的重要环节,一般采用的扣环为纯钢制品,每个安全钢扣环都能承受 10 500 磅的重量,约 4 772 千克。

(3)绑膝装备

进行前跳式蹦极或后跃式蹦极时采用的装备,可将蹦极者腰部固定于弹跳绳一端。

(4)绑脚装备

自由式蹦极的必备装备,用于捆绑脚踝。

（5）绑背装备

进行往前跳及花式跳法时使用的工具,功用在于保护背部和平衡身体。

（6）抱枕

抱枕的作用就是为了保证运动者在其过程中保持身体平衡,消除紧张感。

2. 蹦极运动技术

（1）绑腰后跃式

此跳法为绑腰站于跳台上采用后跃的方式跳下,为弹跳初学者之第一个规定基本动作,弹跳时仿佛掉入无底洞,约 3 秒时突然往上反弹,反弹持续 4～5 次,当定神观看时,自己已安全悬挂于半空中,整个过程约 5 秒,真是紧张又刺激。

（2）绑腰前扑式

绑腰前扑式跳法为绑腰站于跳台上采用向前扑的方式跃下,为弹跳初学者之第一个基本动作做的另一种尝试跳法。此种跳法近似于绑腰后跃式,但弹跳者面朝下,真正感受到恐怖与无助,当弹跳绳停止反弹时能真正享受重生的欣喜。

（3）绑脚高空跳水式

此跳法为弹跳者表现英姿的最酷的跳法,将装备绑于脚踝上,弹跳者站于跳台上面朝下,如奥运选手跳水时的姿态,弹跳者倒数五个数后即展开双臂,向下俯冲,仿佛雄鹰展翅,气度非凡。

（4）绑脚后空翻式

绑脚后空翻式跳法是弹跳跳法中难度最高但也最神气的跳法。将装备绑于脚踝上,弹跳者站于跳台上背朝后,展开双臂向后空翻,此种跳法需要强壮的腰力及十足的勇气,若您认为您的胆识超人,不妨在体验过绑腰、绑脚高空跳后,向自己的勇气挑战。

（5）绑背弹跳式

绑背弹跳式跳法被弹跳教练喻为最接近死亡的感受。弹跳者将装备绑于背上,双手抱胸双脚往下悬空一踩,仿佛由高空坠落,顿时感觉大地悬转,地面事物由小变大,整个过程仿佛与死神打交道,真是刺激过瘾到极点。

（6）双人跳

双人跳法是向恋人宣誓爱的证言的最高境界。双人于空中反弹时,弹跳绳将两人紧紧扣在一起,此时是您许下诺言的最佳时刻。当然,两人当中最好有一人具有一定的弹跳经验,否则下落过程的紧张会将甜蜜的内容完全冲散。

三、山地自行车

（一）山地自行车运动概述

我国被誉为"自行车大国"，这个称号所描述的是自行车是我们最常见的人力交通工具，人们骑自行车出行的次数最多、时间最长、使用频率最大。但将自行车视为一种运动项目开展来说，我国的起步较晚，在自行车竞技方面也与欧美国家有较大差距。除竞技层面的自行车比赛外，自行车运动在休闲体育领域中也有着重要的地位。其中，山地自行车骑行活动是近年来非常受人们欢迎的项目。

山地自行车不同于公路自行车的地方在于，它的骑行地点主要在不平坦的地带。骑上山地自行车征服艰难的路段总能产生一种成功的喜悦。当今的山地自行车运动是 20 世纪 70 年代初期才在农村逐渐发展起来的。现如今，山地自行车已发展成为一项单独的赛事，山地户外挑战赛中也少不了山地自行车的赛段。

（二）山地自行车运动技能习练

1. 山地自行车的基本操作技术

山地自行车的基本操作技术主要包括热身、身体姿势、手的姿势、踏蹬技巧、变速技术以及刹车技术这几方面，具体如下。

（1）热身

大多数车手对运动前的热身运动不够重视，肌肉得不到适当的伸展，在运动中很容易受伤。即使不受伤，运动的效果也很差。骑车是一项锻炼心血管承受能力的运动，热身运动有利于相关肌肉和肌腱做好运动前的准备。先伸展一下身上的肌肉，慢慢地骑行一段时间，然后再逐渐加速，随之增大运动的强度。这样，身体能逐渐地从无氧运动过渡到有氧运动。

（2）身体姿势

正确的骑车姿势是：上体较低，头部稍倾斜前伸，双臂自然弯曲，便于腰部弓曲，降低身体重心，同时防止由于车子颠簸而产生的冲击力传到全身；双手轻而有力地握把，臀部坐稳鞍座。

下坡时，身体重心要始终靠后。如果坡度允许，车手的重心应该落在鞍座上。

上坡时，要把重心移到鞍座后部，使双腿获得最大的杠杆作用。同时，上半身放低,要趴在车把上,以固定车位。

(3)手的姿势

手握车把的姿势由车手自己决定,具体来说,手的姿势应该遵循以下几个方面的要求。

首先,轻轻地握住车把,肘部稍微弯曲,肩部放松,后背伸直。

其次,车把不要抓得太紧,不然,上半身会一直处于紧张状态,很容易失去控制,而且手臂也容易感到疲劳。

最后,骑车过程中,拇指和其他几个手指分开成空拳状握住车把,拇指和其他几个手指一起放在车把上面。

(4)踏蹬技巧

脚蹬是用来传送能量的,车手应该掌握能够最大限度地传送能量的踏蹬技巧。为了能连续、平稳地把能量传送到动力传动系统,车手应该学会如何连贯地踩动脚蹬做环形运动,不可上下猛踩脚蹬。要想掌握这一技巧,最好的方法是选择平坦的地面,或者在公路上骑车。不过,在自行车越野运动中,要想持续地保持某一节奏是根本不可能的,更不用说保持较快的节奏了。

自行车运动的踏蹬方法有自由式、脚尖朝下和脚跟朝下式三种。每种方法都具有其独特的特点,具体应该根据实际情况和需要进行有针对性地选择和运用。

(5)变速技术

变速装置是为更省力、更舒适而设计的,以免因出力不均而产生疲劳。变速的时机为上坡、下坡、路面凹凸不平、逆风以及疲劳的时候,也可以说当踩踏感觉吃力时,即为变速的时机。

(6)刹车技术

刹车提供了非常好的制动力,车手只需要一两个手指就能操作刹车装置、锁住车轮,其他三个手指用于握住车把,控制自行车。一般来讲,前闸的刹车效果比后闸好。但是,根据地形和车闸刹车效果的不同,两个车闸应该谨慎使用。在短而急的斜坡上向下骑行,或者在土质疏松的地面上转弯时,除非骑车的技术非常娴熟,否则尽量不要使用前闸。在下坡的急转弯,需要使用到刹车时,尽量使用后刹车的力量。

2. 应对不同地形的骑行技巧

自行车越野运动的挑战性主要来自于车手能否应付各种地形。

(1)多石的地面

在岩石较多的地方骑车,平衡性不好把握,自行车很难控制。车手必须运用各种技能,骑在车上的时候要尽量放松,还要学会挑好走的路走。在多岩石的地面上骑车,最好就是要像冲浪一样"随波逐流"。下行时根据路况,要放开胆子,凭借着一股冲劲,以较高的速度,迅速穿过去。车速越快,地面也就显得越平坦。但是,在这之前必须仔细研究这里的地形。

在多岩石的地面上骑行,车手会随着自行车左右摇晃,如果距离不是太长,采取俯卧的姿势,站在脚蹬上,降低身体的重心,把自行车控制住。这样,一方面能够比较灵活地使自行车保持平衡,同时双腿还能更好地发挥杠杆作用,使前轮保持平稳。肘部下垂还可以防止前轮上翘。要想改变骑车的方向,车手只需要把身体的重心从一侧移动到另一侧,再轻轻地推动自行车朝着某个方向前进就行了。

(2)沙地

沙地常常让车手望而生畏,但应付这种地形的技巧与铺满碎石和沙砾的地形一样。遇到这种地形,自行车前轮很容易陷在沙里,车手也很难控制自行车前进的方向。大面积的沙地通常很难穿过,车手一般要扛着自行车步行前进。但对于面积较小的沙地,车手可以借助较高的车速,成功地穿过去。

进入沙地之前,自行车要达到一定的速度。把链条调到小一号或小两号的飞轮上,同时身体重心后移,减少前轮上的重量,保证前轮不会陷在沙土中。用足力气,保证脚蹬以平稳的节奏转动,以保持自行车前进的速度,同时不要转动车把。这么做的目的是用最快的速度穿过沙地,不至于被沙土困住。如果在其他质地比较硬的道路上遇到沙土,通常沿着路边没有沙土的地方骑过去。比较潮湿的沙地,只要身体的重心不在前轮上,并且用力均匀,一般能够成功地穿越。

(3)泥泞、杂草丛生的地形

在旷野骑车随时会遇到满是泥浆的路面、杂草丛生的地形,车手要有思想准备,也要掌握一定的技巧。

骑车外出不可能总会遇到干爽的天气,要有思想准备,因为随时都有可能会遇到满是泥浆的路面。遇到这种情况,不要回避,要勇敢地去面对。要知道,在下坡或爬坡的过程中,滑倒是不足为怪的,扛着自行车走也是经常的事情。车轮与车架接合的地方很容易积满泥巴,泥巴更是常常粘在轮胎上,致使自行车寸步难行。如果有水,从水中骑过去,可以去掉泥巴,使问题有所缓解。遇到大面积的沙地、泥浆和水时,要保持身体的重心离开前轮,落到鞍座的后部。尽量不要刹车,因为刹车会减少轮胎与地面之间的摩擦力。也不要挺直后背,不然会失去控制。把自行车调到比较省力的齿轮上面,让前轮从沙土、泥浆和水面上方轻轻地"飘"过去。

如果所经过的地方植被比较浓密(如森林中铺满树叶或小草的地面)，自行车骑起来会比较费劲，但一定不要用力太大，以免弄得自己心跳加快，筋疲力尽。有时这种地形还会使轮胎同地面之间的摩擦力减小，车手要像对待泥泞地形一样来对待这种地形。在这种情况下骑车，需要对自行车及其相关部件的操作规程做一些调整。安装适于在泥泞环境中使用并能增加与地面之间摩擦力的轮胎。

(4)坚硬的地面

在比较硬的地面上骑车最省力，骑起来也最舒服。这种地面就同公路一样，有时候比公路还要好：阻力小，车轮滚动的速度快。但是，如果地面比较潮湿或者上面覆盖着一层沙砾和树叶，这就需要谨慎小心了，注意降低和稳住中心，因为，这种地形往往非常滑。

(5)坡路

①上坡骑行技术。

山地自行车运动是在山地中骑车，因此爬坡成了不可缺少的一部分，正确的骑车技巧有助于车手成功地应付各种各样的山道。能否驱动自行车向前、向上运动，取决于两个关键性的因素：一是动力传动系统的运转与力量的大小；二是车轮与地面之间的摩擦力。动力传动系统的运转与力量的大小同车手身体的强健程度和力气的大小直接相关。摩擦力则与骑车技巧、自行车轮胎的类型、车手身体的重心位置以及轮胎的压力有关。

对于短而陡的坡，劳动强度很大。高强度运动持续的时间可能比较短，关键是车手要保持正确的骑车姿势。要想冲到坡顶，就要在助跑阶段积累足够的冲力。一般情况下，急转弯以后紧接着就要爬坡。这时，车手一般没有冲力，但一定要保持相当的牵引力。最好的办法是保持正确的骑车姿势，把身体的重心移到后轮上，不过前轮上也要保持足够的重量，以防自行车前翻。

遇到很长的上坡，由于运动强度和骑车技巧与爬陡坡时不同，应根据自己的体力状况及时调整传动比，也就是调节蹬踏用力时省力的齿轮来保持车子能快速前进，不能等到骑不动车和速度完全降下来时再改变传动比，应坚决避免重新起动的现象出现。坡路较长或有陡坡时，可适时使用站立式骑行方法，调节用力部位，让部分肌肉得到休息。

②下坡骑行技术。

下坡时，车手应该牢牢记住的一句名言是：骑得越快，路面显得越平坦。下坡骑行要勇敢机智，胆大心细，精力集中，两眼密切注视前方路面，随时准备果断处理路面上出现的任何情况；要充分利用车子的运动惯性滑行，重心后移，以手臂完全伸直为宜。同时，上体前倾、下压使胸部降到鞍座的高度

（图 8-3）。

图 8-3

　　需要注意的是，在没有了解前面的地形之前，下坡的速度不应该太快。车手需要熟悉途中有什么障碍，以便能够安全地绕过去。即使对当地的地形比较熟悉，但最近没有在这里骑过车，尤其是近来天气不好，车手也应该先仔细地观察一下地形，以免意外事故的发生。

　　下坡骑行过程中，免不了出现车速过快或有意外情况出现要使用刹车，这时应主要使用后闸。如果后闸达不到理想的刹车效果，可以轻轻地按动前闸，但不要把前轮完全锁住。在下坡时最好不使用前闸，因为一旦摔倒，从自行车上往后摔要比从车把上向前甩出去安全得多。

　　（6）弯道

　　过弯道时技术要求：转弯前要控制车速。用点刹的方法逐渐减速，尽可能前后闸同时使用，进入弯道后将闸放开，转弯时，身体和车子要保持一致，向里倾斜，上体和车子保持一条直线，以克服离心力。倾斜角度根据速度和弯道大小而定，但一般不得超过 28°角，否则就有滑倒的危险（图 8-4）。

图 8-4

　　转弯时，车手还可以像专业摩托车手那样使内侧的膝盖触地。如果弯道不是太急，并且脚蹬离地面还有足够的距离，可以再踏几下脚蹬，以进一步提高车速。有些车手喜欢使外侧的脚蹬处于低位,并用脚使劲踩住,以减少鞍座所承受的重量。这样,身体可以充分放松,同时又能增大内侧脚蹬与地面之间的距离,但这样做会影响平衡性。可向下按压内侧的车把,以增加前轮同地面的摩擦力。

第二节　水上运动项目发展与技能习练

一、潜水

(一)潜水运动概述

潜水,是指为进行水下勘查、打捞、修理和水下工程等作业而在携带或不携带专业工具的情况下进入水面以下进行的作业活动。后来,潜水逐渐从专业的作业衍生出了另一种带有休闲色彩的运动——潜水运动。随着社会发展与生活水平的提高,人们越来越崇尚时尚休闲的体育运动,潜水运动则逐渐成为人们喜爱的一种休闲运动方式。世界范围内也组织了一些有趣的潜水比赛,如不带任何供氧设备的速潜运动等。

我国潜水运动开展的时间较晚,直到今天也没有普及开来,这主要与该项运动对设备和场所的要求较高有关。不过在沿海城市,特别是沿海的旅游城市还是大概率可以看到潜水活动的。

(二)潜水运动技能习练

1.潜水装备及其操作

(1)基本个人装备

潜水运动离不开水下装备,基本的潜水装备可为潜水者带来安全保障。

①呼吸管:在浮潜时使用呼吸管不用将头抬离水面也可以呼吸。在水肺潜水运动中,潜水者通常通过呼吸管来进行水下作业(如观察水下环境等)。

②潜水服:即使是在热带地区最热的日子里进行潜水,最好也要穿上相适合的潜水衣,因为深水中的温度比较低,而潜水活动在通常情况下并不像游泳那样激烈,寒冷可能会造成疲倦、反应迟钝、肌肉抽筋等症状,因此一套合身、厚度适宜的潜水服是潜水爱好者的必需装备之一。

③面镜:潜水时所用的面镜与游泳时所用的防水镜是不同的,潜水面镜

有用于平衡压力的鼻囊,并可防止水进入鼻腔。

④蛙鞋:潜水时所穿的蛙鞋具有提供水下推动力的作用。与游泳不同,水肺潜水只是依靠腿部的运动来实现移动,而双手通常用来做其他的事情(如水下摄影,操纵其他设备、仪器等)。

⑤气瓶:潜水所用的气瓶中通常装的是高压的空气或混合气体,供潜水者水下呼吸所用。气瓶需要定期送专业机构检验,对一般潜水爱好者来说,通常只是向潜水店租用,不需自己购买气瓶。

⑥潜水仪表:进行潜水运动时,潜水仪表是必备的装备之一。其主要有压力表、深度表、罗盘、潜水计时表等。

⑦浮力调整器(BC):潜水所用的浮力调整器是控制浮力的装置。在水面上时可以使潜水者轻易地浮在水面上;在水下时,可以通过微调 BC 内的空气来实现最佳的浮力状态(中性浮力)。

⑧空气压力调节器:进行潜水运动时,空气压力调节器具有调节气瓶里的压力的作用。这是因为人不可以直接吸入气瓶里的高压气体,而需要通过空气压力调节器来进行压力调节。调节器由一级头和二级头组成,一级头用来连接 BC,二级头是用来呼吸的,许多潜水者都配有一个备用的二级头。

⑨配重和配重带:配重是为了平衡潜水者本身、潜水服、各种潜水设备等所产生的浮力,通常配重是铅制的,由配重带拴在潜水者的腰上,如遇有某些紧急情况需要立即上升时,潜水者可以迅速解开配重带,抛弃配重。这里需要强调的是,在深水中快速上浮至水面是很危险的。

(2)专业潜水设备

专业的潜水设备主要包括潜水摄影、摄像机。潜水摄影、摄像机需要有特别的防水外壳,以用于水下摄影、摄像。现在许多摄影器材生产厂家纷纷推出与自己的摄影器材相匹配的防水外壳,也相继推出一些适用于水下操作的专业摄影器材。

(3)辅助潜水装备

对于潜水爱好者来说,辅助潜水装备也是不可缺少的。其主要包括以下几种。

①潜水刀:具有多种用途,主要是当潜水者被渔线、渔网或海藻缠住时使用的。

②潜水电脑:潜水时所用的潜水电脑可帮助潜水者记录潜水活动的各项数据,并可以直接给潜水者提示减压时间等重要参数。

③潜水浮标:潜水时必须在水面放置浮标,以告知水面船只避开。

④水下电筒:潜水爱好者进行夜潜活动时,水下电筒是必备的工具之一。

⑤水下记录板:用来和潜伴在水下进行充分的沟通。

⑥药品箱:用来存放一些常用药,如创可贴、晕船药、感冒药、止泻药等。

⑦潜水日记:用来记录潜水爱好者的潜水经历,并且最好由该次潜水活动的潜水长签署以证明。

⑧装备袋:潜水时应携带专门用来放置潜水用品、设备的装备袋,当然,贵重的东西最好随身携带,如潜水电脑等。

2. 技术要领

(1)做好下海前的准备工作

准备工作主要包括熟练掌握呼吸管和调节器的使用方法、水面休息方法以及紧急情况处理等。入水前的准备工作十分重要,需要潜水者亲自检查装备功能是否正常,为确保水下安全,同伴之间应该再相互检查一遍。

(2)入水的姿势

正确的入水姿势对潜水者来说也很重要。正面直立跳水时,水深需在1.5米以上,双脚前后开立,一手按住面罩,一手按空气筒背带。背向坐姿入水时,面向里坐于船帮上,向后仰面入水。正面坐姿入水,可供游泳初学者使用。

(3)潜降

潜水者在进行潜降时常采用BC(浮力调解器)法,此方法是使用浮力调节器,并配合配重带,头上脚下地进行潜降。不用浮力调解器时,头下脚上。

(4)上升

潜水者在上升时应将上升速度控制在每分钟18米以内,简单地说,即不要超过自己呼出的气泡的上升速度;上升过程中应始终保持呼吸不要停止;上升时抬头看水面,可以伸出右手指定方向。注意背后,身体缓缓自转。

(5)浮潜与水肺潜水的区别

浮潜,是指在潜水者能屏息的时间里潜泳,直到无法再憋气时浮出水面的方法。水肺潜水,是指潜水者背负氧气筒,借筒内氧气呼吸,长时间潜水的方法。

(6)不适合潜水的病症

感冒、耳鼻疾病、心脏病、高(低)血压、糖尿病、醉酒、神经过敏病。

3. 水肺潜水的原则

(1)两人同行原则

两人从入水到上岸都必须在一起;教练不得允许同伴自行上岸;两人应经常保持密切联系。

（2）落单时的应对原则

当其中有一个潜水者落单时，应保持镇静，浮上几米，寻找同伴；找不到时，就浮出水面；注意观察气泡。超过 10 分钟，仍无同伴的踪迹，应回到入水地点。如无必要，请不要猎杀水中动物。每 10 米检查残压计余量。

4. 潜水手语

潜水运动中，潜水者应掌握以下几种潜水手势。

我现在情况良好——"OK"。

注意（物体）方向——"食指指示方向"。

上浮——"右手握拳，拇指向上"。

下潜——"右手握拳，拇指向下"。

对于初次潜水者或潜水时间不长的人来说，调节耳压是十分重要的，水的压力会使人的耳道感到不适，甚至会感觉到疼痛。此时潜水者应用手捏住鼻子，用力向鼻腔内鼓气，从而使耳道内气压升高，以抵消水的压力，然后再向下潜。潜水者如果感到耳内疼痛难以忍受，则应立刻上浮。

二、漂流

（一）漂流运动概述

漂流运动是水上极限运动中的一种，而且这也是奥运会正式比赛项目之一。漂流运动最早起源于爱斯基摩人的皮船和中国的竹术筏，而这些载具在当时的主要功能还是作为一种水面上的交通工具而存在。漂流成为一种户外休闲运动是在第二次世界大战之后。二战后的国际形势趋于平缓，世界各主要国家的社会文化活动也逐渐恢复了正常。此时，一些喜欢户外运动的人尝试着把军队中退役的充气橡皮艇作为漂流工具，在流速较快的河流中顺流而下，参与人数最多时还会形成水上"艇漂"的景观。

（二）漂流运动技能习练

1. 漂流的渡河技术

（1）激流

一条河有多种状态：有的河段河水蜿蜒平稳地流动，平静得像池塘一样；有的河段落差明显，激流如奔腾的烈马；在河流的某些地段，水面由于错综复杂分布的巨石的影响而扩宽成缓慢流动的水面;在河流的某些地段,河水通过狭窄的悬崖缝挤压而下,流水与崖壁碰撞巨浪滔天。不同之处不可尽数,但形成这些不同状态的原因却只有四点:第一,斜度——河床顺流而下的斜度;第二,平整度——受石块、边缘形状以及砾石形状影响的河床表现;第三,构造——河床的宽窄度;第四,体积——顺流而下的水量(通常以立方英尺/秒来计算)。

可见漂流的关键在于如何应付激流。而应付激流的难易程度由躲开障碍物的难易程度决定。这受水速、障碍物类型、湍流、通道宽度、拐弯处形状等的影响,而且对于一股特定的流水来说,这些影响还是随其经过位置的水平面高低变化而不同。而一个河流探险者必须了解每一股激流的特性。激流的种类如下。

①舌状潮水。在许多激流的开头,是平稳而快速流动的水,其形状呈倒"V"字形,这个"V"形就标志着是激流的通道。

②通道。顺流而下的河水通常以不同的大小沿多条通道通行。而激流和通道很少与河岸平行,并且在流动过程中经常分开,对一个漂流者来说,理解这些激流和横跨河面的激流对船的影响以及如何最有效地利用它们是很有必要的。

③形如干草堆的排浪。当快速流动的潮水趋向变缓时,将形成一系列大的持续的波浪(我们叫做干草堆),平直排列的持续的干草堆排浪通常表示最深的通道。

(2)河道弯曲

一个漩涡就是河水在该处不能停止也不能逆流而上的地方,是由于石块存在于河流的中部或河岸对河水一排持续的波浪的反射,或是一个较急的河流转弯……顺流而下的潮水和漩涡的分界线以打旋的水和水泡为标志。这是由顺流而下的主潮水和顺流而上的漩涡中的水之间的摩擦引起的。

在较急的河道拐弯处,潮水被离心力牵引,在外环线堆积。内环线则存在着流速较慢的水(可能是漩涡),并且较浅,因此最深的通道和最快的流速是沿着外环线的。

(3)逆流

逆流即部分河水在某一区段摆脱主流,逆向流动,形成一股与主流方向相反的猛烈的水流。逆流作为最危险的河流特征之一,可产生以下几种情况:孔洞、阻塞、水力(阻力)、拖滞、卷曲、侧向卷曲、激流尾部和滚浪。

①常见的形式是孔。是由水流过巨石的表面时形成的。水流过岩石上面再注入河底,在水面形成一个间隙,这个间隙被往回的逆流填满。从逆流看,这些水孔后面是大量的、平整的、泡沫状的小水坑。

②垂直下落的瀑布底部。这是另一种典型的逆流。这种水力现象的形式与孔很相似,但更强,因为这些水以巨大的势能涌向瀑布底,它们也更危险,因为底部这些泡沫状的逆流有可能吸住游泳者和木筏。

（4）间断连续的波浪

这种波浪与间断的海洋波浪非常相似,也有足够的力量打击漂流艇筏。

（5）倒卷浪

河水流过半隐于水下的礁石的顶部,汇入礁石后面憩流（止水）,河水自动形成反向的流动（向上游方向流动）。所以,倒卷浪多出现于隐秘于水下的礁石的下游位置。如果潜藏于水下的礁石体积较大,相应地在其下游也会出现较大的倒卷浪。而这种较大的倒卷浪通常被称作"洞"。一些"洞"的形态颇像抽水马桶,一旦误入"歧途",被吸住,就会陷在其中,甚至把船掀翻。

（6）直立浪

当流速快的水流遇到流速慢的水流,水流量无法及时排走,就会浪浪相叠摞起来,形成高高的直立浪。直立浪通常都是些冲天大浪,但是非常有规律;而被礁石激起的水浪往往是散乱不齐的。如果直立浪很高但坡度平缓,不妨让船头对准浪尖,直接骑过去,这就是所谓的"切浪"技术。如果直立浪非常陡峭汹涌,建议从浪的边缘通过。

尽管强度不同,但大部分的小溪、山涧、河流都具有以上列举的各种成分。为了解水流运动中的相互作用,近距离地观察一下这些激流、漩涡、弯道等是非常有用的。

2. 漂流操桨技术

（1）前进与后退

正对前进方向或背对前进方向向前侧身,手臂打直,把桨伸到水里,利用整个身体的力量把两边桨往回拉或前推,要记住身体的用力方向与桨对水的作用力相反、水的反作用力与推动艇筏前进的方向一致。每次划动都应是一个持续的动作,力量均匀地作用于每个桨,一个基本的技巧就是"直面危险,努力拉动"。因为这种拉动是最有力的,所以很多操作都用此方法让船减速或后退。

（2）改变船的角度

①单桨转动。只使用一支桨,当一支桨划动时,另一支桨在水面,会让船产生一些后退运动。

②双桨转动。双桨转动需要一点技巧,需推动一支桨时,同时拉动另一支桨,双手反向运动。

双桨操作船会转得快些,并且可以围着中心转。这种技术是用于让船在大的波浪中直行,设置船朝向渡口的角度或者让船转向。

(3)避开障碍

为避开直接的障碍,常常用摆渡的方法从旁边穿越水流,其基本技巧如下。

①确定水的流向(不必与河岸平行)。

②让船左右转动以便与水流成一个角度(即设定摆角角度)。

③平滑拉动,持续操桨。

(4)激流摆渡

当船边水流的力量(由摆渡角度引起)推动船从侧边穿越水流时,猛烈的敲击会降低船速。这样即使最小的水流运动也可能让船摆上渡口。基本技巧如下。

①把船转到你想到达的角度上,改变船在河中的位置时,最重要的是让船与流水保持一定角度,然后开始向后划桨,而不是向着河岸。

②当船处于一个不是直对逆流的摆渡位置,用旋转船的方法将船从侧边滑过障碍或穿过一个狭窄的通道。用双桨旋转让船转向,并利用船后部旋转时水流对船的力量,让船从障碍物后部穿越,让船首保持直指逆流的方向。

这种方式用于让船保持钝角(大于45°)或在没有空间转动船首时避开障碍,而无须花费太大的力气。(此技巧要求对水流有较高的认识和判断能力。)

(5)利用后部旋轴使船转向

①以一个钝角接近障碍,在拐弯处上渡口。最重要的是船对水流的角度,而不是对岸的角度。

②拉动上首桨(离障碍物最远),使船旋转,让船首首先穿过船道。在水流与岩石的冲撞中,船可能撞上岩石,在石头周围摇摆毫无疑问,一个操桨者为了很技巧地穿过急流,必须学会娴熟地使用纵旋轴、后旋轴和运用所有划桨技术。

(6)排桨船操作技巧

与双桨船由一人操桨不同,排桨推进是通过船长和船员的共同努力,并且大部分操作都是顺流的,船以比水流更快的速度向前进。船员坐在船边,并使力量均匀地分布于船的两侧。船长坐在船首指挥,把他手中的桨作为方向舵。这时船上人员的配合更紧密,因为船的前进趋势常在障碍物中形成一个紧密的道路。因此船长必须预料到前方水况,并迅速地通知船员跟进,而不是与水流背道而驰。船长发布口令,用这些口令就可以像一人划船一样地操作船。

在有许多障碍物的水域和危险水道,根本没有时间精确地指向通道,让桨向前,因为船顺流而下的速度太快了。这时,可以用以下方法来降低船速,让船穿过水流而到达边沿。

①逆流摆渡,需更强的力量。用此方法应让桨向前,使船与水流成一定角度,桨与逆流成一定角度,指向你想到达的那边。

②顺流摆渡,所需力量较小,但能让操桨手看清前方,在最后时刻也易让船头转向。它是让后桨动作,让船首与逆流成一个角度,指向你想到的那边。

排桨船操作给了我们一个激动人心(经常湿透全身)的体验河水的方式。每个有经验的船员都能迅速地执行命令,让船穿越复杂的障碍和水流,让船员特别地亲近河水。

三、冲浪

(一)冲浪运动概述

1778年,英国探险家J·库克船长在夏威夷群岛就曾见过当地居民玩冲浪这种活动。1908年以后冲浪运动传到欧美一些国家。1960年以后冲浪运动传入亚洲。近几十年,冲浪运动有着较快的发展,成为水上运动中较为受到人们青睐的休闲项目。北美洲、夏威夷、秘鲁、南非以及澳大利亚东部海滨都曾举行过大型的冲浪比赛。我国在近些年来也逐渐将这项运动开展起来,在沿海旅游地市场发展良好。不过限于冲浪运动对水上条件和参与者的身体素质有着较高的要求,使得这项休闲体育运动在我国的开展受限较多。

(二)冲浪运动技能习练

1. 冲浪运动的基本技巧

一般冲浪运动是从人身冲浪的训练开始的。人身冲浪,即冲浪者先游离海岸等待大浪,当大浪冲向海岸时,就以侧泳的方式游向海岸。当游到浪峰上时,把脸朝下,背部拱起来,并把手放在腿的旁边。这样海浪就会把人冲向岸边。海浪消失,冲浪者就把两手张开以减慢速度。在冲浪板冲浪中,人身冲浪所带来的冲浪感觉训练与平衡感训练具有十分重要的作用。利用冲浪板冲浪的选手,需要把腹部趴在冲浪板上,然后划到海浪成型的地方。当大浪开始冲向岸边时,冲浪选手就奋力划到海浪的前面,在海浪开始把冲浪板冲向海边时,迅速站立起来,一脚在前,一脚在后,以改变身体的重心来驾驭冲浪板横过波面。在冲浪运动中,大部分冲浪者是站在冲浪板的中央或者后面部分来控制方向,只有少数优秀的冲浪运动员能够移动自己的重心到冲浪板的前端。

在冲浪运动过程中,通常一个大浪能把冲浪者冲到岸边沙滩上,有技巧的冲浪者往往会与海岸线形成某个角度行进,也就是斜着向岸边冲过来。这样冲浪的距离就可以加长,有时他们可以以 55 千米/小时以上的速度冲过 400 米以上的距离。对于冲浪运动员来说,平均 1 米的浪高则十分理想,1 米以下虽然也可以,但是效果稍差。在夏威夷海岸,有些浪高甚至可高达 8 米以上,给冲浪运动爱好者提供了具有较高挑战性的冲浪环境。

2. 冲浪运动的玩法

对于冲浪运动爱好者而言,不同的冲浪玩法则具有不同的技巧性与难度。

(1)竞速和曲道的玩法

在冲浪运动中,竞速和曲道两种冲浪玩法讲求的是速度和过弯的技巧。二者的不同之处在于,竞速是直线竞速,大都在极强的风浪下进行,目前世界上的直线疾速记录为 94 千米/小时,而一般的玩家平常的速度大概有 40~50 千米/小时。曲道则是采用绕浮标的方式来进行比赛,除了速度之外,稳定性、过弯与角度都是曲道最吸引冲浪者的地方,也由于曲道的水域大都是浪况较小的环境,因此如果玩家不慎落水,一般也很少出现受伤或装备损坏的情形。

(2)浪区和花式的玩法

除竞速和曲道玩法之外,花式和浪区玩法也是十分受冲浪爱好者欢迎的两种玩法。

浪区的玩法是一种难度更高的玩法,从基本的过浪、浪前转向,一直到下浪、上浪、飞跃、空翻、浪上 360°空翻等,每一个动作都需要高度的技巧,而在浪区玩风浪板的玩家必须已经有了一定的冲浪基础,对海流、潮汐、地形及浪况的分析也需有所认识,否则会很难进入状态。冲浪的学习必须是循序渐进的。

花式玩法一般都是在碎浪区或平水区做较大的动作,如跳跃、空翻、花式转帆和空中转向等。花式玩法的难度和危险性都很高,必须有一定的冲浪基础才可以学习,而且最好是有专业教练进行指导,否则会很容易出现人受伤或装备损坏等情况。

第三节　冰上运动项目发展与技能习练

一、滑冰运动概述

滑冰运动是在人类的生产和生活当中产生和发展起来的,有关滑冰的最早记载是公元 936 年。最原始的冰上滑行器用动物骨制成,古人将兽骨系于鞋上在冰封的湖泊、河道上滑行。瑞典是较早出现滑冰运动的国家,公元 8—10 世纪,瑞典有了骨制冰刀,随后逐渐出现了木制冰刀。1250 年,荷兰人制作了固定在木板上的铁制冰刀。1572 年,英格兰的一名铁匠制成了第一副有锋利内刃、外刃和前端刀尖弯曲的全铁式冰刀,这种全新的冰刀的出现标志着现代滑冰运动的开始。

（一）速度滑冰运动概述

速度滑冰是一项比赛滑行速度的冰上体育运动,具体是指在规定距离内,以冰刀为用具、以竞速为目的的冰上竞速运动。速度滑冰是冰上运动的源头,冰上运动的其他项目都是在速度滑冰的基础上产生和发展起来的。速度滑冰具有悠久的历史。

我国古代很早就曾出现过滑冰运动。据我国的《宋史》记载:皇帝"幸后苑,观冰嬉"。这项"冰嬉"运动延续了几个朝代经久不衰,到了清朝已经成了民间普遍的文体娱乐活动。根据乾隆年间出版的《帝京岁时纪胜》记载:"冰上滑擦者所著之履,皆有铁齿。流行冰上,如星驰电掣,争先夺标取胜。"这就是现在的速滑比赛。

现代滑冰运动是在 13 世纪的荷兰逐渐发展起来的。13 世纪中叶,一种安装在木板上的铁制冰刀在荷兰出现。1676 年,最早的速滑比赛在荷兰的运河上举行。滑冰比赛由荷兰发起后,很快扩展到欧洲和美洲国家。随着速滑比赛规模和水平不断提高,各地都纷纷建立起滑冰组织。1742 年,第一个滑冰组织——爱丁堡俱乐部在英格兰创立,这使速滑比赛有了竞赛组织,开始有序地进行竞赛活动。1850 年,美国的布什内尔制造了第一副钢质冰刀,使速度滑冰运动技术水平有了新的发展。

随着速度滑冰运动的发展,各级速度滑冰赛事在国际上兴起。1885 年,第一次国际速度滑冰比赛在德国汉堡举行,以后类似的比赛在挪威的奥斯陆和德国汉堡又多次举行。从 1970 年起,每年举行一次世界短距离锦标赛,男女比赛项目均为两个 500 米、两个 1 000 米,分两天进行。为提高青少年速滑运动水平,从 1975 年开始,增设了世界青少年速滑锦标赛,年龄在 20 岁以下的运动员均可参加比赛,比赛项目设有男子 500 米、男子 1 500 米、男子 3 000 米、男子 5 000 米,女子 500 米、女子 1 000 米、女子 1 500 米和女子 3 000 米。

长期参与和从事速滑运动有助于增进运动者的身心健康,促进运动者机体的新陈代谢,提高心肺功能,增强防寒能力,培养坚毅顽强的意志品质。

(二)花样滑冰运动概述

花样滑冰是技巧与艺术相结合的冰上运动项目,有着悠久的历史。早在新石器时期,人类为了生产和生活的需要,用兽骨制成冰刀作为狩猎和生活中必备的交通工具。后来,人们用兽骨制成绑式冰鞋在冰上活动,随着人类社会的发展,逐步分化出以游戏和娱乐为主的冰上活动,这就是花样滑冰的雏形。

花样滑冰运动在 13 世纪得到了较快的发展,并在欧洲广为流行。不过在当时,花样滑冰属于一种高贵的运动,只有上层社会的人才有资格和条件享受花样滑冰带给他们的乐趣。

现代花样滑冰运动起源于 18 世纪的英国,之后,花样滑冰在德国等欧洲国家迅速开展起来,而且在美洲也取得了较大的发展。

花样滑冰运动组织为推动花样滑冰运动的发展做出了巨大的贡献。1742 年,英国爱丁堡滑冰俱乐部制定了许多章程和条例,规定每一个花样滑冰爱好者都必须经过测验并达到规定的标准才能加入该俱乐部,此后,欧洲许多国家都相继成立了类似的滑冰机构。1892 年,在荷兰的阿姆斯特丹举行了一次国际滑冰界的会议,决定在当年创建国际滑冰联合会,简称国际滑联(ISU),总部设在荷兰的斯奇威尼根。在本次会议上还制定了国际滑联宪章和竞赛规则,规定每两年召开一次国际滑联代表大会,对主席、副主席和理事会、各技术委员会进行改选,修改宪章和比赛规则,研究和讨论滑冰运动的发展方向等有关问题。国际滑联在早期所制定的许多规定至今仍在使用。

花样滑冰运动赛事的开创主要集中于 19 世纪末和 20 世纪初。1896 年 2 月,俄国彼得堡举行了首次世界花样滑冰锦标赛。1906 年 1 月,在瑞士达沃斯举行的世界花样滑冰锦标赛上,首次举行了女子单人滑的比赛。1908 年,在俄国的彼得堡举行的世界花样滑冰锦标赛上,首次将双人滑正式列入比赛项目。1952 年,在法国举行的世界花样滑冰锦标赛上,冰上舞蹈首次被列为正式比赛项目。1920 年,国际奥委会在比利时安特卫普举行的奥运会上,首次将花样滑冰列入奥运会比赛项目。1921年,在瑞士洛桑举行的奥林匹克代表大会上,通过了每四年单独举行一次冬季奥林匹克运动会的决议。

我国的花样滑冰运动是于1930年前后由西方传入的,深受广大学生的喜欢。中华人民共和国成立后,中国北方一些城市的大、中、小学校开始开展花样滑冰运动。在竞技花样滑冰领域,我国花滑首次让世界冰坛感到震惊的是中国花样滑冰选手陈露。1992年,陈露先后夺得冬奥会第6名、世锦赛第3名,在世界舞台上展示了中国花滑运动员的风采。此后几年,陈露在世锦赛上摘金夺银,为中国花滑运动在世界赛场争得一席之地。近些年来,我国涌现出了一大批优秀的花滑选手,特别是在双人滑项目上出现了几对世界顶级选手,如申雪/赵宏博、庞清/佟健、张丹/张昊等。在单人滑方面也有新生代偶像级美少女选手李子君挑起大梁,这些运动员在历次国际国内赛事中屡创佳绩,逐渐代表了中国花样滑冰运动的最高水平,成为世界花滑界的一支主要力量。

二、滑冰运动基本技术

(一)速度滑冰基本技能习练

1. 起跑技术

(1)起跑姿势

根据站立姿势,可以将速度滑冰的起跑姿势分为正面起跑(正面点冰式起跑、丁字式起跑、蛙式起跑)和侧面起跑(两刀平行与起跑线成一定角度的侧向站立的起跑);根据运动项目的距离长短,起跑姿势可分为短距离起跑和长距离起跑。这里重点分析正面起跑技术。

①正面点冰式起跑。运动员在听到"各就位"口令后,前脚冰刀与起跑线约成45°角,刀尖切入冰面,刀跟抬起保持稳定不动;后刀用平刃或内刃置于冰面,两刀间距略大于髋,两刀开角约在90°~120°,后刀刃应牢牢咬住冰面,以便起动时后脚冰刀快速发力;上体直立,两臂自然下垂,目视前方,体重大部分落在后腿上。

运动员在听到"预备"口令后,屈膝屈髋,降低身体重心,体重大部分移至前脚冰刀;重心前移,要做到肩超过前脚刀尖并位于前膝上方,前膝蹲曲角约为90°,后膝约为110°;头部与整个身体成直线,目视前方跑道;后臂微屈肘(约90°~110°)并后举与肩齐平或略高于肩,前臂屈肘约成90°角,置于膝盖上方,两手半握。

运动员应保持上述动作静止不动两秒钟以上,在鸣枪之前不改变动作。

②"丁"字式起跑。"丁"字式起跑技术的起跑方法与点冰式起跑基本相同,不同的是:丁字式起跑两冰刀是以平刃在冰上支撑站立,重心位于两冰刀中间,即体重较均匀地置于两腿;丁字起跑的"预备"姿势,身体重心略有前移,但不能将重心至于前脚冰刀,以免冰刀滑动。

(2)起动技术

起动技术是进行起跑的第一步,具体是指浮腿向前摆动迅速跨出着冰、后腿快速用力蹬离冰面的技术。起动技术可以细分解为以下三个阶段和步骤。

首先,在听到鸣枪后,迅速向前上摆动浮腿,并使前脚冰刀尽量外转。

其次,将身体重心前移,成前冲姿势,快速用力蹬直后腿,身体向前"弹出",在后腿蹬直瞬间,两刀抬离冰面,身体有个腾空阶段;两臂配合腿的蹬踏动作,屈肘做小幅度快速摆臂;髋随重心移动而前送,外转的前脚冰刀以内刃踏切动作迅速着冰,并使刀跟落于前进方向的中线上。

最后,采用蛙式起跑,用两手迅速撑离冰面,两腿同时用力蹬冰,并快速前摆浮腿。浮脚冰刀无须做外转动作。

2. 直道滑跑技术

(1)滑跑姿势

直道滑跑相对来说比较简单,滑跑过程中的身体姿势对于发挥技术、减少阻力、增加推进力并持续长时间的紧张工作有着重要作用。合理、正确的滑跑姿势可以使滑冰者保持最大用力能力、最大限度地减少阻力、快速行进。

正确的滑跑姿势要求运动员的上体应放松,成背弓的流线型姿势。上体应倾至几乎与冰面平行或肩背略高于臀部,与冰面形成 $10°\sim25°$ 角,上体要充分放松,团身,两肩下垂,力求接近流线型。头部微抬起,目视前方 $10\sim20$ 米;腿部成低姿势,即大腿深屈,膝关节角度约 $90°\sim110°$,踝关节角度在 $55°\sim75°$,髋关节角度屈至 $45°\sim50°$,并使身体重心线从后背下部穿过大腿,经过膝盖后与脚的中后部相接(图8-5)。

(2)自由滑行

自由滑行是指运动员蹬冰脚冰刀蹬离冰面后,另一腿借助前次蹬冰惯性,在冰上支撑滑行至该腿开始蹬冰前的滑行技术。

在自由滑行过程中,滑冰者支撑腿的冰刀由外刃过渡到平刃支撑;鼻、膝、刀成三点一线的滑行姿势;身体重心放在冰刀中后部的上方;两肩保持平稳,上体朝着滑行方向稍倾斜;保持基本滑跑姿势,不得上下起伏(图8-6)。

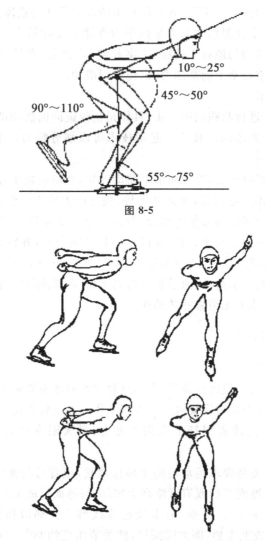

图 8-5

图 8-6

(3)收腿

收腿动作是与自由滑行动作同步的协调动作。收腿动作技术方法及步骤如下。

首先,滑冰者应将起于蹬冰腿结束蹬冰变为浮腿开始收腿。

其次,滑冰者利用蹬冰腿蹬冰结束的反弹力以及内收肌群收缩,将冰刀抬离冰面,完成收腿还原动作。

再次,浮腿屈膝放松,并以大腿带动,以最短路线直接内收至身体的矢状面。

最后,进行结束收腿动作时,浮腿大小腿与支撑腿靠拢,膝盖低垂,冰刀垂直于冰面。最后止于浮腿收至身体重心下方的矢状面。

(4)单支撑蹬冰

单支撑蹬冰动作是指从开始横向移重心起,到浮腿冰刀着冰止的动作过程。单支撑蹬冰动作技术方法及步骤具体如下。

首先,把握准确的蹬冰时机。准确适时地移动重心是非常重要的,身体总重心沿横向开始移动,浮腿从支撑腿后位开始向前摆动,身体失去平衡做积极"倾倒"压冰。

其次,确定牢固的蹬冰支点和侧蹬方向。在单支撑蹬冰过程中,冰刀以内刃切入冰面,刀尖指向滑行方向,形成牢固的支点并随身体重心横向移动,将全身力量集中地作用到冰面,向侧推蹬,以增强冰刀的推进力。

再次,用刀刃中部蹬冰。注意绝不能将重心置于刀的前部开始蹬冰,以免身体重心偏前,导致严重的后蹬冰而削弱蹬冰力量。

最后,浮腿做协调配合。浮腿加速向前侧摆动,重心移动和蹬冰腿作加速展腿的协调配合动作,使蹬冰角(蹬冰腿的纵轴线与水平面之间的夹角,图 8-7)缩小、使水平分力加大,当浮腿前摆着冰时,则是快速伸膝展腿的最佳时机。蹬冰角可以决定蹬冰的力量效果,理想的蹬冰力曲线应该是负弦函数(图 8-8)。

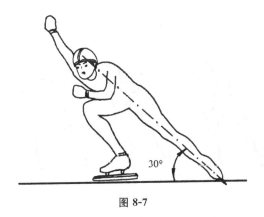

图 8-7

(5)摆腿

浮腿的摆动动作是在单支撑蹬冰的同时进行的,摆腿动作是蹬冰动作的组成部分。具体技术方法和步骤如下。

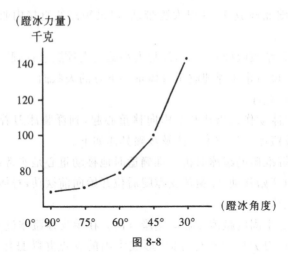

图 8-8

首先,将浮腿从后位的矢状面摆向身体重心移动方向。

其次,以膝盖领先,以大腿带动小腿摆向身体重心移动的方向(前侧方)。

再次,在摆腿的同时,将大腿前摆置于胸下,使膝部由下垂状态向前上抬起贴近支撑腿的膝部。

最后,当摆腿动作即将结束时,应特别强调大腿抬送至胸下和小腿前送刀尖微翘起的动作,此时,应做到两腿、两刀尽量靠近,并将浮脚冰刀放于支撑脚刀前面,以准备用刀后部着冰,从而结束摆腿动作。

(6)双支撑蹬冰

如图 8-9 所示,双支撑蹬冰动作的技术方法及步骤具体如下。

图 8-9

首先,由自浮腿冰刀着冰开始,继续控制体重于蹬冰腿,随重心移动蹬冰角缩小,加快展腿速度,并在结束蹬冰时达到最快速度。

其次,在蹬冰过程中,保持冰刀内刃全刃压冰向侧推蹬的蹬冰方向,刀尖指向滑行方向。

再次,充分利用蹬冰腿肌肉长度,使肌肉产生尽可能多的能量,蹬冰距离(幅度)尽量延长,在加快展直腿的过程中作用力总时间相对加长,使蹬冰结束时产生最大蹬冰力量。

最后,当蹬冰速度达到最快时,蹬冰者应将蹬冰腿充分展直。即在蹬冰结束时,蹬冰腿(膝、踝)关节充分展直,踝关节跖屈,蹬冰腿冰刀蹬离冰面。

(7)着冰

着冰动作,又称"下刀动作",与双支撑蹬冰动作是同步协调完成的,指从浮脚冰刀着冰起,到完全承接体重止的动作。着冰动作技术方法及步骤具体如下。

首先,滑冰者在着冰前浮脚冰刀应尽量靠近支撑脚冰刀并领先 1/2 刀长的部位,刀尖稍翘起朝着新的滑行方向作好着冰准备。

其次,以冰刀的外刃(或平刃)和冰刀的后半部着冰。

再次,滑冰者将膝盖领先上抬,小腿积极前送,顺势做向前的快速着冰动作。

最后,尽量缩小着冰刀的出刀角度,接近直道方向着冰,使新的滑行方向沿直线滑行。

(8)摆臂

速度滑冰的摆臂动作主要有三种,及单摆臂、双摆臂和背手滑行(不摆臂),一般的,单摆臂多用于中长距离,以保持滑行节奏和速度的均匀;双摆臂多用于起跑、短距离和终点冲刺,以提高速度;背手滑行多用于弯道后的直道中,以延长滑步进行放松。

以双摆臂为例,摆臂时,两臂前后加速摆动,准确协调地配合是良好滑行技术的基础。摆臂力量、幅度要与腿部动作及滑跑速度相一致。如图 8-10 所示,两臂摆动有三个位向点,即左(右)臂的前高点、两臂的下垂点和左(右)臂的后高点。前摆过程中,臂从后高点顺势下落经下垂点加速向前上方摆至前高点,然后,臂从前高点回摆下落经下垂点,接着加速向后方至后高点。

具体来说,摆臂动作的技术方法和步骤具体如下。

首先,滑冰者的摆臂应领先于腿部动作,当腿部动作高速运动时,臂与腿才同步运动。

其次,两臂以肩为轴做独立的加速前后摆动。

再次,当前摆动作至最高点时,手不超过肩高。肘部弯曲夹角在短距离可小于 45°,在长距离可在 150°～170°。

然后,当后摆动作至后高点时,肘与手的动作要求是:短距离肘要保持弯曲状态,肘与肩部大致齐平,手略低于肘部,如后摆过高则摆臂路线会加长而降低摆臂速度;长距离则肘部不能弯曲,手臂在后高点可略超过头部。

最后,当两臂贴近大腿摆动时,使两臂与头、支撑腿、躯干成平行摆动方向,以便于保持身体的平衡。

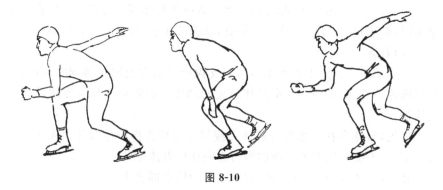

图 8-10

3. 弯道滑跑技术

(1)滑跑姿势

在滑跑弯道的滑跑中,身体各部位的姿势具体如下。

上体动作:上体前倾程度要比直道更接近水平状态。优秀选手上体前倾的水平角男女分别为长距离 16.5° 和 14.8°,中距离为 15.7° 和 13.4°。上体放松、团身背弓,成流线型并朝着滑行方向,身体成一线向左倾斜,保持平稳流线型状态。

头部动作:在弯道滑跑中,头部要与身体其他部分成直线,并始终要处于整个身体的领先位置。

肩部动作:两肩始终保持平行稳定状态,并与离心力方向成一直线(即两肩处于半径延长线的平行位置)。

臀部动作:臀部始终保持与冰面平行。

(2)单支撑左腿蹬冰

单支撑左腿蹬冰动作指右脚冰刀离开冰面起,到右腿摆动后重新着冰的动作。单支撑左腿蹬冰动作的技术方法和步骤具体如下。

首先,保持两肩、臀部与冰面平行稳定状态;大腿和膝部位于胸下,并以左刀外刃牢固咬住冰面;保持后坐使身体重心位于冰刀中部。

其次,在做展腿动作时,先展髋,与此同时深屈膝踝(压膝),当浮腿摆经蹬冰腿时,蹬冰腿膝关节开始积极加速伸展。

最后,沿弯道半径延长线向外侧蹬冰,使蹬冰腿肌肉完成最有效的蹬冰。

(3)右腿摆腿

右腿摆腿动作是指自右腿蹬冰结束抬离冰面起,到右腿加速摆动与左腿交叉后至右腿冰刀着冰的动作,其技术方法及步骤具体如下。

首先,屈膝时,膝盖领先摆收右腿,在重力和屈髋、膝肌群内收的作用下,使腿部由外展动作变为内收和前跨动作。

其次,将右腿向左腿右前方朝着支撑腿加速摆动。

最后,当右腿交叉经过左腿时,右刀跟要贴近左刀尖做交叉跨越动作,以保证左脚侧蹬,并为右脚着冰动作做好准备。

(4)双支撑左腿蹬冰

双支撑左腿蹬冰动作是指自摆动后的右脚冰刀着冰起,到左脚冰刀结束蹬冰离开冰面的动作,其技术方法及步骤具体如下。

首先,滑冰者应将身体重量尽量控制在蹬冰腿上,充分利用体重完成最后蹬冰动作。

其次,将蹬冰刀控制在臀下,用刀刃中部做快速向侧推蹬。

最后,当蹬冰动作结束时,在膝关节展直的基础上,重心移向冰刀的前半部,使踝关节迅速跖屈,以增加蹬冰腿做功距离,同时充分发挥肌肉力量。

(5)右脚冰刀着冰

右脚冰刀着冰动作是指自右脚冰刀以内刃着冰起,到该腿完全支撑承接体重左腿蹬冰结束冰刀离冰的动作。其技术方法及步骤具体如下。

首先,滑冰者的着冰点应在支撑脚冰刀左前方(靠近支撑脚冰刀),沿弯道滑行方向(贴近弯道切线方向),使着冰脚冰刀准确地落在重力与离心力的合力点上。

其次,将冰刀的刀尖抬起朝着切线方向,以刀跟内刃先着冰。

最后,右腿以前跨动作使膝部朝着弯道滑行方向,并保持右脚冰刀着冰后的小腿向左倾斜度,顺势着冰。

(6)单支撑右腿蹬冰

单支撑右腿蹬冰动作是指自左脚冰刀离开冰面起,到左腿摆动后重新着冰的动作。单支撑右腿蹬冰动作的右腿蹬冰基本与直道右腿蹬冰动作相同。接下来的动作技术方法及步骤具体如下。

首先,在左腿蹬冰结束后,右腿即刻蹬冰。左腿蹬冰结束时,右腿沿着弯道切线方向滑行开始蹬冰,并逐渐滑离雪线,此时身体重心却沿着另一切线方向移动(冰刀与重心运动方向不同),随右腿滑离雪线,腿部应弯曲(压膝、踝),当左腿摆收到与蹬冰腿成交叉部位时,蹬冰腿应积极展髋、展膝,向侧蹬冰。

其次,整个身体成一线保持向左倾斜平移姿势(两肩、臀部与冰面平行),冰刀以内刃咬住冰面,沿切线方向滑行并沿弯道半径向侧蹬冰。

最后,利用冰刀内刃中部,加速完成侧蹬动作。

（7）左腿摆腿

左腿摆腿动作是指自左腿结束蹬冰冰刀蹬离冰面开始，到左腿冰刀着冰的动作。具体技术方法如下。

首先，滑冰者可借助于蹬冰结束时的反弹力和重力在股内收肌作用下摆收左腿。

其次，将冰刀的刀跟抬起，刀尖向下，冰刀几乎垂直于冰面，屈膝、屈髋完成提刀动作。

再次，以膝盖领先大腿带动，沿身体重心移动方向加速摆收。

最后，在摆腿过程中，大腿做向上抬送动作，使刀尖由朝下变为与冰面平行动作。

（8）双支撑右腿蹬冰

双支撑右腿蹬冰动作是指自左脚冰刀着冰起，到右腿蹬冰结束冰刀离冰的动作过程。技术方法及步骤具体如下。

首先，展腿达到最高速，右腿快速展直完成蹬冰动作。

其次，保持两肩、臀部与冰面平行移动，随蹬冰腿加速伸展，使蹬冰角达到最小角度。

再次，在蹬冰过程中，右脚冰刀内刃牢牢地咬住冰面，避免在蹬冰结束阶段出现滑脱现象。

最后，如果滑冰者采用新式冰刀技术，当蹬冰结束时，应将身体重心移至冰刀前半部，使踝关节跖屈，充分展直蹬冰腿。

（9）左脚冰刀着冰

左脚冰刀着冰动作是指自左脚冰刀的外刃着冰起，到左脚冰刀完全承接体重右腿蹬冰结束冰刀离冰的动作，其技术方法及步骤具体如下。

首先，将左腿前送到位。要做到展膝屈踝，将刀尖抬起。

其次，左脚冰刀以外刃、冰刀的后部先着冰。

再次，沿着弯道标记的切线方向着冰，以便向贴近弯道标记滑进，以延长蹬冰距离。

最后，迅速着冰，并与快速结束蹬冰动作配合同步协调。

4. 终点冲刺技术

终点冲刺是速度滑冰运动中全程滑跑的一部分。在全程滑跑的最后阶段，运动员应努力保持合理的滑跑技术，竭尽全力滑完全程，并以合理有效的冲刺技术触及终点线，完成冲刺。终点冲刺的技术方法可分为以下两个阶段和步骤。

首先，在开始进行冲刺时，保持正确的滑跑动作和已取得的滑跑速度，注重向侧的蹬冰质量。同时,采用双摆臂加快蹬冰节奏。

其次,冲刺即将结束时,以"箭步送刀"的方法结束用冰刀触及终点线的最后冲刺动作。

（二）花样滑冰基本技能习练

花样滑冰运动可以分为单人花样滑冰、双人花样滑冰、冰上舞蹈三个大类,这里重点介绍单人花样滑冰运动的基本技术。

1. 滑行技术

（1）冰上站立

站立姿势为两脚稍分开,与肩同宽,平稳站立,冰刀与冰面保持垂直,两膝微屈,上体保持正直（稍前倾）,重心落在支撑脚上,两臂在体侧前伸开,自然控制身体平衡,目视前方。

（2）单足蹬冰、单足向前滑行

滑行前的准备姿势与双足滑行相同,在蹬冰结束后要保持重心不变和单足向前滑行姿势,蹬冰足放在滑足后,保持身体重心平稳,换脚时,浮足要接近滑足,两臂在两侧自然伸展。

（3）双足向后滑行

双足成内"八"字形站立,足尖靠近,足跟分开,身体重心在冰刀前半部,双膝微屈。开始时双足同时用内刃向后蹬冰。双足间的距离同肩宽时,将双足跟向内收紧,形成双足平行向后滑,同时两膝逐渐伸直,靠拢后再次蹬冰,如此反复进行。

（4）前外刃弧线滑行

以左足内刃蹬冰,右足外刃滑出为例,身体向右侧圆弧内倾斜转体,右臂在前,左臂在后,滑足膝部逐渐伸直。换足时右足用内刃蹬冰,左足用外刃着冰,滑出前外弧线。滑膝的伸屈要和两臂及浮足的移动协调一致。

（5）前内刃弧线滑行

以右足滑前内弧线、左足内刃蹬冰为例,右足用内刃向前滑出,身体重心向左倾斜,转体,右臂在前、左臂在后,面向滑行方向,右膝微曲,左足蹬冰后沿滑线靠近滑足前移,逐渐伸直,滑足膝部逐渐伸直,换足时右足用内刃蹬冰,左足用内刃滑出。

（6）后外刃弧线滑行

先以双足平行站立,两肩和臂平放,面向滑行的方向,然后用右足后内刃蹬冰,两臂动作协调配合,右臂用力向后滑行方向摆动,左臂在前。右足蹬冰后迅速放在滑足前,左足做后外刃弧线滑行,当滑行到弧线一半时头向圆内,上体随着向外转动,浮足靠近滑足移向滑线前,上体姿势不变。再做右后外弧线滑行。方法同上,方向相反。

(7)后内刃弧线滑行

双足平放在冰面上,背向滑行方向,两臂伸向身体两侧,用右足蹬冰,左后内刃做弧线滑行,右臂在前,左臂向滑行方向用力摆动,右足蹬冰后迅速放在滑线后,滑至弧线的一半时,浮足向滑足靠近,上体均匀缓慢地向圆内转动,浮足伸向滑线前,上体保持姿势不变。再做右后内刃弧线滑行。方法同上,方向相反。

(8)急停

良好的花样滑冰运动中的急停技术不仅能有效避免滑冰者在练习时受伤,还可以在表演节目的段落和结束时,增强表演的效果。

①双足向前内刃急停。在向前滑行过程中,突然将足尖靠近,足跟分开,身体重心后移,两腿微屈,双膝靠近,形成用双足冰刀内刃向前刮冰的急停动作。

②单足前外刃急停。在向前滑行过程中,突然用右或左足前外刃做横向刮冰急停动作,身体稍向后倾,另一足离开冰面。

2. 旋转技术

花样滑冰运动中的旋转动作是重要技术内容之一。一般的,滑冰者多习惯于向左的逆时针方向旋转,但也有少数人能掌握左右两个方向的旋转。这里重点介绍向左逆时针方向的旋转技术。

(1)单足旋转

单足旋转是由一只脚在冰面上旋转的动作,包括以下几种技术。

①单足直立旋转。先滑一右后内弧线,浮足在后远离滑足,右臂在后左臂在前,起转前右足用力蹬冰,将身体重心移向左足,左足滑前外刀齿制动,成后内刃转动,右足伸直摆到右前方,开始两臂侧举,待重心稳定后,两臂和浮足再靠拢身体加快转速,身体重心始终保持在冰刀的前三分之一处,结束时两肩臂侧举、左脚蹬冰、右脚用后外刃滑出。

②单足直立快速旋转。在旋转过程中将右足收回,沿左腿前外侧由膝部向下滑动,使两脚形成交叉状,缩小旋转半径,加大旋转速度。

③单足直立反旋转。在右前内—右后外3字转体结束后,立即用右后外刃在原地做旋转动作,两臂动作呈侧平举姿势,左浮足在左前外侧,当旋转重心稳定后,收回两臂和浮足,加快旋转速度。也可将左足和左腿交叉放在右腿滑足前外侧。旋转结束时以右后外刃或左前外刃弧线滑行。

（2）双足旋转

双足旋转是由两只脚支撑冰面的旋转动作，它是旋转动作中难度较小的一种。具体技术方法如下。

①双足直立旋转。以原地直立姿势开始，双足分开与肩同宽，左臂在前右臂在后，双膝微屈。旋转开始时，左臂带动左肩用力向左后摆动，右臂带动右肩用力向前摆动，双膝同时迅速伸直，使整个直立的身体形成一个旋转的轴心和两个相反的转动力，此时便形成了左后内刃—右前内刃的双足直立旋转。在旋转开始的前几圈，两臂呈对称侧平举姿势，以控制身体平衡和转动轴心。此后可收回两臂于胸前，以缩小旋转半径，加快旋转速度。在旋转结束时，伸开双臂，减缓旋转速度，用右后外刃或左前外刃弧线滑出。

②双足直立交叉旋转。先以双足直立旋转开始，在起转后，左足经右足前方，顺旋转方向滑至右足前外侧，形成双腿和双足交叉姿势，用右后外刃和左前内刃成对称的双足交叉旋转姿势，足尖靠近足跟分开。其他要求同双足直立旋转。

3. 跳跃技术

跳跃技术动作是滑冰中很重要的技术动作。起跳方式分为单足刃起跳和点冰跳两大类，主要的跳跃动作有华尔兹跳、阿克谢尔跳、鲁卜跳、沙霍夫跳、点冰鲁卜跳、菲力普跳等，不同跳跃技术难度不同，同一跳跃也因在空中转体周数不同而有所差别，周数越多，难度也越高。但不管是哪一种跳跃技术，都包括准备、起跳、空中动作和落冰四个技术环节。要想更好地完成各种跳跃动作，就必须熟练掌握上述四个技术环节，具体如下。

（1）准备：从滑腿屈曲开始到起跳前为止，包括从运用滑行技术来增加速度的助滑到起跳前缓冲。跳跃的准备阶段是为增加起跳的效果作好充分准备，主要技术有滑腿屈伸与四肢预摆的配合。

（2）起跳：由身体重心从最低点开始到滑足即将离冰结束，包括四肢下摆、上摆、滑足蹬直制动和预转的技术配合。

（3）空中动作：由冰刀离开冰面开始到冰刀触冰结束，包括收回四肢（加速转）、展四肢（减速转）、转体技术及其配合。

（4）落冰：由落冰足触到冰面开始到身体重心降至最低点为止，包括深屈滑腿和展四肢的技术。

4. 跳接旋转技术

跳接旋转是将跳跃动作与旋转动作结合为一体的旋转动作。包括以下两种具体的技术方法。

（1）跳接蹲踞旋转

以左前外刃起跳开始，上体直立，当用刀齿制动起跳时，滑腿膝部弯曲，两臂由左右前方同时向上摆动，右腿经侧后方向前摆动，左腿在空中形成蹲踞姿势，身体下落过程中，应尽快将左足向下伸直，用刀齿触冰，然后再过渡到左后内刃上，此时右腿顺势向旋转方向自然摆动，左腿迅速下蹲，两臂收至胸前，形成蹲踞旋转。结束动作同其他旋转动作。

（2）跳接反蹲踞旋转

起跳后，右腿在侧后方摆动向前，并尽快弯曲成蹲踞姿势，同时左腿迅速向前外侧伸展，两臂向前外方向自然伸展，保持身体平稳，身体下落过程中，迅速将右腿向下伸直，用刀齿触冰后下蹲，左腿向旋转方向摆动，两臂收至胸前，形成右后外刃反蹲踞旋转动作，结束动作同其他旋转动作。

第四节 空中运动项目发展与技能习练

一、热气球

（一）热气球运动概述

热气球运动是利用空气受热膨胀的物理原理，使气球升空，从而实现人们在空中自由飞翔的运动。据国际航联统计，热气球在所有飞行器中的安全系数最高，而且热气球运动相对较为舒缓，只是静静地随着热气球升空，欣赏俯视景观。当然，如果拥有一定的技术，还可以亲自操控热气球。热气球运动最初出现在国外，一直是国外较为流行的休闲体育运动项目，近些年来传播到我国，成为一些旅游景点的游玩项目之一。

国内目前普遍使用的是七型热气球，最大直径 17 米，高 23 米，体积约 2 180 立方米，最高飞行高度可达 7 000 米。

（二）热气球运动技能习练

1. 起飞技术

一个热气球的起飞至少需要四个人共同作业。首先，在地上把球囊铺展开；其次，将它与放在一边的吊篮连接在一起，用一个小的鼓风机，将风吹入球囊；最后，将火点燃加热在气球球囊内的空气，热空气使气球升到垂直于吊篮的位置，气球立起来就可以起飞了。

2. 驾驶技术

热气球是随风而行的,并非真的被"驾驶"。由于风在不同的高度有不同的方向和速度,驾驶员可以根据飞行需要的方向选择适当的高度。

3. 速度控制

热气球飘飞速度的快与慢,是由风速的快慢决定的,因为热气球本身并没有动力系统,飞行速度完全取决于风速。热气球最大下降速度为 6 米/秒,最大上升速度为 5 米/秒。

4. 飞行时间

在一天当中,太阳刚刚升起时或太阳下山前 1~2 个小时,风很平静,气流也很稳定。因此,是热气球飞行的最佳时间。

如果携带足够的石油液化气或丙烷,一只热气球通常能持续飞行 2 个小时,但热气球飞行的持续时间也受其他因素的影响,例如气温、风速、吊篮重量(包括乘客)和起飞的具体时间等。

5. 复原

热气球恢复原状需要地勤人员的帮助,地勤人员驾驶卡车或小货车跟随飘飞的气球,预先到达降落点。

二、滑翔伞

(一)滑翔伞运动概述

滑翔伞是无动力飞行的一种形式,使用的动力是地球引力,滑翔器下降(低于 1.5 米/秒)的同时会获得高于 60 千米/小时的向前飞行的速度。它体现了一种人与自然的交流,备受崇尚自然者的喜爱。

(二)滑翔伞运动技能习练

1. 张伞技术

滑翔伞的伞衣绝不能有破损,因此取出伞衣时要小心,一边展开伞衣必须一边检查有无破损,铺伞衣的步骤如下。

(1)检查吊绳是否有乱绳打结或脱落,铺伞时风口朝上铺成扇形,所有吊绳都必须放在伞衣的上方,操纵绳拉至伞衣外侧,使伞衣后缘全部露出。

(2)将左右操纵带分开放,伞衣中心线与起跑路线相同。

(3)将操纵绳整理好放在最外面,后组绳放在中间,前组绳放在最里面,最后将操纵带挂至套带的挂钩时需再一次检查伞绳是否乱绳,前后操纵带是否扭曲。

2. 收伞技术

为将降落场地留给后面陆续着陆者,飞行员一着陆便要立刻大收伞并将伞提至空旷休息区内慢慢整理。大收伞技术步骤如下。

(1)将两手的操纵环分别扣回原位。

(2)理整齐两组操纵带,左手握住小连接环处,右手将所有吊绳握在手中,手臂尽量伸至最长,然后绕成圆形交至左手,再继续将吊绳收于左手中,一直到无法再收为止。

(3)右手握住吊绳与伞衣连接处背至肩上。

(4)一边收吊绳,须一边向前走,不可在原地用力拉吊绳,以免伞衣被尖锐物刮破。

3. 折伞技术

和张伞一样,折伞时应将伞衣伞腹朝上平铺在地,吊绳置于伞腹之上,检查伞衣内有无杂物。折伞技术步骤如下。

(1)检查伞衣两侧吊绳有无乱绳,然后将左右吊绳分别打结置于伞衣上。

(2)将一边伞衣由稳定翼处一片一片折至中央部位后换另一边,在此中央部位与另一边相叠,此时必须将伞衣内部空气由后缘向风口处压出,再由后缘风向口方向折叠。

(3)先收伞衣,再收套带,最后收安全帽。

(4)将折叠好的伞衣放入伞包。注意拉伞包拉链时不可将伞衣夹破。

4. 斜坡起飞

(1)选择一个正面迎风、坡度在 25°～30°、可以跑步起飞的斜坡。

(2)在预定起飞地点上方约 10～20 米处开伞。

(3)无风情况下跑速达 3 米/秒时,可安全起飞。对初学者而言,理想的正面风约 12 米/秒。

5. 起飞滑行

(1)快速向前跑,使伞衣在头顶正上方张开,让空气由风口灌入后、翼型适度形成。如果在跑的过程中,伞不在头顶正上方,而是倾斜拉起时,伞衣调整要慢慢拉下倾斜相反方向的操纵绳,人同时向中央下方跑去,使伞衣回复头顶正上方。

(2)伞衣平整拉起或修正后平整拉起至头顶上方时,加速向山下跑。当伞衣升力增加时,身体会有向上拉起的感觉,这时绝对不可跳跃,应继续加速向前跑,以免使伞衣瞬间失去重力而塌下。

(3)升力感觉相当强时,跑动中双手同时将操纵绳拉下至肩膀位置,使伞衣和飞行员向空中飞去。双脚离开地面后,双手放回耳朵位置。通常双手操纵绳同时下拉至相同位置,飞行伞自然直线飞行。

6. 转弯技术

(1)左右转弯:左操纵绳拉得比右操纵绳多时,伞向左侧转动;反之则向右侧转动。但无论左或右,操纵绳已经拉至1/2刹车位做直线滑行时,如果左或右操纵绳再往下多拉一点,伞便会急速转弯,容易造成螺旋旋转的危险。因此转弯时,操纵绳不可超过1/4耳朵位置,直到左右转弯非常熟练时才可做大动作的转弯。

(2)停止转弯:将拉下的操纵绳回至原位或将两操纵绳置于同一位置即可转弯,速度取决于操纵绳拉下多少,拉下多,翼倾斜面大,转弯速度急速、摆动激烈;反之则倾斜面小,转弯速度慢,摆动不明显。

7. 刹车技术

(1)使用双手伸直的操纵绳位置为全滑行。
(2)双手下拉至双耳位置为1/4刹车。
(3)双手拉至双肩为1/2刹车。
(4)双手拉至腰部为3/4刹车。
(5)双手伸直为全刹车。

8. 降落

(1)确认降落地点、操纵绳双手拉下相当1/4位置,并保持此姿势行进。
(2)进入最后降落滑行时,稍许加速。
(3)高度降至5米以下时将操纵绳拉下,双脚即将接触地面,高度大约1米时将操纵绳拉下至全刹车位置。
(4)在降落过程中,注意手脚的协调配合。刹车过早,伞衣高度较高会因停顿而失速,伤及飞行员尾椎或腰椎、坐骨神经,并有骨盆破裂的危险;刹车过晚,下降速度较快,可能伤及脚,应保持镇定,双脚伸直,不可屈膝、缩腿、滚翻着陆。

第九章 其他常见时尚休闲类运动方法指导与发展研究

随着休闲体育运动的发展,越来越多的新兴体育运动项目更加具有时尚性,吸引了广大群众的目光。常见的时尚休闲类运动有很多,如健美操、广场舞、游泳、轮滑、滑板等。本章就这些常见时尚休闲类运动方法与发展进行指导和研究。

第一节 健美操与广场舞发展与技能习练

一、健美操运动的发展与技能习练指导

(一)健美操运动发展概述

1. 健美操运动的起源

根据历史资料记载,健美操的起源可以追溯到两千多年前。在那时,古希腊人非常崇尚人体美,在他们看来,人体的健与美才是世界万物之中最匀称、最和谐、最庄重、最有生气和最完美的。因为有这种观点的存在,古希腊人热衷于运动,喜欢采用跑、跳、投掷、柔软体操和健美舞蹈等各种体育项目进行人体美的锻炼。他们提出了"体操锻炼身体,音乐陶冶精神"的主张。

古印度很早就流行一种把姿势、呼吸和意念紧密结合起来的瑜伽术,通过调身(摆正姿势)、调息(调整呼吸)和调心(意守丹田入静),运用意识对肌体进行自我调节,健美身心,达到延年益寿的目的。瑜伽健身术动作主要由站立、跪、坐、卧、弓步等各种基本姿势组成,值得注意的是,这些姿势也是当前世界流行的健美操常用的基本姿势。这种运动方式一直流传到现代,通过代代相传和发展完善,瑜伽动作更加全面、协调、多样。古代人对健身健美的追求,以及提倡体操与音乐相结合的主张是现代健美操形成与发展的基础。

到了欧洲文艺复兴时期,人们开始摆脱宗教主义的影响,使得被遗忘的

古希腊、罗马等古典文化得到振兴,人体美格外受到重视。此时,教育领域里的许多学者认为,古希腊体操是人体健美最完整的体育系统。意大利医生墨库里奥斯在 1569 年出版的六卷《体操艺术》等著作中,详细论述了体操多种形式的动作。18 世纪德国著名体育活动家艾泽伦开设了培训体育师资的课程,并创造了哑铃、吊环等运动。这些锻炼形式,既是现代体操的雏形,也是现代健美操的起源。

对于体操的发展有深远影响的"体操运动之父"——约翰·古茨·穆尔在著作中强调:体操应能使人感到愉快,体操练习应能使人得到全面发展。欧洲最著名的体操倡导者维特采用游戏和娱乐的形式推广体操,增加了体操的趣味性。

19 世纪,富有音乐天赋的德国人斯皮斯首次把体操从社会引入学校,并为体操动作配曲,使体操在音乐伴奏下进行。丹麦体操家布克创造了"基本体操",他把体操动作分成若干类,并编成适合不同性别、不同年龄阶段的人的各种体操。在健美操研究领域,有人提出:健美操是在"基本体操"的基础上发展起来的。确实有一定的道理。

瑞典体操学派的创始人佩尔·亨里克·林把体操与解剖学、生理学的知识相结合,来强调身体各部位及身心的协调发展,以培养健美的体态,并按照体操练习的功能将其分为教育、军事、医疗和美学四大类,他的理论为现代健美操的理论和实践奠定了坚实的基础。

法国人弗朗索瓦·特尔沙特建立了特尔沙特体系,用来帮助演员在表演中姿态自然,举止仪表富有表现力。美感和富于表情是他赋予体操动作的两个新的特征。由于重视优美和均衡,对健美形体作用较大,19 世纪以来,该体系在女子体操中非常流行。美国的热纳维芙·斯特宾斯女士在特尔沙特体系和瑞典学派亨里克·林体系的基础上,创造了自己的一套体操体系,目的是通过身体训练来有效的表达优美的艺术。这种体操体系,对发展欧洲现代健美操产生了深远的影响。

瑞士教育家雅克·克尔克罗兹设计了一种音乐体操用来描述肌肉活动和音乐伴奏两者的融合。他设计的成套练习通过自然的身体活动来发展学生的音乐和节奏感。欣里希·梅道创编了一套可以促进身体健康、姿态优美和举止高雅,更适用于少女和成年女子的体操体系;他认为,音乐是提高动作的节奏性和表现力的一个极为重要的因素。因此,他在训练和正式演出中都采用了音乐。他在教学活动中强调自然的全身动作,强调领略动作中的快感和美感。

以上各种体操流派的教育思想、教学方法和动作技术与现代健美操有着密不可分的联系,即注重人体的健康和优美,注重自然的全身动作,注重动作节奏的流畅性,这也正是现代健美操发展的初级阶段。

2. 我国健美操运动的发展

健美操在我国也并非无源之水、无本之木。早在 2 000 多年前,中国古代导引图上,就彩绘着 44 个不同性别、不同年龄、栩栩如生、做着各种不同姿势的人物,有站、立、蹲、坐等基本姿势,臂屈伸、方步、转体、跳跃等各种动作,几乎和当今的健美操动作相仿。

1840 年鸦片战争之后,西方文化开始大量的涌入中国,欧美各国的体操也随之相继传入中国。1905 年,徐锡麟、陶成章在大通师范学堂开设了"体操专修科"。1908 年,在上海创办了我国第一所最有影响的以徒手体操、器械体操、兵式体操、音乐体操和舞蹈等为主要教学内容的体操学校。1937 年,我国康健书局出版发行了马济翰先生的著作——《女子健美体操集》,该书分"貌美与健美""妇女健康的运动""中年妇女的美容操""增进肌体美的五分钟美容操"和"女子健康柔软操"共五章内容,详细阐述了人体美的价值、各种操的练习方法和要求;具体介绍了采用站立、坐卧等姿势进行的各种健美操,并附有 30 多幅照片。值得一提的是,这些动作与现代女子健美操有许多相似之处。该书在摘要部分写到:"本书所选欧美各国最新发明的体操动作数种,有适于少年妇女者,有适于中年妇女者,皆为驻颜之秘诀,增美之奇效"。后又继续出版了《男子健美体操集》,为了更加适合男子健身需求,增加了哑铃等轻器械的练习内容。由此可知,我国健美操运动早在 20 世纪 30 年代就已介绍和开展了。

自 1949 年中华人民共和国成立后,我国开始重视人民的身体健康问题,在"发展体育运动,增强人民体质"的号召下,大力推行全民广播体操。1951 年 11 月 24 日,我国首次推广第一套广播体操。到目前我国已经创编到第九套韵律体操,都是把肢体活动与音乐节奏融为一体的健身体操。

现代健美操真正在我国的兴起应该是始于 20 世纪 70 年代末 80 年代初。那时,随着我国教育制度改革的不断深入,美育教育逐渐在学校教育中占有一席之地,而 Aerobics 的引进与兴起,则为我国美育教育提供了一个重要手段。

Aerobics 刚传入我国,曾被称之为韵律操、健身操、健美操、健康舞、健力舞、健身术、有氧操或节奏操等。随着这项运动在我国的迅速兴起,不少高校教师纷纷在报纸杂志上刊登了一些介绍和探讨美育的文章,并编排了一些健美操的成套动作。1981 年 1 月 4 日在《中国青年报》(星期刊)上发表了作者陆保钟、牛乾元的特约稿"人体美的追求"。1982 年 2 月中国青年出版社出版了印数近 29 万册的《美·怎样才算美》一书,选登了陈德星编制的"女青年健美操"和牛乾元编制的"男青年哑铃操"。从此"健美操"一词迅速被广大体育工作者采用。在新闻媒体的大力宣传下,世界性的健美操在我国拉开了序幕。1982年底上海电视台录制了娄琢玉的形体健美操、持环健美操等专题节目,1983年人民体育出版社出版了体育报增刊《健与美》。从1984年,中央电视台相继播放了孙玉昆创编的"女子健美操",马华"健美5分钟""美国健身术""动感组合"等,为健美操在我国的宣传与普及起到了积极的引导作用。

20世纪80年代初期,我国正处于改革开放时期,世界性的健美操热传到我国。1984年,原北京体育学院成立了健美操研究组,接着上海体育学院成立了健美操教研室,率先开设了健美操课程。根据原国家教委对高校体育教学的要求,一些大专院校也逐步开设了健美操普修或选修课。从而使得我国的健美操运动首先在高校得到普及。

我国的社会健美操热也是始于20世纪80年代,当时在全国的部分城市已经有了健身俱乐部的雏形。1987年,"北京利生健康城"是我国第一家规模较大的健身中心,并且面向社会开放,把健美操新颖的锻炼方式、良好的健身效果介绍给广大群众,很快就被人们所接受和喜爱,吸引了大批的健身爱好者。随后,以健美操为主要形式的健身中心在社会上遍地开花。特别是在大中型的城市如北京、上海、广州等,人们的思想观念更加开放,再加上以追求健康、健美作为时尚,同时随着生活水平的不断提高,人们也增强了为健康投资的理念。越来越多的人开始加入到健身的行列,热衷于健美操锻炼,经过锻炼,不仅可以增强体质,而且还能娱乐身心,这使得健美操成为健身市场的一个重要组成部分。此外,大量的电视等相关媒体的健美操节目的出现在社会健美操热的持续发展过程中起到了推波助澜的作用。

我国社会健美操的发展在当时也深受简·方达健美操的影响,后来也逐步形成了多种流派,近年来随着与国际接轨,在与世界性的健美操交流和各种宣传与培训中,人们开始逐步接受国际上的一些新观念,对健美操运动也有了更加深入的认识。近年来,中国健美操协会在健美操运动的普及推广方面做了大量的工作,成绩斐然,效果显著,为我国健美操运动的普及与提高做出了巨大的贡献,推动了健美操运动在我国的快速发展。

随着健身健美操运动的蓬勃开展和广泛普及,健美操运动也被纳入体育竞争机制。在我国健身健美操发展的同时,以竞技为主要目的的竞技健美操也得到发展。竞技健美操具有动作美、难度大、节奏快、质量高等特点,适应了新形势的要求,为现代健美操运动的发展注入了强大的活力。1986年4月6—7日,"全国女子健美操表演赛"作为我国第一次竞技健美操比赛在广州举行。这次比赛共有来自8个省、市的9支代表队参加,各队表演的自编 6 人健美操,风格各异、百花齐放,引起了观众浓厚的兴趣。全国女子健美操表演赛,不仅开创了我国健美操比赛的新路子,探索了我国健美操比赛的方法,而且也在一定程度上展示了我国健美操发展的成果。1986 年 12 月,为了更好地迎接首届正式的全国健美操比赛,由北京体院和康华健美研究所共同举办了全国健美操教练培训班,有来自全国 20 多个省市的共 200 名学员参加培训,为我国健美操运动的开展培养了一大批骨干力量。我国第一次全国性的竞技健美操比赛是在 1987 年 5 月由康华健美研究所、北京体育学院、中央电视台等多家单位共同举办的全国首届"长城杯"健美操友好邀请赛。这次比赛的项目吸收了美国阿洛别克(Aerobic)健美操的比赛项目,结合我国健美操比赛的特点,进行了男女单人操、混合双人操、混合三人操和混合六人操等 6 个项目的比赛。北京体院健美操教研室为本次比赛拟定了竞技健美操比赛规则。后来该规则成为国家体委进行审定健美操比赛规则的基础。1991 年 10 月,全国首届大学生健美操、艺术体操大奖赛在北京举行。来自全国 12 个省市自治区 34 个单位的共 190 多名运动员参加了这次大赛。在这次比赛中,新的《大学生健美操竞技规则》被首次使用,此规则更适合于健美操运动在我国大学的开展。这次比赛是我国健美操史上规模空前、高层次、高水平的比赛。

1992 年 2 月,为了更好地进行技术交流和学术研究,中国大学生体育协会健美操、艺术体操分会在北京成立,从此我国大学生健美操运动的开展进入了一个新的阶段。1992 年 9 月,经国家民政部批准,在北京成立了代表我国健美操全国性组织的中国健美操协会,标志着我国健美操运动从此进入了一个有组织、有计划的新的发展阶段。

在我国经济的快速发展和体育体制改革不断深入的大背景下,1997 年,国家体委将中国健美操协会由社会体育指导中心划归到体操运动管理中心。中国健美操协会经过几年的实践、探索,先后推出了《健美操活动管理办法》、《全国健美操指导员专业技术等级实施办法》、《全国健美操大众锻炼标准实施办法》、《健美操运动员技术等级标准》和《健美操竞赛规则》,将健美操运动纳入到科学化、正规化的管理轨道,进一步推动了我国健美操运动的普及和竞技性健美操运动的发展与提高。

这一阶段无论是管理组织的建立,竞赛规则的统一,还是各种制度的完善,都标志着我国竞技健美操运动在正规化管理和发展方面都步入到新的阶段。

除了注重健美操运动在国内的全面普及,我国还在逐步增加健美操运动与国际的交流。1987 年,代表我国健美操运动发展水平的北京体育大学健美操队首次走出国门,与日本的四大城市进行健美操交流活动。1988

年，我国举办了"长城杯"健美操友好邀请赛；1995年12月，参加了由国际体操联合会筹办在法国巴黎举行的第1届世界健美操锦标赛，这是我国首次派出3名运动员参加男子单人、女子单人、混双与三人项目的比赛，并圆满完成此次比赛的任务。1998年至今，我国均派出队伍参加每届由国际体操联合会组织的"世界健美操锦标赛"。通过一次次参加国际性的健美操比赛，不仅在健美操国际活动中锻炼了队伍，也使得我国健美操运动技术水平得到进一步的提高。开阔视野的同时，也进一步了解了国际健美操的发展动态，我国竞技健美操也从此步入了与国际接轨的阶段。1997年和1998年，中国健美操协会先后派出8人参加国际体操联合会（FIG）组织的健美操国际裁判员培训班和国际健美操教练员培训班。1999年，日本专家受中国健美操协会聘请来华进行关于国际规则讲学，同时在全国健美操锦标赛上首次采用了《国际健美操竞赛规则》，为了在竞赛规则上达成统一，决定以后全国健美操比赛和全国大学生健美操比赛均采用国际竞赛规则。这也预示着我国竞技健美操运动将出现与国际健美操运动接轨的新局面。

2000年，中国健美操协会推出了《中国健美操协会会员管理办法》，2001年8月，经国家劳动和社会保障部批准颁布了《社会体育指导员国家职业标准》，这使得健美操走向了职业化。这些举措对推动我国健美操运动的普及与提高具有重大的意义，推动了我国健美操运动的快速发展。

另外，我国健美操队在世界竞技健美操大赛中也获得了骄人的成绩。其中，2004年6月，我国健美操在保加利亚第8届世界健美操锦标赛上，历史性地进入集体6人的第三名，这也是在世界性的比赛中取得的第一枚奖牌。2005年7月，中国队在德国伊斯堡举行的第7届世界运动会竞技健美6人操的比赛中夺取金牌，这是我国健美操队在世界性的大赛中夺得的第一枚金牌。我国在美国洛杉矶的第16届世界健美操冠军赛中再续辉煌，获得6人操和男子单人（国家预备组）两枚金牌。ANAC在举办第16届世界健美操冠军赛的同时还举办了第8届世界健美操青少年锦标赛，我国小选手在少儿丙组的比赛中获女子3人和6人两项最高奖——总统奖。

2006年5月，健美操世界杯赛在法国举行，此次比赛首次使用新周期健美操比赛规则。此次比赛是第9届世界健美操锦标赛前的热身赛，世界各国强队均有参加这场争夺异常激烈的比赛。在这场比赛中，中国健美操队6人操获得了第一名，并且，中国首次在国际大赛中获得男单、混双、3人均获季军的佳绩。2006年6月，中国队在我国江苏省南京市举行的第9届世界健美操锦标赛中，取得了男子单人操第一名、6人操第一名，女子单人操第二名，3人操第二名、团体第二名的最好成绩，标志着中国竞技健美操开始进入世界第一集团。2007年世界杯总决赛取得两金、一银、一铜、团体总分第一名的成绩。6人项目在2005年世界运动会首次夺冠,2006年夺得世锦赛冠军,2007年世界杯总决赛再次夺魁,至此中国实现了竞技健美操项目的"大满贯",成为世界上第一个在国际三大比赛中6人项目实现大满贯的国家。第5届健美操国际公开赛暨2015年健美操世界杯赛上,江西师范大学健美操队的运动员代表我国参赛,取得了五项金牌,这些骄人的战绩已经能充分证明我国竞技健美操水平跃居世界一流的行列。2016年第14届世界竞技健美操锦标赛中,中国健美操队获得了2金3银1铜的优异成绩,并在团体赛中获得了历史性突破,第一次获得健美操世锦赛团体冠军。

经过近几年健美操管理组织的建立,竞赛规则的统一,各种制度的完善,我国健美操运动逐步进入到正规化的管理和发展阶段。

(二)健美操基本动作习练

1. 基本手型训练

目前,健美操常见手型主要有以下几种。

(1)合掌。五指并拢伸直。

(2)分掌。五指用力分开,手腕保持一定的紧张程度。

(3)拳。五指弯曲紧握,大拇指压在食指弯曲部位。

(4)推掌。手掌用力上翘,五指自然弯曲。

(5)西班牙舞手势。五指用力,小指、无名指、中指自掌指关节处依次弯曲,拇指稍内扣。

(6)芭蕾手势。五指微屈、后三指并拢,内内收,拇指内扣。

(7)一指式。握拳,食指伸直或拇指伸直。

(8)响指。拇指与中指摩擦与食指打响,无名指、小指弯曲至握(图9-1)。

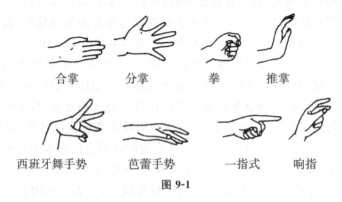

合掌　　　分掌　　　拳　　　推掌

西班牙舞手势　　芭蕾手势　　一指式　　响指

图 9-1

2. 头颈动作训练

（1）屈

两脚开立，身体正直，做动作时应缓慢，充分伸展颈部肌肉。头部向前、后、左、右四个方向分别做颈部关节弯曲的运动（图9-2）。

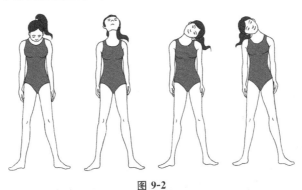

图 9-2

（2）转

两脚开立，头保持正直，然后头颈部沿身体垂直轴向左、右转动90°。下颌平稳地左右转动（图9-3）。

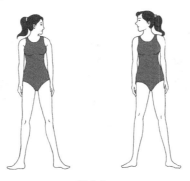

图 9-3

（3）环绕

两脚开立，头保持正直，然后头颈部沿身体垂直轴向左或右转动360°（图9-4）。转动时头部要匀速缓慢，不要过快。动作要到位，向后转时头要后仰。

3. 肩部动作训练

（1）提肩

两脚开立，身体保持正直，然后肩部沿身体垂直轴向上提起。尽可能向上提起（单提肩、双提肩），提肩时，身体不能摆动（图 9-5）。

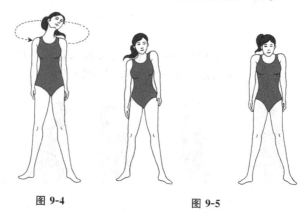

图 9-4　　　　　　　　　图 9-5

（2）沉肩

两脚开立，身体保持正直，然后肩部沿身体垂直轴向下沉落（图 9-6）。尽可能向下沉落，沉肩时，身体不能摆动，头尽量往上伸展。

（3）绕肩

两脚开立，身体保持正直，然后肩部沿身体前、后、上、下四个方向进行绕动。可进行单肩环绕或双肩环绕（图 9-7），绕肩时，身体不要摆动，动作要尽量的大，要舒展开。

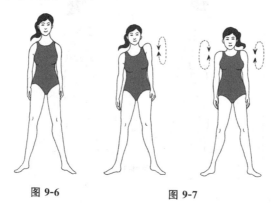

图 9-6　　　　　　　　　图 9-7

4. 上肢动作训练

（1）举

两脚开立，以肩关节为中心，手臂进行前举、后举、侧举、侧上举、侧下举、上举等活动（图 9-8）。要求动作到位，有力度。

图 9-8

（2）屈

两脚开立，肘关节由弯曲到伸直或由伸直到弯曲的动作，做有弹性的屈伸，如胸前平屈、肩侧屈、肩侧上屈、肩侧下屈、胸前上屈、头后屈（图 9-9）。

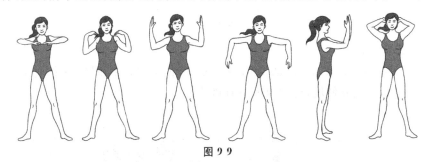

图 9-9

（3）绕、绕环

两脚开立，两臂或单臂以肩为轴做弧线运动。两臂或单臂向内、外、前、后绕或环绕（图 9-10）。要求路线清晰，起始和结束动作位置明确。

5. 躯干动作训练

（1）胸部动作

①移胸。两脚开立，髋部位置固定，腰腹随胸部左右移动。移胸时，腰

腹带动胸部移动;动作要尽量的大。

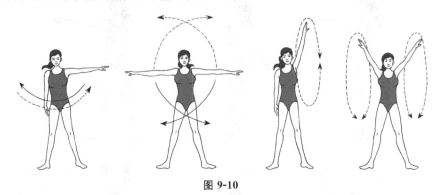

图 9-10

②含胸、挺胸。两脚开立,含胸时,低头收腹,收肩,形成背弓,呼气;挺胸时,抬头挺胸,展肩,吸气(图 9-11)。含胸时身体放松,但不松懈;挺胸时,身体紧张但不僵硬。

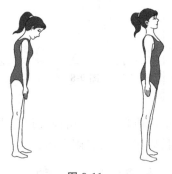

图 9-11

(2)腰部动作

①屈。两脚开立,腰部向前或向侧做前屈、后屈、侧屈的拉伸运动(图 9-12)。充分伸展,运动速度不宜过快。

图 9-12

②转。两脚开立,腰部带动身体沿垂直轴左右转动(图 9-13)。转动过程中,身体保持紧张,腰部灵活转动。

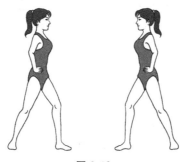

图 9-13

③绕和环绕。两脚开立,腰部做弧线或圆周运动(图 9-14)。要求路线清晰、动作圆滑。

图 9-14

(3)髋部动作

①顶髋。两腿开立,一腿支撑并伸直、另一腿屈膝内扣,双手叉腰上,身体保持正直,用力将髋进行左顶、右顶、后顶、前顶(图 9-15)。要求动作用力且有节奏感。

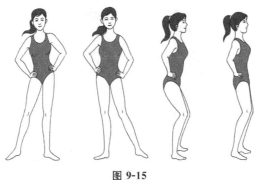

图 9-15

②提髋。两脚开立,髋向左上、右上提(图 9-16)。要求髋与腿部协调向上。

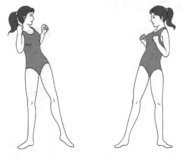

图 9-16

③绕和环绕。两脚开立,髋做弧线或圆周运动(图 9-17)。注意运动轨迹要圆滑。

图 9-17

6.下肢动作训练

(1)立

①直立、开立。身体直立,再双腿打开,做开立动作。直立时身体要抬头挺胸;开立时,脚的间距约与肩相等(图 9-18)。

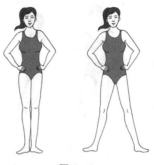

图 9-18

②点立。先直立,再伸出一条腿做点立或双腿提起做侧点立、前点立、后点立、提踵立(图 9-19)。动作要舒展。

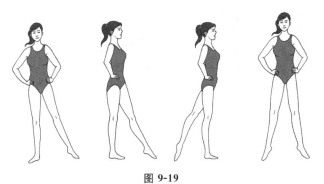

图 9-19

(2)弓步

直立后,大步迈出一腿,做前弓步、侧弓步、后弓步的屈的动作(图 9-20)。注意步子迈出不能太小,当然也不能太大。

图 9-20

(3)踢

双腿交换做前踢、侧踢、后踢的踢腿动作(图 9-21)。要求动作干净利落。

图 9-21

(4)弹

直立,双腿进行正弹腿、侧弹腿,双腿弹动要有弹性(图9-22)。

图 9-22

(5)跳

先直立,然后做各种跳的姿势(并腿跳、开并腿跳、踢腿跳)进行腿部练习(图9-23)。跳的时候要有力度和弹性。

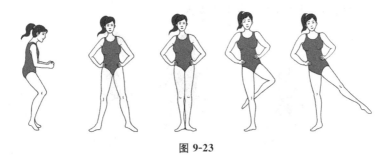

图 9-23

二、广场舞运动发展与技能习练指导

(一)广场舞运动发展概述

广场舞在我国是一项喜闻乐见的体育活动,在茶余饭后,广场或是空地上的广场舞已经成为我国一道靓丽的风景。广场舞动作活泼,其音乐也轻松愉悦,通过练习广场舞,能够起到良好的愉悦身心的作用。

广场舞经历多年的发展,在内容和组织形式上都形成了其独特的风格,并且其还处于不断发展和完善之中。通过练习广场舞能够改善人们的情绪状态,身体的运动还能够产生内心的愉悦。

随着广场舞运动的开展,练习广场舞的人在一定程度上能够提升其感受美和欣赏美的能力。尤其是随着舞蹈风格的发展和创新,这一作用将会更加明显。通过练习广场舞,不但能够陶冶身心,还能够使人处于良好的情绪状态,使人能够更好地投入到工作和生活中去。

(二)广场舞运动技术习练

1. 站立

广场舞的站立动作方法为:头正直,两肩下沉,背部挺直,收腹立腰,臀部和两腿肌肉收紧,目视前方。

正确的站立姿势(下肢):并立(正步)、自然立(小八字步)、开立(大八字步)、丁字步和点立等。

(1)并立(正步):两脚并拢,脚尖向前。

(2)自然立(小八字步):两脚跟相靠,两脚尖分开,间隔距离约10厘米,向斜前方成"八"字形。

(3)开立(大八字步):两脚侧开,约同肩宽,脚尖各向斜前方。

(4)丁字步:一脚跟在另一脚弓处成"丁"字形。

(5)点立:一脚站立,另一脚向前(侧、后)伸出,脚尖或脚跟点地。

2. 芭蕾手位

芭蕾舞手臂的基本要求:肩放松,肘、腕自然微屈,手臂呈弧形,手指并拢,自然伸长,拇指与中指稍向里合。

一位:两臂体前自然下垂,离开身体5～10厘米,两手相距5～10厘米,指尖相对,掌心稍向上方。

二位:保持一位不变状态,两手臂向前上方抬举至稍低于肩,掌心向内。

三位:身体保持二位手状态,两手臂向上抬至头顶前方,掌心向内下方,双眼平视。

四位:一只手臂保留在三位,另一只手臂从三位回至二位,即一臂上举,一臂前举。

五位:一只手臂保持在三位,另一只手臂从二位向侧打开。即一臂上举,一臂侧举,掌心向前下方。

六位:在三位的手臂向下落到二位,在侧边的手臂保持不动。即一手臂前举,另一手臂侧举。

七位:在二位的手臂打开至侧旁,在侧边的手臂保持不动。即:两臂侧举,掌心向前下方。

3. 基本步伐

(1)踏步(1拍)。两腿原地依次抬起,依次落地。

(2)走步(1 拍)。迈步向前走或向后退。

(3)并步(2 拍)。一脚迈出,另一脚随之并拢屈膝点地。再向反方向迈步。

(4)移重心(2 拍)。一脚向前/侧迈一步,落地时两膝弯曲,随之身体重心移到另一腿上,两膝伸直,另一脚尖/跟点地。

(5)垫步(2 拍 3 个动作)。一脚向前/后/侧迈出,另一脚迅速跟上,接着前一脚再向前/后/侧迈出。

(6)曼波步(2 拍)。一脚向前迈出,屈膝,重心随之前移,另一脚稍抬起,然后原地落下;或者向后撤一步,重心后移,另一脚稍抬起,然后原地落下。

(7)交换步(2 拍 3 个动作)。一脚向前/后迈出,另一脚跟上交换重心,随之前脚再向后退一步,或前脚向前进一步。

(8)侧交叉步(4 拍)。一脚向侧迈一步,另一脚在其后交叉,随之再向侧迈一步,另一脚并拢,屈膝点地。

第二节 游泳运动发展与技能习练

一、游泳运动发展概述

(一)游泳运动的起源

游泳运动的起源,一直可以追溯到原始人类的生产生活中。原始人类在地球上一出现,就在布满江河湖海的环境中生活。原始人类为了生存和繁衍,不得不与自然环境发生联系,山中打猎水中捕鱼。不论是捕捉水中的鱼虾与采摘水中的植物,还是为了躲避野兽的攻击、应对洪水灾难,人们都必须和水打交道。原始人类就是在与水打交道的过程中,逐渐学会了游泳并且不断发展。最初的游泳,人们只是单纯的模仿水中生物的姿势和动作在水中移动,逐渐便积累掌握了更多的水中运动的技巧,不仅有了更多的游泳姿势,同时还学会了潜水、漂浮等技能。

在许多历史文物或记载中,都能够发现游泳的历史踪影。在我国五千多年前的陶器上,就雕刻有人类潜入水中类似于爬泳的图案。在四千多年前,就有大禹治水的事迹,据传当时人们已经在和洪水斗争的实践中发明了不少泅水的方法。

大约在两千五百年前产生的我国第一部诗歌集《诗经》,就有关于游泳活动的描述。《诗经·邶风·谷风》中有"就其深矣,方之舟之;就其浅矣,泳之游之"的诗句,说明当时的人们不仅懂得游泳,还能够利用自己的游泳技巧适应不同的水文环境。

由于生产力的不断发展,逐渐产生了阶级与阶级之间的斗争。阶级斗争导致了战争的出现,游泳便从一项生存技能逐渐演变成为一种军事技能。我国古代的兵书《六韬》中,有"奇技者,所以越深水、渡江河也"的记载,把"越深水、渡江河"作为"奇兵"的一项特殊的军事技能。而《管子》、《孙子》等古代的兵书,都把游泳列为一个军事训练的主要项目。

游泳的形象在古代很多的绘画等艺术作品中都有体现。例如,保存至今的战国时代的铜壶上所饰的水陆攻战图,它所描绘的游泳姿势形象生动、栩栩如生。

游泳运动之所以能够不断发展,除了生产劳动以及军事上的需要,其本身所具有的娱乐性也是一个重要原因。人类从水中沐浴到水中嬉戏,进而发展形成各种形式的水中娱乐活动。我国古代春秋时期的"天池"、汉代的"太液池"等都是当时的王公贵族经常进行游泳娱乐的场所。到南北朝时期,游泳运动已经在当时的皇室和民间非常流行。隋唐时期,宫廷设立了专门进行跳水、游泳以及抛水球项目的"水殿"。宋代孟元老所著《东京梦华录》中记载,北宋徽宗皇帝经常驾车到水殿,观看惊险刺激的"水秋千"表演以及争夺锦标的游泳赛。

我国古代的游泳可以概括为涉、浮、没三种形式:涉是指在浅水中行走;浮指的是在水中漂浮;没指的是在水下潜泳。人们还在长期的生活实践中,不断发展和创造了许多新的游泳方法与技术,包括扎猛子、大爬式、狗爬式等多种游泳形式。

(二)我国游泳运动的发展

我国的竞技游泳运动源于 19 世纪中后期西方国家的入侵,首先开始于香港.广州等地方,后来逐渐发展到我国沿海的福建、上海、青岛、等地,并逐步扩展到内地。我国于 1887 年在广州沙面修建了第一个室内游泳池,我国近代的游泳竞赛活动从此开始。

新中国成立之后,党和国家十分重视游泳运动的开展,并且将游泳列为重点运动项目,投入大量资金进行游泳的基础设施建设,开辟很多天然的游泳场,这些都为游泳运动的普及与发展创造了良好的条件,群众性的游泳活动也在全国范围内逐渐的开展起来。同时,我国各级游泳训练网逐步确立,游泳竞赛制度也不断的完善起来,并且组建成立了国家游泳集训队。1957

年,我国成立了"中国游泳运动协会"。此时期,我国坚持了"走出去、请进来"的方针,同时还聘请了匈牙利、苏联的游泳专家来我国执教,各国游泳队的来华访问也不断增多。正是由于我国能够及时地吸收和借鉴国外先进的游泳技术及训练方法,游泳运动员的比赛经验不断积累加深,才使我国的游泳竞技水平在短时期内取得了飞速的发展。1954年,所有旧中国的游泳纪录都被刷新。

1953年8月,第1届国际青年友谊运动会在罗马尼亚的布加勒斯特举行。在本届运动会游泳比赛项目中,我国游泳运动员吴传玉战胜众多好手,以1分8秒4的成绩夺得男子100米仰泳冠军,这是新中国成立之后我国游泳运动员在国际比赛中取得的第一枚金牌。1957年5月1日,在国际游联新的蛙泳规则生效的当日,我国游泳运动员戚烈云首开男子100米蛙泳新的世界纪录。从1958—1959年之间,我国著名游泳运动员穆祥雄先后三次打破了男子100米蛙泳的世界纪录。1960年,我国游泳运动员莫国雄又一次打破了当时男子100米蛙泳的世界纪录。到1965年,我国男子100米自由泳、100米蝶泳和200米蛙泳都先后达到了当年世界前10名的运动水平。可以说,从20世纪50年代初期到60年代中期是我国竞技游泳发展的第一个黄金期。

正当世界游泳以突飞猛进的速度不断发展进步时,我国却受到了从1966年开始的十年"文革"的影响,全国范围的游泳训练与竞赛工作几乎全部停止,从而导致很有发展空间的游泳项目跌入了低谷,我国的游泳技术水平与世界先进水平之间已经缩小的差距又逐渐拉大了。等到1972年我国恢复游泳训练、竞赛时,世界泳坛的面貌已经焕然一新,而我国游泳项目的成绩大部分还停留在"文革"前的水平上。

2011年,我国优秀男子游泳运动员孙杨在第14届游泳世锦赛男子800米自由泳决赛中,以7分38秒57的成绩夺得冠军,并以14分34秒14打破了澳大利亚名将哈克特在2001年福冈游泳世锦赛创造的14分34秒56的原世界纪录,获得男子1500米自由泳比赛冠军。此外,我国优秀女子运动员叶诗文,也在本届游泳世锦赛中表现出色,以2分08秒90的成绩获得200米混合泳比赛的冠军,成为自1978年以来最为年轻的游泳世界冠军。

在2012年伦敦奥运会游泳比赛中,孙杨获得400米和1500米两枚金牌,同时也将自己保持的1500米自由泳世界纪录打破,刷新了该项目新的世界纪录。叶诗文也在本届奥运会比赛中,以4分28秒43的成绩打破了女子400米混合泳项目的世界纪录,获得金牌。同时,以2分07秒57的成绩获得女子200米个人混合泳比赛的金牌。此外,焦刘洋也在本届奥运会中获得 200 米蝶泳冠军。2013 年,叶诗文夺得辽宁亚运会 200 米个人混合泳比赛的冠军。至此,她获得了包括全运会、亚运会、游泳世界杯、长池世锦赛、短池世锦赛、奥运会在内的所有国内外重大比赛的金牌,成为中国泳坛上的第一个"金满贯"得主。在 2013 年巴塞罗那游泳世锦赛中,孙杨获得男子 400 米、800 米、1 500 米三枚金牌。2016 年里约奥运会,孙杨获得 200 米自由泳金牌,中国游泳队获得 1 金 2 银 3 铜的成绩。

经过游泳运动员、教练员、科研人员以及管理人员几十年的不懈努力与拼搏,我国竞技游泳的水平已经取得了很大的进步,并且成为世界泳坛中不可忽视的一支强队。但是,当前我国游泳项目还存在不平衡发展的情况:女子很多的项目已经达到了世界先进的水平,但男子项目与世界先进水平相比还存在很大差距。总的来看,我国的游泳运动短距离项目水平比较高,而中长距离项目的水平相对较低。在亚洲,中国与日本在泳坛相互抗衡的局面也将在一段时期内持续下去。

二、爬泳运动技术习练

爬泳又称"自由泳"。爬泳这一泳式有非常快的速度,由于它的游泳动作与爬行很像,所以称之为"爬泳"。竞技游泳规则中,允许运动员对泳式进行自由选择来参加自由泳比赛。由于爬泳有最快的游进速度,因此许多运动员都采用它来进行自由泳比赛。爬泳的姿势结构比较合理,阻力不大,速度快速且均匀,较为省力。爬泳的健身方法如下。

(一)身体姿势

游爬泳时,身体要保持俯卧姿势,而且是将近水平的姿势,适当保持躯干肌肉的紧张,使躯干保持良好的流线型,身体纵轴与水平面的夹角为 3°～5°(图 9-24)。自然地向颈后弯曲头部,两眼视线向前下方注视,露出水面的头部是整个头部的 1/3,水平面与发际接近。为了使动作效果良好,暂时向下沉双腿。游进中,可以围绕身体的纵轴使身体有节奏地转动,转动幅度通常保持 35°～45°角的范围(图 9-25)。倘若加快速度,就会相对地减小角度。

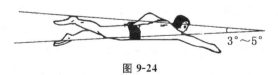

图 9-24

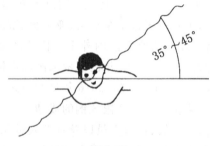

图 9-25

这种转动并非有意识的专门转动,其属于自然转动,是由划臂、转头和吸气而形成的。转动所带来的好处有以下几点。

(1)为手臂的出水和空中移臂提供方便,能够有利于移臂转动半径的缩短。

(2)为手臂在水中抱水和划水提供方便,使手臂划水的最有力部分与身体中心的垂直投影面更接近。

(3)因为臀部会有轻度的转动(伴随身体转动),部分侧向打水动作在腿打水时产生,能够有利于移臂造成的身体侧向偏离的影响的抵消,使身体保持平衡。

(4)为呼吸提供方便。

(二)腿部动作

在爬泳健身中,大腿动作不仅能够产生推动力,而且能够有利于使身体维持平衡,便于抬高下肢,对双臂有力的划水也起到协调配合的作用。

爬泳腿的打水动作方向与水平面几乎是保持垂直的,从垂直面看,两腿之间大约分开 30～40 厘米的距离,膝关节成大约 160°弯曲(图 9-26)。

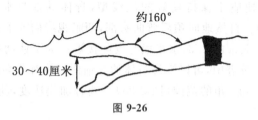

图 9-26

在向前游的过程中,腿向上打水时,应保持几近水平的姿势;向下打水时,要与身体在水中的最低部位持平或低于身体的最低部位。打水的正确动作为,稍向内旋转脚部,自然放松踝关节,从髋关节开始向上和向下的打水,大腿要用力,通过整个腿部直到脚,一个"鞭状"的打水动作就形成了。向下打水有最大的效果,所以打水时要使用较大的力,保持较快的速度；而向上打水时，大腿要放松、自然，减小用力度，保持较慢的速度。

从腿向上动作开始，当大腿带动小腿，从下直腿开始一直上移直到踝关节、膝关节、髋关节平行于水平面时，大腿稍微向上而使移动动作停止，此时开始向下打水。当大腿开始向下打水时，小腿和脚会继续向上移动，使膝关节弯曲形成一个大约160°的角，这主要是受惯性作用的影响。这时小腿和脚都达到了最高点，因为大腿会继续向下移动，因而小腿和脚在大腿的带动下完成向下打水动作。

当大腿向下打水到最低点并向上抬起时，小腿和脚与大腿仍保持一个角度并继续向下移动打水，直到大腿完全伸直停止打水动作，小腿此时在大腿的带动下向上移动，第二个循环动作便开始了。

（三）手臂动作

爬泳的臂部动作是促进身体前进的主要推动力。它分为入水、抱水、划推水、出水和空中移臂等几个紧密相连的阶段。

1. 入水

手臂入水时，略弯曲肘关节，使之比手臂高，自然伸直且并拢手掌，与水面大约成30°～40°角，首先使拇指斜向插入水中。手掌要向外，动作要做到自然放松。手入水时位于肩的延长线上，或位于身体的中线和肩的延长线之间（图9-27）。入水的顺序为：手→前臂→肘→上臂。

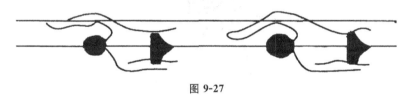

图 9-27

2. 抱水

手臂入水后，自然伸直手腕，向下转动掌心，积极插向前下方直到对抱水动作有利的位置，此时积极外旋前臂和上臂。当几乎完全伸直手臂时，手臂保持与水平面15°～20°的角，向下弯曲手腕，同时弯曲肘部，使肘比手的位置高。上臂划至与水平面大约成30°的角时，手和前臂已经与垂直水平面相接近了，肘关节弯曲至150°左右（图9-28），手和前臂以较大的横截面积与划水面对准，整个手臂就像抱着一个大圆球，做好划水的准备。

抱水动作主要是为了做好划水的准备，所以也是比较放松和缓慢的。抱水就如同用手臂去抱一个大圆球似的。抱水时，手的运动由向后、向下与向外的三个分运动组成。

图 9-28

3. 划推水

手臂在前方与水平面成 $40°$ 角起之后方与水平面约呈 $150°\sim200°$ 角止的运动过程都是滑水动作。它分为两个阶段：从抱水结束到划至与水面垂直之前称为"拉水"，过垂直面后称为"推水"。

(1)拉水

拉水时，使肘部处于高的位置，手分别向内、向上、向后运动。当结束拉水时，手在体下与中线接近，这时，弯曲肘关节约为 $90°\sim120°$，小臂由外旋向内旋转化，掌心由向内后方到外后方转化(图 9-29)。

$90°\sim120°$

图 9-29

(2)推水

通过屈臂到伸臂完成向后推水动作。在推水过程中，手分别是向外、向上以及向后的运动。要保持肘关节向上，使之靠近体侧，并且始终保持手掌垂直于水平面。推水时，手掌要垂直于水平面，这样能够使推水时产生反作用，从而能够向前推进。

整个划推水的过程中，并不是始终在一条直线上和同一平面上进行手掌的运动，手掌的运动实际上是一个比较复杂的三度曲线。从身体的额状面来看，手掌的运动成"S"形，从身体的矢状面来看，手掌的运动成"W"形。

4. 出水和空中移臂

在结束划水动作后,由于惯性的作用,手臂很快与水面相接近,这时,肘关节在大臂的带动下做向外上方的"提拉"动作,把小臂和手向水面方向提出。小臂出水动作要稍慢于大臂,掌心位于后上方向(图 9-30 中①～③)。要保持快速的手臂出水动作,不要停顿,但同时也要注意柔和,尽量放松小臂和手掌。

在空中臂前移的动作不能停顿,这是手臂出水的延续。开始移臂时,手掌几乎完全将肘部提向后上方,放松手腕,手位于肘关节后。当向前摆动手臂使之过肩时,手臂应与肘保持同一直线的方向。这时逐渐向前伸出手和前臂,并且开始向前下方转动掌心,接着为入水动作做好准备(图 9-30 中④～⑥)。

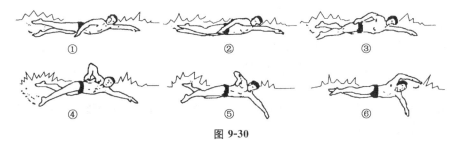

①　　　　②　　　　③

④　　　　⑤　　　　⑥

图 9-30

(四)配合动作

1. 两臂配合

爬泳时,正确配合两臂是保持均匀前进速度的重要保障,正确配合两臂还有利于肩带力量的充分发挥,使之积极参与划水。手臂的配合分为三种:前交叉、中交叉和后交叉。这是以划水时两臂所处的位置为依据划分的。

(1)前交叉

一臂入水,另一臂的位置在肩前方,大约与水平面呈 30°角(图 9-31 中①)。

(2)中交叉

一臂入水,另一臂的位置在肩下方,大约与水平面呈 90°角(图 9-31 中②)。

(3)后交叉

一臂入水,另一臂的位置在腹下至划水快结束的部位,大约与水面成 150°角(图 9-31 中③)。

三种配合形式的特点是不同的,第一种有较长的滑行距离,也有较慢的动作频率,但速度不够均匀,初学者适合采用此法,对爬泳的动作容易掌握,特别是对呼吸动作的掌握较为容易。第二种和第三种有利于两臂力量的发挥和动作频率的有效提高,也有利于速度的加快,使推进力能够保持均匀。

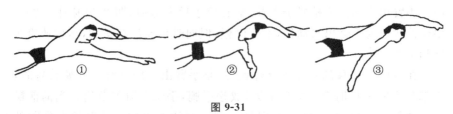

图 9-31

2. 两臂和呼吸的配合

爬泳技术中有着比较复杂的呼吸技术,划水力量、速度和耐力的发挥直接受到呼吸技术的影响。通常是两臂各划一次做一次呼吸。如果健身者还没有熟练掌握呼吸与臂的配合,可以选择适当地多划几次臂然后吸一次气。

吸气时,随着肩与身体的纵向转动,头向一侧转动,使头在比水面低的波谷中吸气。此时,同侧臂正处在出水向移臂转化的阶段(图 9-32)。移臂时,头向正常位置转动。同侧臂入水时,开始慢慢呼气,并缓慢用力促使呼气速度逐渐加快。

图 9-32

3. 完整的配合

爬泳通常采用转头吸气的方法进行吸气。这里以向右吸气为例来分析,右手入水后,嘴与鼻慢慢呼气。右臂划水到肩下位置时,头向右侧方向转动,此时增大了呼气量。将要结束右臂推水动作时,呼气要用力,直到嘴出水面。右臂出水时吸气,移臂到与肩同高时结束吸气。头部随着手臂的向前移动而转向之前的位置,并且闭气。爬泳的呼吸与臂、腿的配合是1:2:6。也就是说,1 次呼吸、2 次划水、6 次打水,但也有 1:2:4 或1:2:2 的配合。

第三节　轮滑与滑板项目发展与技能习练

一、轮滑运动发展与技能习练指导

(一)轮滑运动发展概述

轮滑运动,又叫"旱冰运动",它是以有 4 个轮子的轮滑鞋为主要运动器具,以在平整地面上滑行为基础的运动,包括速滑、花样滑和轮滑球 3 大主要项目。

轮滑运动是一项历史悠久并具有国际性的体育运动,起源于 1815 年,当时一位名叫加尔森的法国人,为了能在夏天进行滑冰练习,而创造了用轱辘鞋"滑冰"。20 世纪 30 年代初期,轮滑运动从欧美传入我国,1980 年 9 月,我国正式加入国际轮滑联合会,目前,国际轮滑联合会有 48 个成员。1985 年,我国首次在河南省安阳市举行了全国轮滑速滑、花样滑锦标赛。1992 年第 25 届奥运会上,轮滑首次被列为表演项目。

进入到 21 世纪之后,随着轮滑运动的发展,开始逐渐演变出很多不同的轮滑形式,很好地满足了人们不同的运动需求,如速度轮滑、极限轮滑、花样轮滑、休闲轮滑、轮滑球,等等。

轮滑运动集健身、竞技、娱乐、趣味、技巧、休闲于一身。它受气候和场地条件的限制较小,用具携带方便、技术容易掌握,具有健身休闲等多重功效,深受青少年的喜爱。经常参加轮滑运动十分有益于人体的健康,尤其是大学生们从事轮滑运动,可以锻炼身体的协调性、灵敏性和平衡能力,培养勇敢、顽强的精神。

(二)轮滑运动基本技术习练

1. 原地站立

(1)"丁"字站立

脚穿轮滑鞋,扶物成丁字步站立,前脚跟卡住后脚的脚弓,上体稍前倾,双膝自然弯曲。身体重心落在后脚上。然后两脚交换位置,再呈丁字步站立,到站稳为止(图 9-33)。

(2)"八"字站立

站立时两脚跟靠近,脚尖自然分开,上体稍前倾,双膝自然弯曲,身体重心落在两脚之间。重心平衡后双脚换成平行站立,上体仍前倾,使重心落在两脚之间(图9-34)。

(3)平行站立

两脚平行分开,与肩同宽,脚尖稍内扣,膝部微屈,重心落在两脚之间(图9-35)。

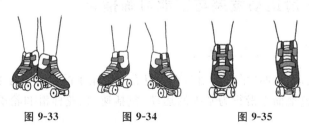

图9-33   图9-34   图9-35

2. 移动重心

(1)原地移动重心

①原地左右移动练习。两脚平行站立,上体稍向一侧倾移,逐渐将重心完全转移至一条腿上支撑,待稳定后再向另一侧移动。

②原地抬腿练习。两脚平行站立,上体稍前倾,重心移至左腿,右腿稍抬起、放下;然后以同样方法练习左腿。练习时要注意放腿时应保持脚下的轮子同时着地。

③原地蹲起练习。两脚平行站立,做下蹲并站起的动作。可先做半蹲,逐渐加大下蹲的幅度,直至快速深蹲并做短时间的静蹲后再站起。练习时要注意在屈伸踝、膝、髋三个关节时的协调配合。

(2)外"八"字脚移动重心

两脚成外"八"字脚站立,重心移至左脚,右脚向前迈一小步,重心随之移至右脚上,然后左脚向前迈进一步,重心随之移至左腿上。反复进行练习,逐渐加快迈步频率和加大迈进距离。注意收脚时应尽量保持脚下的轮子同时着地。

(3)侧向移动重心

两脚平行站立,重心向右侧移动,随之左脚向左侧横跨一步,右脚迅速靠拢,待稳定后再进行向右侧的下一步。如此反复进行5~6步后再向左侧做相同练习。

(4)横向交叉步移动重心

两脚平行站立,先将重心移至左腿上并继续向左移动稍超出左腿支撑点,收右腿,右腿向左腿前外侧迈步成双腿交叉姿势,重心随之移至右腿上,成右腿支撑重心,接着收左腿向侧跨一步,成开始姿势。如此反复进行5~

6步后再向右侧做相同练习。

3. 蹬地技术

(1)单脚蹬地,双脚向前滑行

左脚在前成"丁"字形站立,右脚用内侧轮向身体的侧后方蹬地,左脚尖稍向外撇向前滑行,身体重心随之移至左腿上,同时右脚收成双脚着地,向前滑行。双脚滑行阶段应长些,两脚交替进行,两臂在体侧自然地摆动,肩要放松,上体前倾度应比走步时稍大。

(2)两脚交替蹬地,两脚交替单足向前滑行

左脚在前成"丁"字形站立,屈双膝,右脚用内侧轮向身体的侧后方蹬地,左脚屈膝向前滑行,身体重心逐渐移至左腿,成单脚支撑向前滑行。右脚蹬地后在左脚的侧后方自然放松地收至靠近在脚外处落地滑出,脚尖稍向外展,再用左脚内侧蹬地,重复交替进行。蹬地时身体重心应及时地转向支撑腿,单脚滑行阶段的距离尽量长些,两脚滑行的时间和距离尽力相等。

(3)前滑压步转变左脚支撑滑行

身体左倾,右脚在右后侧蹬地,蹬地后摆越左脚,在左前侧落地,身体重心移至左脚。同时左脚用外侧在右后侧蹬地,蹬地后前移至左前侧落地支撑滑行。前滑压步右转弯与左转弯动作相同,方向相反。

(4)后滑压步转弯

以后滑压步右转弯为例,先右脚支撑后滑,身体向右倾斜,左脚在左前下方蹬地。左脚蹬地后摆越右脚尖,在右侧下方支撑落地,身体重心移至左脚,同时左脚在右侧前下方蹬地,蹬地后移至右后侧下方支撑落地滑行。这样,连续不断后压步转滑行。

4. 滑行技术

(1)向前滑行技术

掌握了原地站立与平衡之后,就可以学习向前滑行了。由于脚下的轮子前后滚动,如按照走路习惯用前脚掌直接向后蹬地,身体是无法向前移动的,只有把向后蹬地改为向侧后方蹬地,才能使身体向前运动。

练习方法:先小步走,两脚分开比肩稍窄些,向前迈步。以脚的内刃向侧后方蹬地前行,开始步子要小一点、走慢点,然后逐渐加快速度前行。眼睛向前看,上体稍左右晃动,练习移动重心与维持身体的平衡。然后在同伴帮助下,双脚平行前滑,体会滑动的感觉和滑动状态下的身体平衡感受。

向前滑行的方法有双脚滑行、前葫芦步、前双曲线滑行和单脚向前直线滑行等。

①双脚滑行。用右脚内刃向侧后方蹬地,把身体重心移到左脚上,蹬地后的右脚迅速收回与左脚平行成双脚向前沿行,再用左脚内刃向侧后方蹬地,蹬地后迅速收回与右脚平行成双脚向前滑行。两脚依次交替蹬地连续向前滑行。

②前葫芦步。开始以双脚内刃站立,起滑时身体稍前倾,两膝弯曲用力,两脚尖向外,两臂自然张开帮助维持身体平衡。当双脚向前外滑出至最大弧线时(两脚稍宽于肩),两脚尖迅速内收靠拢,恢复至开始姿势。连续做双脚的分开与靠拢,就能够不断向前滑进(图9-36)。

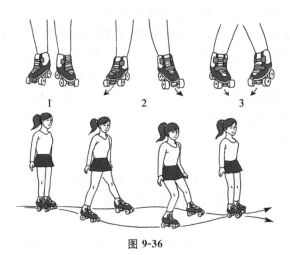

图 9-36

③前双曲线滑行。两脚平行站立,左脚以内刃向侧前方蹬地(4轮不离地),身体重心在右脚,向右滑双脚曲线,然后右脚用内刃向侧后方蹬地,重心偏向左脚,向左滑双脚曲线,依次连续进行(图9-37)。

图 9-37

④单脚向前直线滑行。原地两脚成"T"形站立,左脚在前,右脚在后,两腿稍弯曲,用右脚内刃蹬地,重心慢慢移至左腿,右腿蹬直后右脚蹬离地面,成左脚向前沿行。然后收右脚在左脚侧面落地,左脚蹬地重复上述动

作,成右脚单脚向前滑行。两脚交替向前直线滑行,两手自然分开,维持身体平衡(图9-38)。

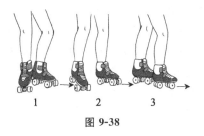

图 9-38

(2)向后滑行技术

向后滑行是在基本掌握了向前滑的基础上进行的,一般先学习"向后葫芦滑行",再学习"向后蛇形滑行",然后过渡到"单脚向后滑行"。

①向后葫芦滑行。两脚稍稍分开,平行站立,脚尖稍向内,两腿弯曲,用两脚内刃向前蹬地,同时两脚跟向两边分开,向后外滑至最大弧线时,两脚跟收拢,两膝用力伸直,恢复至开始姿势,随后重复上述滑行动作,连续向后滑行(图9-39)。

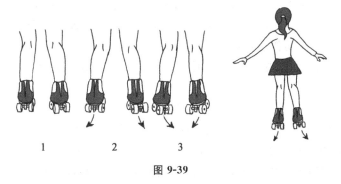

图 9-39

②向后蛇形滑行。两脚分开约一脚距离,两腿弯曲,脚尖稍向内转。用右脚内刃向前下方蹬地,身体重心移向左侧,成左脚向后滑行。右腿伸直,随即右脚放在左脚侧面,恢复开始的姿势。然后再用左脚蹬地,身体重心移向右侧,成右脚的向后滑行。左腿伸直,随即左脚放在右脚的侧面。依次重复上述动作,连续向后滑行。上体始终保持稍前倾姿势,两膝弯曲,两臂自然张开。

③单脚向后滑行。身体前倾,左腿支撑,膝关节弯曲,单脚踩平刃,使滑行方向成一直线,右腿抬起,置于斜后方成弓箭步或直接往上抬,两手平伸,两眼平视,利用身体前倾的力量推动身体向后滑行,收右腿在左腿前落地,抬起左腿,右腿向后滑行。

（3）转弯与转体技术

转弯就是改变滑行方向，主要有前滑压步转弯、后滑压步转弯。转体是指前滑转体变后滑、后滑转体变前滑的方法。

①前滑压步转弯。以向左转弯为例，先使身体重心落在左脚上，身体略向左倾斜；右脚步向左侧后方蹬地结束后，收腿提至左脚的左前方着地；左脚再向右脚步的右侧后方蹬地，推动右脚向左滑行，重心随势移到右脚上，上体略向左转。向右转弯，动作、方向相反。转弯时两臂张开，配合蹬地摆动，以保持身体平衡（图9-40）。

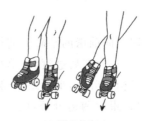

图 9-40

②后滑压步转弯。以向左转弯为例，两脚前后分开后滑，右脚在前，左脚在后，身体重心落在右脚上。左脚提起，在右脚的左后方落地，身体重心移到左脚上；左脚向右侧蹬地，右脚移至左脚左前方，右膝弯曲，两脚交叉，形成压步动作，身体重心移至右脚上，上体向左倾斜。向右后方转弯，两脚动作、方向相反。转弯时，两臂张开，摆动配合蹬地，以保持身体平衡。

③双脚前滑转体变后滑。以向左转体为例，两脚平行前滑，左脚后轮支撑，前轮离地向左转。右脚前轮支撑，后轮离地在左脚后滑行。同时上体和手臂也配合向左转体180°，接后滑。向右转体方法相同，动作、方向相反。

④双脚后滑转体变前滑。以向左转体为例，重心移右脚，左脚提起，随上体和手臂向左转体180°落地支撑。重心移至左脚，同时右脚蹬接前滑。向右转体方法相同，动作、方向相反。

（4）停止技术

停止技术是轮滑运动的基本技术之一，是指在滑行中停下来的方法。最基本的有内"八"字停止法、"T"形停止法、双脚急停法和向后滑行停止法。

①内"八"字停止法。向前滑行中，两脚平行分开站立，然后脚尖内转，两脚以内侧轮柔和地压紧地面，两腿弯曲，上体稍前倾、下蹲，两臂前伸维持身体平衡，逐渐减速至停止（图9-41）。

图 9-41

②"T"形停止法。单脚向前滑行,浮足在滑行脚的后跟处成"T"形放好后,将浮足慢慢放在地面上,以内侧轮柔和地压紧地面,减速向前滑行直到停止(图 9-42)。

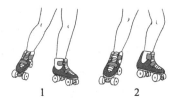

1　　　　2

图 9-42

③双脚急停法。在向前滑行时(以顺时针为例),两脚同时做顺时针方向急转,左脚以内刃、右脚以外刃与滑行方向成 90°角压紧地面,同时身体向右急转,重心移到右腿上,两膝弯曲,两臂向前侧伸,减速停止下来。

④向后滑行停止法。在向后滑行的过程中,抬起两脚脚跟,用两脚的制动器摩擦地面,减速停止下来。停止时,身体稍前倾,两臂侧举维持平衡。

二、滑板运动发展与技能习练指导

(一)滑板运动发展概述

滑板运动起源于 20 世纪 60 年代,是冲浪运动在陆地上的延伸,其作为一项新兴运动项目,具有动作炫目、刺激等特点,深受广大青少年的喜爱。

20 世纪 50 年代初,美国西海岸是冲浪爱好者的天堂。人们使用普通的木头和价格昂贵的轻木制成冲浪板,在风口浪尖上寻找乐趣。在 20 世纪 50 年代中后期时,美国南加州海滩社区的居民们发明了世界上第一块滑板,一块 50 厘米×10 厘米×50 厘米的木版固定在轮滑的铁轮子上,因为它能给人们带来和冲浪相同的感受,开始受人瞩目。后来模压聚氨酯泡沫和玻璃纤维制作的冲浪板取代了木制冲浪板,这些新型冲浪板的机动性和耐用性都大大增加,这使得冲浪运动在 50 年代末大为流行。

由于受地理环境和气候条件等因素的影响和限制,冲浪运动常常无法满足人们随时随地享受该运动的乐趣。于是在 20 世纪 60 年代,一群极富想象力的年轻人受冲浪运动的启发,将滑轮的支架安装到一块厚木板上,然后再装上轮子,就制成了最初的滑板。最初的滑板是由橡木多层板压制而成的板面、轮滑转向桥和塑料轮子组成。但是,这种滑板的塑料轮的性能依然不理想。它的过小的附着摩擦力使滑板转弯时失控;而它的低弹性则使滑板遇到即使微小的障碍物也会马上停下来把滑手摔下来。同时,滑板的耐磨性也太差。但即使有如此多的不足,这种滑板仍然受到滑手们的广泛欢迎。

1973 年,新一代的滑板诞生了,一个叫弗兰克·纳斯沃西的滑板爱好者将聚氨酯轮子装在滑板上,制作成了全新的滑板。这一代滑板的轮子不仅耐磨,而且可以使滑板安全稳当地急转弯,轻而易举地碾过小障碍物,甚至可以滑上垂直表面。由于滑板是冲浪运动的衍生,20 世纪 70 年代的滑板文化带着冲浪的印记,滑板爱好者修建的滑板公园都是在模拟冲浪的地形。直到美国加州圣塔莫尼克的"西风"滑板队摒弃了冲浪道具,首次把钥匙孔游泳池作为练习垂直表面滑板的场地,并在全美掀起了"泳池滑板热"。至此,滑板运动开始从冲浪中,不仅是从器材、场地,也从人员上彻底分离出来,并形成了自己的一套技巧、服饰风格和音乐爱好。20 世纪 70 年代中期是第三代滑板飞速发展的时期,硬塑、铝合金、玻璃纤维,甚至高科技的碳素复合材料都被用来试制滑板。此外,凹型滑板尾部的设计和应用使第三代滑板的发展更进了一步。

20 世纪 80 年代末出现了第四代滑板,其满足了滑手们对提高滑板技巧的需求和为了适应 U 型池双向滑行的需要。第四代滑板具有两头翘起、形状对称的特征。其制作材料通常为硬岩枫,重量更轻,弹性更好。滑板轮硬度高,弹性好,更适合高速滑行。由于重量平衡,第四代滑板更适合各种翻转动作。

从 20 世纪 90 年代开始,滑板从一头改为两头,因而出现了许多前一代滑板不可能完成的动作。这个时期是滑板运动的技巧性动作时代。滑手们发明了很多新的动作。同时为了使滑板更容易翻转,滑板板面变得很窄,轮子变得很小。

目前,在大型的国际极限运动比赛中,选手们常用的滑板是第四代滑板,其板面普遍以五层、七层或九层枫木板微波冷压制成,也有用铝合金、碳纤维等材料做成的。板面上粘上一层防滑层,轮子一般采用聚胺酯为主要材料,用合金制成的滑板支架与板面相连。

（二）滑板运动的基本技术习练

1. 滑行

在滑板运动中，滑行是最基本的技术之一，其主要包括滑行姿势和上下滑板、下坡滑、惯性滑行、障碍滑等各种滑行技术。

（1）滑行姿势

通常而言，滑手在滑行时常常是横行的。初学者在启动的时候，不要让身体与滑板成横行状态，否则很容易摔倒。左脚或右脚在前的站法没有对错之分，滑手可以随意选择自己喜欢的站姿。

（2）上下滑板

滑手在学习滑板运动时，应熟练掌握上下滑板这一基本技术。在滑板上可采用两种站法，即正向站法和反向站法。正向站法是左脚在前，脚尖向右；反向站法是右脚在前，脚尖向左。滑手可依据自身的选择这两种站法中的任意一种。

①上滑板。双脚站立，将滑板平放于脚前的地上；先把一只脚放在滑板的前端，另一只脚仍踩在地上；身体重心移到已上板的脚上，上体略前倾，膝弯曲，手臂伸展，保持平衡；踩地脚轻轻蹬地，然后收到滑板上，放在滑板的后部，整个身体和滑板开始向前滑动。

②下滑板。身体前倾，将重心放在前脚上，然后像起落架一样将后脚放在地上；后脚落地后，重心随即转移到后脚，然后抬起前脚，两脚都落在滑板的一侧。

（3）下坡滑

滑手在进行下坡滑练习时，应注意选择一条较长的滑道，最好是既有快速下滑段、中速下滑段，又有延伸较远的缓冲段。下坡滑技术的重点在于控制，即要先学会稳滑。

将双脚放在滑板的两端，遇到转弯或需要做跨越动作时，要将双脚移至滑板中央；面部和身体朝向正前方，身体蹲伏下来，大腿靠近前胸，两手伸出。

（4）惯性滑行

将左脚踏在滑板的中前部靠左，右脚踩在地上，重心集中在左脚；用右脚蹬地，使滑板向前滑动，然后把右脚收上来踩在滑板尾部，保持站立的平衡；滑行一段，再用右脚蹬地，重复动作；如此多次重复进行练习，在掌握好之后便可以做较长距离的滑行；一般开始是 10 米、20 米，然后增加到 50 米、100 米，反复练习到可以轻松熟练地加速滑行为止。

(5)障碍滑

该技术主要是指在滑行中遇到障碍时进行急转、急停,或通过改变速度进行跨越的一种方法。

由于从坡上滑下时速度比较快,因此,滑手应学会运用双脚保持在滑板上,转动滑板横向刹车的急停法。

在进行障碍滑时,滑手可通过以下两种方式改变滑板速度:一是用后脚控制好重心,尽量使身体前倾来带动滑板前进;二是双脚使劲在滑板面上蹦,利用滑板面的弹性向前滑行。

2. 翘

在滑板技术中,翘是常用的一种技术动作,其包括最基本的翘板技术和180°翘停等。具体内容如下。

(1)翘板技术

推动滑板到滑行速度;左脚踏板尾,右脚踏板前端,以便控制,或踏前轮后侧,以便翘板;将重心移到左脚,身体前倾,使板端在空中停留时间尽可能延长;让板尾间或轻轻刮地,以保持平衡。

(2)180°翘停

滑行时将板端翘起,直到板端刮地,同时整个身体逆时针方向旋转180°;翘板和旋转要合拍,支撑脚要足够稳固,使滑板旋转180°后停下来。

3. 下坎与上坎

在滑板技术中,下坎与上坎技术都是滑手常用到的基本技术,其多被选手用于跨越台阶等。

(1)下坎

下坎又称为下台阶,靠近台阶时,将重心移到后脚;在板端越过台阶边沿时,将前轮抬起;保持这一姿势,略向下蹲,准备着地。

(2)上坎

上坎又称为上台阶,靠近台阶时,将重心移到后脚;在到达台阶边沿时,抬起板端跳过;在空中迅速将重心从后脚移到前脚;将滑板前端按到台阶上,板尾随即落到台阶上。

4. 旋转

在滑板技术中,旋转技术是一项十分重要的技术,其主要被用于急停、躲避障碍等,基本的旋转技术主要包括转圈、反转、360°旋转、板上旋转和单轮旋转等。

（1）转圈

将滑板向前推，然后站上去，两脚跨立，左脚可以灵活移动。将重量压于板尾，使板端抬起 3～5 厘米；当板端在空中时，身体向顺时针方向转动；前轮着地时，滑板向右偏转；将这一系列动作连贯起来，不断练习。

（2）反转

向前滑行，达到适当速度时，将两脚尽量张开，跨滑板两端。将重心放在前脚，使板尾翘起，同时顺时针方向旋转 180°。动作完成后，滑板倒转过来，右脚成为支撑脚。

（3）360°旋转

在滑行中通过轻微的推转来保持平衡，尽量使滑板保持水平；准备好后，逆时针方向摆动手臂，同时保持平衡，还可向左做最后一次推转；重心落在右脚，向右摆动手臂，并带动整个身体旋转；转动时以后轮为轴，尽量使后轮保持水平，不要将板前端抬得过高；无需注意滑板的前端，只需将重心放在板尾，并加大旋转，前端自然会抬起，且高度刚好。

（4）板上旋转

先滑动滑板，移动左脚，使脚跟压住板端，重心落于大脚趾处；移动右脚到另一板端，将重心移到右脚，使其成为旋转轴；左脚绕右脚顺时针方向旋转，同时右脚也随之旋转，最后与左脚保持平行。

（5）单轮旋转

滑行到适当的速度，翘起滑板前端，用后轮做 360°旋转；保持好身体平衡，尽量使滑板在空中停得久些；用手抓住滑板前端，保持住平衡的支点，使人和滑板一起旋转；然后后脚踩滑板的一边，使后轮的一个轮子离地，起码要转两圈以上。

5. 跳

在滑板技术中，跳的技术也是滑手应掌握的基本技术之一。其主要包括跨跃跳、旋转跳、人带板上跳以及人与板分开上跳等。

（1）跨跃跳

起跳时动作要稳，只有从容不迫才能控制动作；跨跃的长度要根据具体情况而定；落下时重心落于两腿之间，左脚在前，右脚在后。

（2）旋转跳

滑行时滑板保持水平，略向下蹲；向上跳起，旋转 180°，两腿略收拢；落下时两脚距离约 30 厘米，不用担心落下的准确位置，只需将双脚落在滑板两端即可。

（3）人带板上跳

向前滑行，靠近障碍物时双膝略屈，手臂预摆，后脚用力使滑板前端翘起，利用速度惯性带着滑板一起越过障碍；落地时注意双腿的缓冲动作，重心始终在两脚之间，腿部略弯曲。

（4）人与板分开上跳

向前滑行，在前进过程中双脚相互靠近，两脚置于滑板前半部分，但应在前轮之后；在接近横杆时垂直跳起；目视滑板，尽量落在滑板中间，位置大致和起跳时相同；落下时力量要均匀，腿部略弯曲，以抵消落在滑板上的冲击力。

6. 脚上技巧

对于滑手来说，熟练的脚上技术是表现炫酷的一种重要手段。滑手常用的脚上技巧主要包括脚跟悬空和带板摩擦等。

（1）脚跟悬空

使滑板保持适当速度，旋转前脚使脚尖对着板尾，脚跟与板端交叠；将重心放在左脚大脚趾，慢慢将另一只脚移到滑板前端；当双脚后跟悬空时，膝盖弯曲，以保持平衡。

（2）带板摩擦

在向前滑行靠近障碍物时，双膝略弯，两臂预摆，后脚用力，使滑板随身体腾空；目视滑板，注意在障碍物的边缘处掌握好平衡；落下时重心落于两腿之间，落地时注意双腿的缓冲动作。

参考文献

[1]胡小明,王广进.体育休闲概论[M].北京:高等教育出版社,2016.

[2]刘勇.休闲体育营销[M].北京:人民体育出版社,2016.

[3]张宏.休闲体育管理[M].北京:中国人民大学出版社,2015.

[4]胡小明.体育休闲娱乐理论与实践[M].北京:高等教育出版社,2004.

[5]李万来.体育经营管理概论[M].北京:人民体育出版社,2006.

[6]张德胜,黄启龙.我国休闲体育教育的现状及发展趋势[J].体育科研,2007(06).

[7]石振国.课程视域中的休闲体育[M].南京:南京师范大学出版社,2009.

[8]冯蕴中.休闲体育视野下的我国大学体育课程发展思考[J].河北师范大学学报(教育科学版),2010(10).

[9]杨文轩,陈琦.体育概论(第 2 版)[M].北京:高等教育出版社,2013.

[10]宫新清,尹军.中西方休闲体育文化的比较[J].首都体育学院学报,2009(05).

[11]刘东,王伟明.从两届世界杯看五人制足球发展趋势[J].湖北体育科技,2014(03).

[12]高博.世界杯室内五人足球赛研究[J].山东理工大学学报(社会科学版),2015(02).

[13]中国足球协会,成都市足球协会.室内五人制足球方略[M].成都:西南交通大学出版社,2009.

[14]王民享.五人制足球技战术指南[M].北京:北京体育大学出版社,2004.

[15]王小安,罗勇,李明达.街头篮球运动教程[M].成都:电子科技大学出版社.2017.

[16][美]杰弗瑞·戈比.21 世纪的休闲与休闲服务[M].昆明:云南人民出版社,2000.

[17]谢卫.休闲体育概论[M].成都:四川大学出版社,2014.

[18]邱亚君.休闲体育行为发展阶段动机和限制因素研究[M].成都：四川大学出版社,2009.

[19]周庆海.传统养生功法：八段锦 五禽戏 太极拳 易筋经[M].北京：化学工业出版社,2011.

[20]尹海立.传统体育养生方法导论[M].北京：高等教育出版社,2008.

[21]邱丕相,蔡仲林.传统体育养生教程[M].北京：高等教育出版社,2011.

[22]刘世海.民族传统体育教学与推广研究[M].北京：光明日报出版社,2015.

[23]周之华.中华民族传统体育文化概论[M].北京：北京体育大学出版社,2015.

[24]王晓燕,杨建营.太极拳的现代化分化发展[J].武汉体育学院学报,2014(04).

[25]温贺宝,陈建华,蓝怡.水上运动竞技与休闲[M].哈尔滨：哈尔滨地图出版社,2009.

[26]卢锋.现代休闲体育项目活动指南[M].成都：电子科技大学出版社,2008.

[27]董范,曹志凯,牛小洪.户外运动学(第2版)[M].武汉：中国地质大学出版社,2014.

[28]毕仲春,何斌.街头花式篮球[M].北京：人民体育出版社,2006.

[29]支二林,姜广义.轮滑滑板[M].长春：吉林出版社集团有限责任公司,2011.

[30]黄玲,朱晓娜.动感艺术健美操[M].北京：海洋出版社,2009.

[31]金京春,王敏婷,桑云鹏.小球运动理论与实践训练研究[M].长春：吉林大学出版社,2014.

[32]赵发田.毽球运动[M].青岛：中国海洋大学出版社,2012.

[33]董立.大学生户外运动[M].成都：西南交通大学出版社,2010.

[34]杨建华.游泳与救生[M].成都：西南交通大学出版社,2013.

[35][英]奈杰尔·谐波德.攀岩[M].北京：人民体育出版社,2016.

[36]孟国正,赵俊华,刘东起.大众休闲体育理论与实践指导[M].北京：中国水利水电出版社,2016.

[37]常丹丹.阳光体育运动与休闲体育[M].北京：中国政法大学出版社,2016.